Knaur.

Knaur.

Über den Autor:
Andreas Gößling wurde 1958 geboren und ist promovierter Literatur-, Publizistik- und Politikwissenschaftler. Er befasst sich seit Jahren mit mythen- und kulturgeschichtlichen Themen und unternimmt ausgedehnte Forschungsreisen. Er lebt als freier Autor mit seiner Frau in Coburg.

Mehr Informationen über die Bücher von Andreas Gößling im Droemer Knaur Verlag finden Sie auf der Seite www.droemer-knaur.de.

Andreas Gößling

DIE FREIMAURER

Weltverschwörer
oder Menschenfreunde?

Knaur Taschenbuch Verlag

Besuchen Sie uns im Internet:
www.knaur.de

Originalausgabe Juni 2007

Ein Unternehmen der Droemerschen Verlagsanstalt
Th. Knaur Nachf. GmbH & Co. KG, München

Umschlaggestaltung: ZERO Werbeagentur, München
Umschlagabbildung: FinePic, München
Druck und Bindung: Clausen & Bosse, Leck
Printed in Germany
ISBN 978-3-426-77991-0

2 4 5 3 1

Inhalt

Einleitung: »Rostflecken auf der Bruderkette«

Am 24. Juni 1717 schlossen sich vier Londoner Freimaurerlogen zur Großloge von England zusammen. Dieses Ereignis gilt weithin als Gründungsakt der modernen Freimaurerei. Bis heute gebärdet sich die englische Großloge als eine Art Vatikan der Bewegung, als Wächter der reinen Lehre, der Verstöße gegen die Statuten notfalls mit Ausschluss ahndet (siehe *Vierte Maurerreise*).

Nach einer britisch-nüchternen Definition versteht sich die Bruderschaft heute als ein »... eigenartiges System der Sittlichkeit, eingehüllt in Allegorien und erleuchtet durch Sinnbilder. Die Freimaurerei lehrt Wohltätigkeit und Wohlwollen üben, die Reinheit schützen, die Bande des Blutes und der Freundschaft achten, die Grundregeln der Religion annehmen und ihre Gebote achten, dem Schwachen beistehen, den Blinden leiten, die Waisen beschützen, den Niedergetretenen erheben, die Regierung unterstützen, Sittlichkeit verbreiten und Wissen vermehren, die Menschen lieben, Gott fürchten, seine Gebote ausführen und auf Glückseligkeit hoffen.«[1]

So weit, so löblich. Aber ist damit die einst so geheimnisumwitterte Bruderschaft tatsächlich schon umfassend beschrieben? Diese Frage ist eindeutig zu verneinen. Tatsächlich musste auch die Freimaurerei – ähnlich der katholischen Kirche – seit ihrer Neubegründung im frühen 18. Jahrhundert etliche Abspaltungen und Konkurrenzgründungen hinnehmen. Vor allem die französischen Logen des Grand Orient werden von den Londoner Gralshütern nicht als orthodoxe Freimaurer anerkannt. Der Vorwurf gegen diese Häretiker lautet, dass sie gegen zentrale Bestimmungen der »Alten Pflichten« – eine Art

Grundgesetz der englischen Freimaurerei – verstießen (siehe *Siebte Maurerreise*).

Aber auch die Beziehungen zur Hochgradmaurerei sind kompliziert, wenngleich die Unvereinbarkeit der Systeme und Inhalte durch Formelkompromisse überdeckt worden ist. Anders als die englisch orientierten Logen führen Hochgradsysteme wie der »Schottische Ritus der Alten und Angenommenen Maurer« ihre Mitglieder nicht nur in die drei Grade Lehrling, Geselle und Meister ein, sondern in komplexe Systeme von bis zu dreiunddreißig Graden, die phantastische Bezeichnungen tragen, esoterische Inhalte lehren und mit bizarren Ritualen einhergehen, wie beispielsweise der XXX. Grad des Schottischen Ritus, genannt »Ritter Kadosch« (siehe *Zweite Maurerreise*).

Die Spannungen zwischen den konkurrierenden Maurerorganisationen rühren nicht zuletzt daher, dass sich mit der Gründung der englischen Großloge eine einzelne, vergleichsweise junge Strömung innerhalb der »masonischen« (maurerischen) Bewegung zur alleingültigen erklärt hat. Wegen ihrer vorherrschenden Ritualfarbe wird sie häufig auch als »blaue« Maurerei bezeichnet, im Unterschied zur »roten« Hochgradmaurerei. Aufgrund ihres Schutzheiligen, des Apostels Johannes, nennt man sie überdies Johannismaurerei.

Diese orthodoxe Freimaurerei, der heute auch die Mehrzahl der Logen im deutschsprachigen Raum angehört, ist noch immer in erstaunlichem Maß dem Zeitgeist ihrer Gründungsepoche verhaftet, dem überzogenen Rationalismus der sogenannten »Aufklärer«. Der reiche Fundus an überkommenem freimaurerischem Brauchtum, mystischen Legenden und kabbalistischen Ritualen wurde noch in den 1720er Jahren im Licht des »aufgeklärten« Vernunftglaubens eilends neu interpretiert. Statt zu Mystik und Magie sollen die rituellen »Arbeiten« und »Reisen« seither zu Toleranz und Ethik hinführen.

So versteht sich die »blaue« Maurerei heute als weltweit »verbreitete Bewegung« von Männern, die sie »auf der Grundlage einer natürlichen Ethik zu wahrem Menschentum hinzuführen« bestrebt ist. Die Rituale der Freimaurerei, die bei der Initiation und bei der symbolischen »Arbeit« in den »Logen« durchgeführt werden, sollen die einzelnen Brüder auf der Stufenleiter der Erkenntnis und der entsprechenden Grade aufwärtsgeleiten und »durch die Wiederholungen zur Denk- und Sprachzucht und schließlich zu einer gemeinsamen Verhaltensweise« führen.[2] Aufgenommen werden nur Männer gesetzten Alters, von untadeligem Ruf und mit gehobenem Einkommen. Von jedem Bruder wird erwartet, dass er seiner Loge etwa zwei Prozent seines Jahreseinkommens zukommen lässt – zuzüglich Beiträgen zu Spendenaktionen und den »Festmahl« genannten Galadiners der Bruderschaft.[3]

Die heutige »blaue« Freimaurerei versteht sich also bloß noch als philanthropischer Männerbund, der den Vernunft- und Liberalitätsidealen der »Aufklärung« verpflichtet ist, wohltätige Werke verrichtet und seine Mitglieder durch Rituale und Symbolik moralisch zu vervollkommnen trachtet. Politische Einflussnahme und esoterische Spekulation, die für die ältere Freimaurerei gleichermaßen von wesentlicher Bedeutung waren, sind offiziell verpönt. Soweit sich der einstige Einfluss etwa der rosenkreuzerischen Mystik (siehe *Dritte Maurerreise*) auf die Bruderschaft nicht leugnen lässt, wird er als zeitweilige Verirrung einiger Brüder oder als arglistige Unterwanderung durch feindselige Fremde abgetan.

Diese »aufgeklärte« Haltung hat jedoch zu einer geistigen Austrocknung der Johannisbruderschaft geführt, die heute unter Überalterung und spiritueller Verarmung leidet. Obwohl Komplotttheorien im Zeitalter des globalisierten Terrorismus einen unheilvollen Boom erleben, trauen wohl nicht einmal Bestsellerautoren mit bewährtem Hang zum Holzschnitt der gegenwärtigen Freimaurerei noch eine zünftige Verschwörung zu.

Vom Mörtel der Menschlichkeit

Dagegen waren Könige und Kirchenfürsten in früheren Jahrhunderten überzeugt, dass welterschütternde Ereignisse wie die Französische Revolution oder die Unabhängigkeitserklärung der Vereinigten Staaten von Amerika durch Freimaurer angezettelt worden seien (siehe *Achte Maurerreise*). Die ältere Freimaurerei ihrerseits schwelgte in phantastischen Abstammungslegenden. Mit Vorliebe führte man die Bruderschaft auf biblische Gründergestalten wie Moses zurück (siehe *Erste Maurerreise*). Im Meisterritual auch der orthodoxen Freimaurerei spielt bis heute Hiram, ein mythischer Baumeister beim salomonischen Tempelbau, eine zentrale Rolle (siehe *Dritte* und *Fünfzehnte Maurerreise*).

Doch diese Ursprungsmär soll nur noch symbolisch aufgefasst werden. Die »aufgeklärte« Freimaurerei erkühnt sich seit langem nicht mehr, ihren Bund auf die Tempelritter (siehe *Zweite Maurerreise*), auf den römisch-persischen Mithraskult oder auf die altägyptischen Osirismysterien (siehe *Neunte Maurerreise*) zurückzuführen.

Gleichnishaft umkreist die Einleitung zum Lehrlingsritual der deutschen »Großloge der Alten Freien und Angenommenen Maurer« Wesen und Absicht der Freimaurerei:

> *»Bruder Erster Aufseher, warum nennen wir uns Freimaurer?*
> *Weil wir als freie Männer an dem großen Bau arbeiten.*
> *An welchem Bau, mein Bruder?*
> *Wir bauen den Tempel der Humanität.*

Bruder Zweiter Aufseher, welche Bausteine brauchen wir dazu?
Die Steine, deren wir bedürfen, sind die Menschen.
Was ist notwendig, um sie fest miteinander zu verbinden?
Menschenliebe, Toleranz und Brüderlichkeit sind der Mörtel des Tempelbaus.«[4]

Solche Bildersprache wirkt einigermaßen gekünstelt. Der Eindruck rührt daher, dass der einst so tiefgründigen Maurersymbolik alle Vieldeutigkeit ausgetrieben scheint. Bilder wie »Stein« oder »Tempel« lassen sich im heutigen orthodoxen Verständnis scheinbar umstandslos durch abstrakte Begriffe wie »Toleranz« und »Humanität« ersetzen.

Aber wozu dann überhaupt noch die altertümliche Allegorik? Weshalb pflegen die masonischen Brüder bis heute jene theatralischen Rituale, mit denen ihre Mitglieder in die »Johannisgrade« des Lehrlings, Gesellen und Meisters eingeführt werden (siehe *Fünfte*, *Zehnte*, *Fünfzehnte Maurerreise*)? Bei diesen »Reisen« genannten Prüfungsritualen geleitet man sie in verdunkelte Kammern, lässt sie Maurerkleidung anlegen, über Särgen und Totenköpfen grübeln und in geheiligten Räumen, die noch immer »Tempel« heißen, altertümliche Texte von teilweise dunklem Sinn sprechen wie in einer mittelalterlichen oder antiken Zeremonie.

Der »Grosse Baumeister der Welten«

In einer aktuellen freimaurerischen *Definition der Ritualkunde* klingt immerhin an, dass man unter dem »Tempel« auch heute noch mehr als nur ein Sinnbild der Humanität versteht. Hier öffnet sich das ethische Vernunftkonzept und offenbart die Überreste einer spirituellen Dimension:

»Der Freimaurer erkennt im Weltenbau, in allem Lebendigen und im sittlichen Bewusstsein des Menschen das Wirken eines göttlichen Schöpfergeistes und verehrt ihn als den ›Großen Baumeister der Welten‹. Der Tempel der Maurerei erstreckt sich von ›Osten nach Westen, von Süden nach Norden und vom Mittelpunkt der Erde bis zu den Sternen‹. Er ist ein Symbol des Weltalls, ein Ort, an dem geistige Bestrebungen gepflegt werden, die auch über den Bereich des Irdisch-Materiellen hinausgehen. Selbst wenn der Mensch die Erde verlässt, um zu den Sternen zu reisen, bleibt er innerhalb der Loge, innerhalb des Zirkelschlages des Großen Baumeisters. Wenn wir uns zu gemeinsamer Arbeit im Tempel versammeln, sollen wir uns bewusst in die größere Gesetzmäßigkeit des Universums einordnen.

Seine irdische Entsprechung ist der Tempel der Humanität, dem wir als lebendige Bausteine und Werkzeuge dienen. Er ist das Symbol einer idealen Welt, der Religion geweiht, in der alle Menschen übereinstimmen, um die Menschheit einem besseren und glücklicheren Leben näher zu bringen. Die Freimaurerei greift grundsätzlich nicht in die Angelegenheiten der Kirchen und Religionsgemeinschaften ein, sondern belässt ihren Mitgliedern ausdrücklich die ihnen zur tröstlichen Überzeugung gewordenen Glaubenslehren und religiösen Vorstellungen. Der Maurer soll aber lernen, das Wahre und Gute auch in anderen Überlieferungen als der eigenen zu erkennen und ihnen seine Achtung nicht zu versagen. […]

Der Tempel ist eine Stätte der Andacht, die die Menschen aufsuchen, um das Göttliche zu verehren und Erleuchtung und Frieden zu finden. Die großen gotischen Dome, die von dem Wirken der Meister künden, die vor unserer Zeit am Bau standen, vermitteln uns einen Eindruck von der

Größe der seelischen Kraft, die es in Schönheit und Harmonie umzusetzen gilt, damit ein solches Bauwerk entstehen kann.«[5]

Der hier zum Ausdruck kommende Mangel an christlicher Parteinahme, also – positiv gesagt – die Bereitschaft, den jüdischen oder muslimischen Glauben ebenso als »tröstliche Überzeugung« gelten zu lassen, hat den Vatikan bereits im 18. Jahrhundert dazu veranlasst, die Bruderschaft als häretische Gruppierung zu verdammen und ihre Mitglieder mit Verfolgung und Exkommunikation zu bedrohen (siehe *Achte Maurerreise*). Dagegen ließe sich aus heutiger Perspektive fragen, warum die Freimaurerei ihren Mitgliedern in der Frage der »tröstlichen Überzeugung« nicht gänzlich freie Hand lässt.

Ihr religiöses Minimalbekenntnis, das im Säurebad »aufgeklärter« Vernunft ersichtlich bis auf die Knochen ausgemergelt worden ist, wirkt weniger tolerant als halbherzig. Wer schließlich wollte heute noch ernsthaft bestreiten, dass sich auf buddhistischer oder atheistischer Grundlage ebenso konstruktiv am »Tempel der Humanität« mörteln und mauern ließe? Konsequenter scheint da die Haltung des französischen »Grand Orient«, der seinen Mitgliedern kein Bekenntnis zu einem Schöpfergott mehr abverlangt (siehe *Siebte Maurerreise*).

Dagegen wird auch in den sogenannten *Alten Landmarken*, einer Zusammenstellung von fünfundzwanzig Grundregeln der englischen Freimaurerei, ausdrücklich ein religiöses Bekenntnis von den Brüdern verlangt:

»19. Der Anwärter für die Aufnahme muss sich zum Glauben an den Urquell der Schöpfung bekennen, vom Bund mit A.B.a.W. [Allmächtiger Baumeister aller Welten] bezeichnet.

20. *Im Verein mit jenem Glauben wird der Glaube an ein künftiges Leben gefordert.*
21. *Auf dem Altar [des Freimaurertempels] muss das Buch des Gesetzes [in der Regel die Bibel] liegen.«*[6]

Ein freimaurerisches Grundgesetz

Abgesehen von solchen Bekenntnissen zum »Allmächtigen Baumeister aller Welten« liest sich jedoch etwa die Verfassung der »Deutschen Großloge der Alten Freien und Angenommenen Maurer« weithin wie Statuten und Programm eines beliebigen liberal-philanthropischen Vereins. In Artikel 2 heißt es etwa: »Glaubens-, Gewissens- und Denkfreiheit sind den Freimaurern höchstes Gut. Freie Meinungsäußerung im Rahmen der freimaurerischen Ordnung ist Voraussetzung freimaurerischer Arbeit.« Oder in Artikel 3: »Die Freimaurer sind durch ihr gemeinsames Streben nach humanitärer Geisteshaltung miteinander verbunden; sie bilden keine Glaubensgemeinschaft.« Und schließlich in Artikel 5: »Die Großloge und ihre Mitgliedslogen nehmen in konfessionellen oder parteipolitischen Auseinandersetzungen nicht Stellung.«[7]

Wozu also überhaupt noch das Festhalten am überkommenen Gottesglauben? Dieses ganze, auf Wohltätigkeit und moralische Besserung ausgerichtete Programm würde gewiss auch dann funktionieren, wenn die Ordensbrüder nicht an einen Schöpfergott, sondern beispielsweise – wie die Buddhisten – an diese Welt als große, leidvolle Illusion glauben würden.

Ebenso wenig zwingend scheint es, so gesehen, dass sich die Freimaurerei bis heute als reiner Männerbund versteht. Drastisch heißt es hierzu in den *Alten Landmarken:* »Die Anwärter für die Aufnahme müssen Männer sein, ohne körperliche Mängel oder Verstümmelungen, frei von Geburt, großjährig und von gutem Leumund; Frauen, Krüppel und Sklaven können nicht beitreten.«[8]

Zuweilen sind zaghafte Wortmeldungen heutiger Freimaurer zu vernehmen, die sich eine Öffnung ihres Bundes für Frauen unter Umständen vorstellen können. Doch diese Stimmen sind bei weitem in der Minderzahl – und wer jemals die eindrucksvolle Freemasons Hall in London betreten, die dort herrschende Atmosphäre männerbündischer Feierlichkeit gespürt hat, wird wohl auch zu diesem Schluss gelangen: Eher schafft der Vatikan den Zölibat ab, als dass die orthodoxe Freimaurerei Frauen Zutritt zu ihren Tempeln gewährt.

Denn auch wenn die Gralshüter der »aufgeklärten« Maurerei seit dem 18. Jahrhundert beharrlich beteuern, dass die Bruderschaft einzig so hehren Zielen wie der Förderung von Vernunft, Toleranz und Humanität verpflichtet sei, stellt die Freimaurerei ihrer inneren Struktur und ihrem Potenzial nach doch früher wie heute etwas ganz anderes dar: ein heiliges Bündnis verschworener Männer, die einander Treue und Verschwiegenheit gelobt haben, um in rituellen Zusammenkünften Grenzen verschiedenster Art zu überschreiten – Grenzen zwischen sozialen Schichten und Klassen, die bei den brüderlichen Begegnungen aufgehoben scheinen; Grenzen der Individualität, die im kollektiven Erlebnis transzendiert werden; Grenzen der Rationalität, die in Kontemplation und ritueller Entrückung zerfließen; Grenzen auch der eigenen Vergänglichkeit im zeremoniellen Erlebnis des Todes, der kosmischen Schau und symbolischen Wiedergeburt.

Mit ihrer Neugründung Anfang des 18. Jahrhunderts hat sich die »blaue« Bruderschaft zwar auf einen geistig flachen, spirituell blassen Kurs »aufgeklärter« Rationalität festgelegt. Gleichwohl glüht jener archaische Kern, von dem einst ihre magisch-magnetische Faszination ausstrahlte, noch immer im

Innersten der Freimaurerei. Der Orden gleicht seither einem Gefäß, das seiner Form, Funktion und Tradition nach für mystische Erfahrungen, magische Experimente, Grenzüberschreitungen verschiedenster Art bestimmt ist – doch seine orthodoxen Hüter vermögen diesen zauberkräftigen Kelch der verschworenen Bruderschaft allenfalls noch mit dem dünnen Trunk eines ethisch verbrämten Rationalismus zu füllen.

Wenig verwunderlich, dass ein Kelch mit so gewaltigen Kräften, die so wenig und zaghaft genutzt werden, sich im Verlauf der letzten drei Jahrhunderte immer wieder einmal eruptionsartig mit allerlei »irrationalen« oder »atavistischen« Inhalten gefüllt hat – seien es nun der Messwein der wiederkehrenden Templermönche, das magische Elixier der Kabbalisten und rosenkreuzerischen Alchimisten oder der berauschende Kampftrunk der Illuminaten, die das Gefäß der Freimaurerei im 19. Jahrhundert zeitweise an sich brachten.

Ob sich freimaurerische Brüder bei geheimen Zusammenkünften jemals gegen Staat oder Kirche verschworen haben, wie ihre Gegner in früheren Epochen unermüdlich behauptet haben, ist ungewiss und in den meisten Fällen eher zweifelhaft. Jedoch sollte es auch niemanden erstaunen, dass die Freimaurerei jahrhundertelang so hartnäckig mit derartigen Vorwürfen verfolgt worden ist. Wie Beispiele aus vielerlei Kulturen und Epochen lehren, birgt ein derart organisierter Geheimbund verschworener Männer ein explosives Potenzial, das jeden Staat, jede Glaubensgemeinschaft, jede wie auch immer verfasste Gesellschaft zu unterminieren und umzustürzen vermag (siehe *Neunte Maurerreise*).

Diese »irrationalen« Seiten der »diskreten Gesellschaft«, wie sich die Bruderschaft selbst auch bezeichnet, kommen in Statuten und Programmen der heutigen »blauen« Freimaurerei nirgendwo zum Ausdruck. Wo sie in überkommenen Ritualen noch anklingen oder in historischen Zeugnissen offenbar werden, beeilen sich nicht wenige »moderne« Freimaurer, derlei für »peinlich«[9] oder »geschmacklos«[10] zu erklären. Die Spaltung der Bruderschaft in »englische« und »französische« Großlogen und die Verdrängungsstrategie orthodoxer masonischer Wortführer, die alle unliebsamen Facetten der eigenen Geschichte und Bewegung als Abirrungen oder gleich als feindselige Hirngespinste abtun, haben unterdessen zu beträchtlichen »Rostflecken auf dieser Bruderkette«[11] geführt, wie Charles de Bokor, ein bekennender Freimaurer und ausgewiesener Kenner der masonischen Geschichte, beklagt.

So erscheinen die heutigen »blauen« Maurer bloß noch als blasse Nachlassverwalter einer Bewegung, die ihre eigenen vitalsten Aspekte verleugnet. Und doch sind es gerade diese atavistischen Relikte, die die Bruderschaft der symbolischen Maurer auch heute noch von anderen liberal-philanthropischen Zusammenschlüssen unterscheiden. Eine Aura verbündeter Männer, die gewiss auch durch Wohltätigkeit ihren notleidenden Mitmenschen helfen und im brüderlichen Ritual an der eigenen ethischen Besserung arbeiten. Doch diese beiden Ziele lassen sich ebenso gut auf anderen Wegen verfolgen. Um aber in mystischen Erlebnissen jene Grenzen zu überschreiten, bedarf es in ältesten wie in jetzigen Zeiten eines Geheimbundes der Verschworenen, die einander damals wie heute unverbrüchliche Verschwiegenheit geloben – so beispielsweise mit dieser freimaurerischen Eidesformel, die im 18. Jahrhundert gebräuchlich war:

> *»Ich schwöre und gelobe hiermit feierlich, in Gegenwart des allmächtigen Gottes und dieser sehr ehrwürdigen Versammlung, dass ich die Geheimnisse und die Geheimhaltung der Maurer oder der Maurerei, die mir enthüllt werden sollen,*

wahren und verbergen und niemals enthüllen werde, außer einem wahren, rechten Bruder, nach gehöriger Prüfung, oder in einer gerechten, ehrwürdigen Loge von wohl versammelten Brüdern. Ich verspreche und gelobe überdies, dass ich sie nicht schreiben, drucken, zeichnen, schnitzen, gravieren oder in Holz oder Stein schreiben, drucken usw. lassen werde, so dass ein sichtbares Zeichen oder Eindruck eines Buchstabens erscheine, durch den das Geheimnis unberechtigt in Erfahrung gebracht werden könnte. Alles das unter keiner geringeren Strafe, als dass mir der Hals abgeschnitten, meine Zunge aus dem Mund entfernt, mein Herz unter meiner linken Brust ausgerissen werde, um im Sand des Meeres vergraben zu werden, in der Entfernung eines Kabeltaues vom Ufer, wo die Gezeiten zweimal in 24 Stunden kommen und gehen, mein Leib zu Asche verbrannt und meine Asche auf der Erdoberfläche verstreut werde, so dass von mir unter Maurern keine Erfahrung mehr bleibt. – So wahr mir Gott helfe.«[12]

Ziele und Grenzen dieses Buches

Ehe wir uns nun tiefer in die bizarre Welt der Freimaurerei begeben, noch eine kurze Vorbemerkung zum vorliegenden Buch. Beabsichtigt war keine umfassende Darstellung der Freimaurerei in Vergangenheit und Gegenwart, ihrer sämtlichen Riten und Systeme. Eine solche Monographie würde nicht nur weitaus mehr Raum erfordern, als für dieses Buchprojekt zur Verfügung stand, sie würde die Leser auch mit einer Vielzahl von Fragen und Details ermüden, die allenfalls für Spezialisten – innerhalb wie außerhalb der maurerischen Bewegung – von Belang sind.

Ebenso wenig wie Vollständigkeit habe ich in diesem Buch

jene diplomatische Ausgewogenheit angestrebt, wie sie für Chronisten der Bruderschaft und sympathisierende Forscher so charakteristisch ist. Seit Jahrhunderten ist die Freimaurerei bestrebt, die diversen Risse in der »Bruderkette«, die Konflikte zwischen konkurrierenden Organisationen und Systemen, Ausrichtungen und historischen Herleitungen des Ordens durch Formelkompromisse zu mildern oder zu überdecken. Auch derlei Erwägungen konnten und durften hier keine Rolle spielen.

Vielmehr habe ich mich bei jeder der insgesamt sechzehn »Reisen« durch Labyrinthe und Ruinen des freimaurerischen Tempels von der Frage leiten lassen, die auch im Titel dieses Buches anklingt: Handelt es sich bei der Bruderschaft um eine Organisation wohltätiger Menschenfreunde, wie sie selbst unablässig beteuert - oder um Verschwörer gegen Kirche und Staat, wie ihre Feinde seit Jahrhunderten beharrlich behaupten? Worin also besteht oder bestand das »Geheimnis« der Freimaurerei?

Erste Maurerreise: Das Geheimnis der Steinmetzen

Nach der sogenannten Hiramslegende, einem Grundstein masonischer Esoterik, sollen sich die Ursprünge der Freimaurerei bis zum Bau des salomonischen Tempels zurückverfolgen lassen. Noch Pastor James Anderson, der im Auftrag der neugegründeten englischen Großloge 1721 das *Neue Konstitutionenbuch* verfasste, leitete die Freimaurerei umstandslos aus biblischen Mythen wie dem Turmbau zu Babel oder der Errichtung der Stadt Enoch her. Dagegen stimmen die meisten Geschichtsschreiber heute in der Annahme überein, dass die symbolische Freimaurerei aus der Zunftorganisation der mittelalterlichen Maurer und Steinmetzen hervorgegangen sei.

In der Tat tragen die Johannismaurer bei ihren Versammlungen bis heute einen Schurz, der an zunftmäßige Schurzfelle erinnert, wie sie unter mittelalterlichen Steinhauern üblich waren. Steinmetz- und Baumeisterwerkzeuge wie Hammer und Kelle, Zirkel und Winkelmaß spielen in ihrer Symbolik eine zentrale Rolle. Daher leuchtet es auf den ersten und noch auf den zweiten Blick durchaus ein, dass die Bruderschaft aus der Maurerzunft hervorgegangen sein soll.

Doch wenn man diese Entwicklung einmal von ihren Anfängen her betrachtet, wirkt sie schon sehr viel weniger selbstverständlich. Was qualifizierte die Innung gerade dieses Handwerkszweiges, eine hochkomplex organisierte Geheimgesellschaft freiheitsliebender Philanthropen hervorzubringen? Aus welchen Gründen ist diese Bruderschaft spekulativer Maurer überhaupt entstanden – und warum nicht auf dem Boden beispielsweise der Goldspinner- oder der Wollweberzunft?

Beginnen wir bei den unstrittigen Fakten. Wie alle Handwerker schlossen sich im Mittelalter auch die Steinhauer zu Zünften zusammen. Bereits für das Jahr 1376 lässt sich im Londoner Verzeichnis der Gilden eine »Fraternity of Masons«, eine Bruderschaft der Maurer, nachweisen. Innerhalb dieser Organisation hat sich im Lauf der Zeit die »Society of Freemasons« herausgebildet, eine Unterorganisation spezialisierter Facharbeiter, die Verfassung und Brauchtum der gewöhnlichen Maurer beibehielten. Doch spätestens von hier an ist auch diese Hypothese zum Ursprung der Freimaurerei keineswegs mehr unstrittig oder gar unzweifelhaft belegbar.

So verkündete ein gewisser Abbé Grandidier, der die Entstehung des Straßburger Münsters erforschte, zwar schon im November 1778, »dass die so gerühmte Gesellschaft der Freimaurer nur eine blinde Nachahmung einer älteren und nutzbringenden Bruderschaft wirklicher Bauhandwerker ist, deren Sitz früher Straßburg war ... Um sich von den gewöhnlichen Handwerkern zu unterscheiden, gründeten die Steinmetzen Bauhütten-Bruderschaften, die zu Deutsch Hütten hießen, was dasselbe wie Logen bedeutet ... Die Mitglieder dieses Bundes hatten keinerlei Verbindung mit den anderen Maurern, die nur Kelle und Mörtel verwendeten ... Als Erkennungsmerkmale wählten sie solche, die ihrem Berufsstand entsprachen ... Winkelmaß, Wasserwaage und Zirkel wurden ihre Symbole ... Da sie eine Vereinigung bilden wollten, die sich von der Masse der gewöhnlichen Handwerker unterscheiden sollte, erfanden sie für ihren Gebrauch Erkennungsworte, Ausweiszeichen und andere Unterscheidungszeichen. Sie nannten sie Wortzeichen und Gruß ... Eigentlich liegt die Analogie auf der Hand: Loge bedeutet Versammlungsort, dieselbe Gliederung der Gruppen, dieselbe Unterteilung in Meister, Gesellen und Lehrlinge; beide stehen unter der Leitung eines Großmeisters. Beide haben besondere Zeichen, geheime Gesetze und Statuten gegen Laien.«[13]

So einleuchtend diese Herleitung auf den ersten Blick wirkt, bei näherer Betrachtung wirft sie doch etliche Fragen auf. Was bedeutet eigentlich das Wort Freimaurer im ursprünglichen Sinn? Die möglichen Antworten sind verwirrend widersprüchlich.

Die Freiheit der Maurer

Das englische Wort Mason stammt aus dem Französischen und bedeutet Maurer. Masonry meint also schlicht Maurerei. Ebenso ist die Loge, englisch Lodge, im wörtlichen Verständnis nichts anderes als eine Hütte, also der Versammlungsort der Maurer, und im übertragenen Sinn der Name ihrer Zunftorganisation.

So weit, so plausibel. Was aber ist ein Freemason? Schon bei dieser Frage gehen die gelehrten Meinungen weit auseinander. Hypothese eins: Der Zusatz »free« bezieht sich auf die Gesteinsarten, die von mittelalterlichen Freemasons bearbeitet wurden. Der Ausdruck »freestones« bezeichnete demnach weichere Steine, etwa Sand- oder Kalkstein. Anders als Basalt oder Granit ließen sich die Freestones mit Hammer und Meißel – also freely oder eigenhändig – bearbeiten. Dagegen seien die gewöhnlichen Maurer für einfachere Arbeiten an »rough stones« eingesetzt worden.

So eingängig diese Herleitung klingt, so entschieden wird sie gleichwohl von anderen Forschern abgelehnt. Nach Jens Oberheide etwa soll sich der Name Freimaurer auf die Fähigkeit mittelalterlicher Baumeister beziehen, freitragende Gewölbe zu errichten. »Der Freemason des 14. Jahrhunderts war … ein privilegierter Zunftmaurer, und die ›Geheimnisse‹, die er besaß, waren vor allem fachliche Kenntnisse der euklidischen Geometrie für die Baukunst.«[14]

Eine dritte Hypothese schließlich führt den Ausdruck Freimaurer, französisch »franc mestier«, auf gewisse Freiheiten zurück, welche die Steinmetzen und Baumeister wegen ihrer hochgeschätzten Fertigkeiten genossen. Während die Gilden und Zünfte der weltlichen Obrigkeit unterstanden, also an das Recht des Landes oder der Stadt gebunden waren, seien die Freemasons lediglich der kirchlichen Gewalt unterworfen gewesen. Das leuchtet insofern ein, als Klöster und Bistümer über viele Jahrhunderte die wichtigsten Auftraggeber der Baumeister und Steinarbeiter waren. Damit die hochspezialisierten Fachleute dort eingesetzt werden konnten, wo man sie gerade brauchte, wurden sie mit dem Privileg der Freizügigkeit versehen, also der Bewegungsfreiheit über Stadt- und Landesgrenzen hinweg.

Je nachdem, welcher Hypothese man beipflichtet, leitet sich der Ausdruck Freimaurer folglich von der freien Bearbeitung weichen Gesteins, von der Errichtung freitragender Gewölbe oder von gewissen rechtlichen Freiheiten der mittelalterlichen Freemasons ab. Man könnte die Entscheidung dieses Streits getrost den Gelehrten überlassen, wenn damit nicht ein weiteres Rätsel verbunden wäre: die Herkunft und der Inhalt des sogenannten freimaurerischen Geheimnisses.

Das Maurermysterium

Unstrittig ist wiederum, dass bereits die mittelalterlichen Maurer-Innungen ein »Geheimnis« kannten. Das gilt allerdings ebenso für andere Zünfte jener Zeit, weshalb das alte englische

Wort für Zünfte und Gilden schlicht »Mysteries« lautet. Jede Handwerkerorganisation hütete eifersüchtig ihre Geheimnisse. Darunter verstand man die Gesamtheit des Fachwissens, das in langwieriger Ausbildung an Lehrlinge und Gesellen weitergegeben wurde, vor allem und zunächst aber gewisse Geheimzeichen, mit denen sich die Zunftangehörigen untereinander legitimierten.

Der Sinn dieser Geheimzeichen liegt auf der Hand: Man wollte sich vor Unbefugten schützen, die das Fachwissen der Zunft auszuspionieren versuchten oder sich als ausgebildete Spezialisten ausgaben, ohne der Organisation anzugehören und die entsprechenden Fertigkeiten zu besitzen. Da Masons und Freemasons als Wanderarbeiter im ganzen Abendland umherreisten, konnte man sich nicht allein auf ein Netzwerk persönlicher Beziehungen verlassen. Doch gerade die reisenden Zunftangehörigen wurden von den Bruderschaften vor Ort großzügig unterstützt. Zugleich waren die Fähigkeit und das Privileg des Schreibens noch weitgehend auf den Klerus beschränkt, so dass auch schriftliche Empfehlungen kaum in Betracht kamen. Umso wichtiger war es, dass sich wandernde Steinmetzen, die bei einer Bauhütte in Köln, Straßburg oder Canterbury vorstellig wurden, durch gewisse Zeichen ausweisen konnten – und dass diese Zeichen von allen Beteiligten strikt geheim gehalten wurden.

Als »Mystery« im engeren Sinn bezeichneten die mittelalterlichen Steinmetzbruderschaften lediglich diese Geheimzeichen. Das geht etwa aus dem sogenannten *Harris-Manuskript der Pflichten* hervor. Dort heißt es, der Zunftangehörige, der mit der Unterweisung eines Neumitglieds betraut sei, möge dieses beiseitenehmen und ihm »all the whole mystery« zeigen, woraufhin beide zu den Zunftbrüdern zurückkehren könnten. Da das Geheimnis offenbar im Handumdrehen enthüllt werden konnte, werden hier nur die Erkennungszeichen gemeint sein, also Losung, Handzeichen, Griff und Wort.[15]

Aber selbst diese Zeichen waren so kompliziert, ihr Austausch so langwierig und ritualisiert, dass die Examinierung eines fremden Bruders zum zeremoniellen Bühnenstück geraten konnte. Genau festgelegt war bereits, wie der wandernde Geselle gekleidet sein musste, wenn er etwa bei einer Bauhütte um Arbeit vorsprach. Zur zünftigen Kostümierung gehörten »hohe Stiefel aus ungeschwärztem Leder«, in späteren Zeiten auch ein »Rohrstock, der Exküser, der einen schwarzen Hornknopf mit weißer Knocheneinlage hatte und unter dem Knopf mit einem Lederriemen durchzogen war«.[16]

Wenn der Wanderer den Arbeitsplatz erreichte, so musste er sich vor dem Gesellen aufstellen, der dem Eingang am nächsten arbeitete, und »Exkuse! Ein fremder Steinmetz!« ausrufen. Den »Exküser« musste er in der linken Hand tragen und bei diesen Worten bis zur Schläfe heben, wobei er die Einlage des Knopfes mit dem Daumen bedecken und den Lederriemen auf bestimmte Weise um seine Finger schlingen musste. Auch die Antwort des angerufenen Gesellen war durch das Ritual genauestens vorgegeben. Er legte sein Werkzeug beiseite und steckte die untere rechte Seite seines Schurzes oben links in den Bund. Dann hob er seine linke Hand bis zur Schläfe, wobei er den Daumen aufrecht stellte. Mit der Rechten ergriff er die Hand des Fremden und rief aus: »Exkuse! Wo kommt die Reise her?«

Vor sämtlichen Gesellen des Bauplatzes musste sich der Fremde sodann durch Abnahme sogenannter Stellungen ausweisen. Hierunter verstand man komplizierte Figuren, die durch Fußstellung und Handzeichen gebildet wurden. Dazu gehörte etwa die »Irrbank« mit rechtwinklig gestellten Füßen, wobei der Geselle mit seinen Augen der Richtung des rechten Fußes folgen musste, oder das »liegende Richtscheit«, das folgendermaßen ging: Der Fremde trat neben einen Gesellen, und beide stellten sich so, dass ihre linken Füße eine Linie bildeten. Jedes Mal galt es, eine bestimmte Reihenfolge zu wahren und die richtigen Wortformeln und Armstellungen zu gebrauchen.[17] Erst wenn er die langwierige Prüfung bestanden hatte, wurde der Wandergeselle in die örtliche Bruderschaft aufgenommen, erhielt Arbeit und die üblichen zünftigen Vergünstigungen wie Zehrgeld und Logis.

Auch wenn derlei Geheimniskrämerei bizarre Züge aufweist, lagen ihr doch auch rationale Motive zugrunde – vor allem wirtschaftliche Interessen der Zünfte selbst, aber auch der Städte oder Fürstentümer, deren Wohlstand nicht zuletzt auf den Fertigkeiten ihrer Handwerker beruhte. So verhängten nicht wenige Städte im Mittelalter über ganze Zünfte Wanderverbote. Zu den »gesperrten« Zünften zählten in Lübeck etwa die Bernsteindreher, in Nürnberg unter anderem die Brillenmacher, Gold- und Messingschläger.[18] Und soweit ihren Angehörigen das Wandern gestattet war, suchten sie die kostbaren Zunftgeheimnisse durch Erkennungszeichen zu wahren, die sich etwa mit den Passwörtern und PIN-Codes in der heutigen Cyberwelt vergleichen ließen.

Nicht erst die symbolischen Freimaurer des 18. Jahrhunderts, sondern bereits die mittelalterlichen Steinmetzen kannten und beherzigten also ein striktes Verschwiegenheitsgebot. Wer die »Mysteries« seiner Zunft ausplauderte, wurde aus der Bruderschaft ausgestoßen und überdies strafrechtlich verfolgt. So erging es etwa einem Steinhauergesellen namens Bruder, der im Jahr 1709 verhaftet wurde – die Zunft hatte ihn angezeigt, weil er den Steinmetzgruß verraten hätte. Hierdurch, so die Anklage, sei »das Gewerk in Zerrüttung verfallen«.

In einem Brief an den preußischen König Friedrich I. beteuerte jener Bruder, der Gruß sei ihm schriftlich offenbart worden, auf einem Zettel seines Kollegen Zimmer. Wie die Ermittlungen ergaben, traf diese Erklärung zwar halbwegs zu, jedoch hatte besagter Zimmer die geheimen Erkennungszeichen von einem Steinmetzgesellen namens Kindler gekauft. Geselle Bruder hatte die Hälfte des Kaufpreises beigesteuert, und die betrügerische Absicht der beiden Steinhauer lag somit auf der Hand: Mittels der ergaunerten Zeichen wollten sie sich das Ansehen regulärer Steinmetzgesellen geben und Zugang zu den Pfründen der Zunft erschleichen. Um ihre Organisation vor unermesslichem Schaden zu bewahren, so erklärten die Zunftoberen dem König, müssten sie nun an die Gewerke der Steinhauer und Steinmetzen im ganzen Land schreiben, um neue Grußzeichen zu vereinbaren und die bisherigen für ungültig zu erklären.[19]

Aber das Ausplaudern solcher Geheimnisse gefährdete nicht nur die wirtschaftlichen Interessen der Zunft – es berührte auch ihre Ehre und Identität. Denn ihrer Herkunft nach und in ihrem innersten Kern war die Steinhauerinnung noch im späten Mittelalter ein mystischer Bund von Eingeweihten und Verschworenen, also weit mehr als ein beruflicher Zweckverband.

Die Aura der Dombaumeister

Ohne Zweifel konnten die Steinmetzen bereits im 13. Jahrhundert auf eine eindrucksvolle Ahnenreihe zurückblicken. So waren schon die Baukollegien im antiken Rom, die sogenannten *Collegia Fabrorum*, zunftähnlich organisiert. Es waren Arbeitsgemeinschaften von Bildhauern und Baumeistern, die ihre Werkzeichen in Mauern und Fundamente prägten, ihre eigene bündische Symbolik besaßen und einander Bruderhilfe leisteten.

Diese Tradition lebte in den lombardischen *Magistri Comancini* weiter, die nach der Völkerwanderung als Bildhauer und

Baumeister Aufsehen erregten. Mehr noch als die Angehörigen der römischen Baukollegien waren es Verschworene, die einander Treue und Verschwiegenheit gelobten und ein eigenes Brauchtum entwickelten. Doch erst nach der ersten Jahrtausendwende, in der Epoche der sakralen Kolossalbauten, gewann die Baukunst jene symbolische Bedeutung, die sich später im Brauchtum der Freimaurerei niederschlagen sollte.

Als Erbauer von Klöstern und Kathedralen hatten die Steinmetzen in den Augen ihrer ehrfürchtigen Zeitgenossen gleichsam am göttlichen Schöpfungswerk teil – dies umso mehr, als die Steinmetzbruderschaften anfangs tiefreligiös geprägt waren und von Benediktiner- oder Zisterziensermönchen beherrscht wurden. In jener Zeit entstand auch die Vorstellung des Schöpfergottes als »Baumeister aller Welten« und der katholischen Kirche als wohlgegründete Burg, die der Christenheit Schutz vor jeglichen Widersachern bot.

Diese mystische Aura umgab die Steinmetzbruderschaften auch dann noch, als sie sich im Lauf der Zeit zu spezialisierten Laienorganisationen wandelten. Das lässt sich einerseits an ihren Ritualen ablesen, die »christliche Wendungen und Bräuche« und selbst versprengte »Reste aus der älteren germanischen Poesie«[20] bewahrten. Noch offenkundiger wird der mystische Kern der Bruderschaft der Maurer jedoch an ihrer Zunftlegende: Wie später die spekulativen Freimaurer führten bereits die mittelalterlichen Steinmetzen ihren Beruf auf biblische Gründergestalten zurück. So berief man sich auf Moses, den »ersten Steinhauer«, der einen der Grundsteine für den Bau des babylonischen Turms geschaffen habe. Und wie nach ihnen die Freimaurer betrachteten schon die operativen Maurer alter Zeiten den Apostel Johannes als ersten Baumeister und Schutzheiligen, den sie mit der Johannisfeier ihrer Loge am Johannistag ehrten.

Organisation, Ritual und Brauchtum der Steinmetzen boten also in der Tat gute Voraussetzungen zu symbolischer Überhöhung im Sinn der spekulativen Freimaurerei. Warum diese geheime Bruderschaft gerade aus der Maurerzunft hervorgegangen sein soll, ist damit gleichwohl noch nicht zufriedenstellend erklärt – auch andere Zünfte pflegten ihr Brauchtum und verpflichteten einander zu Verschwiegenheit und Bruderhilfe. Und zu symbolischer Verklärung taugten etwa die Innungen der Waffenschmiede oder Schiffsbauer und ihre Zunftlegenden ebenso sehr.

Wenn also zutrifft, dass sich die spekulative Freimaurerei von den operativen Steinmetzbruderschaften herleitet, so muss es für diese Entwicklung weitere Gründe geben, die allein aus den Besonderheiten dieses Berufsstandes nicht zu erklären sind.

Maurer und Freimaurer – die Stammbaum-Checkliste

Auch wenn nur einige Bruchstücke der mittelalterlichen Zunftrituale und Organisationsformen überliefert sind, haben freimaurerische Historiker einen Katalog von zwölf Punkten erarbeitet, in denen die ursprünglichen (operativen) Maurerbruderschaften und die späteren (spekulativen) Freimaurerbünde einander gleichen:

1. Ihre Mitglieder sind in eine dreistufige Hierarchie von Meister, Geselle und Lehrling aufgeteilt.
2. Die Bünde werden hier wie dort durch Beamte verwaltet.
3. Nichteingeweihte sind aus der Bruderschaft ausgeschlossen.
4. Der Sohn eines Meisters genießt gewisse Vorechte.
5. Wer der Bruderschaft beitreten will, muss bestimmte Qualifikationen vorweisen.

6. Zwischen allen Mitgliedern besteht brüderliche Gleichheit.
7. Die Mitglieder sind verpflichtet, Leiden ihrer Brüder (und deren Angehöriger) zu mildern.
8. Die Bruderschaft hat sich besondere Gesetze gegeben.
9. Bei den Versammlungen werden festgelegte Eröffnungs- und Schlussformeln gesprochen.
10. Für die Festmahle gibt es bestimmte Zeremonien.
11. Neue Brüder werden mit bestimmten Ritualen in die Loge eingeführt.
12. Fremde Brüder werden vor ihrer Aufnahme auf bestimmte Weise geprüft.[21]

Als dreizehnten Punkt müsste man hinzufügen: Es handelt sich um reine Männerbünde. »Frauen, Krüppel und Sklaven« sind ausgeschlossen, wie es in den *Alten Landmarken* heißt.

Masons und Accepted Masons

Spätestens zu Anfang des 17. Jahrhunderts setzte in den englischen Maurerbruderschaften eine eigenartige Entwicklung ein, zu der sich in keiner anderen Berufsorganisation jener Zeit Parallelen finden lassen. Bis dahin hatte sich das Wirken der Londoner Freemason Company auf die üblichen Zunfttätigkeiten beschränkt. Als Mitglieder konnten nur ausgebildete Gesellen und Meister – »Yeomen and Liverymen« – aufgenommen werden, wie in den anderen Innungen auch. Doch als dritte Kategorie kamen um die Wende vom 16. zum 17. Jahrhundert die sogenannten »Accepcons« hinzu, ein exklusiver Zirkel innerhalb der Zunft. Spätestens ab 1650 gehörten diesem mysteriösen Kreis auch Männer an, die weder im engeren noch im weiteren

Sinn mit der Steinhauer-Profession in Verbindung standen. Überwiegend waren es Geistliche, Adlige und gebildete Bürger. Was diese »Accepted Masons« oder »Angenommenen Maurer« dazu bewogen hat, der Steinmetzinnung beizutreten, zählt zu den bis heute nur unzulänglich geklärten Rätseln der Freimaurerei.

Nach Ansicht einiger Forscher wurde mit der Institutionalisierung der »Angenommenen Maurer« bloß eine Entwicklung offensichtlich, die bereits Jahrhunderte vorher im Geheimen eingesetzt habe. Als Beleg führen sie etwa die Erklärung des Konzils von Avignon vom 18. Juni 1326 an, in der es heißt: »In bestimmten Bezirken unserer Provinzen gibt es Leute, meistens Adelige, manchmal auch Bürgerliche, die Bünde, Gesellschaften und Vereinigungen unterhalten, die nach kirchlichem Recht wie nach weltlichem Recht verboten sind; unter dem Namen Bruderschaften versammeln sie sich einmal im Jahr an irgendeiner Stelle, um dort ihre ketzerischen Zusammenkünfte und Treffen abzuhalten; beim Betreten des geheimen Ortes schwören sie einen Eid, mit dem sie sich verpflichten, einander gegen jedermann außer gegen ihre Meister beizustehen, sich bei jeder Gelegenheit gegenseitig zu unterstützen und einander mit Rat und Tat beizustehen. Manchmal wählen sie einen aus ihrer Mitte zum Vorsteher, nachdem sie einheitliche Kleidung angezogen und bestimmte Unterscheidungsmerkmale und -zeichen benutzt haben.«[22]

Diese Erklärung lässt sich zwar nicht eindeutig auf die Freimaurerei beziehen, denn die Rede ist nur allgemein von »Bruderschaften«. Jedoch treffen die angeführten Merkmale – vom geheimen Versammlungsort über die besondere Kleidung bis zu den Schwüren – erstaunlich genau auf die spekulative Freimaurerei zu, die nach vorherrschender Meinung doch erst im 17. oder allenfalls im 16. Jahrhundert entstanden sein soll. Auch einige Hinweise aus dem sogenannten *Regius-Manuskript* aus der zweiten Hälfte des 14. Jahrhunderts deuten darauf hin, »dass die Bruderschaften bereits damals nichtwerkliche Mitglieder aufnahmen«. Die häufig wiederholte Behauptung, dass König Heinrich VI. von England »mit seinem gesamten Hofstaat«[23] Mitte des 15. Jahrhunderts in eine Freimaurerloge eingeführt worden sei, konnte allerdings bis heute nicht belegt werden.

Gleichwohl deuten etliche Indizien darauf hin, dass es lange vor dem 17. Jahrhundert innerhalb der Steinmetzbruderschaften »Accepted Masons« gegeben haben muss – auch wenn diese in den vor-»aufklärerischen« Zeitaltern tunlichst nicht in Erscheinung traten. In den mittelalterlichen Manuskripten, die von den Pflichten der Steinmetzbrüder handeln, findet sich nicht der leiseste Hinweis auf »Angenommene Freimauer« oder gar auf geheime Pläne und Arbeiten jenseits der üblichen Zunfttätigkeit. Im sogenannten *Cook-Manuskript*, das gleichfalls aus dem 14. Jahrhundert stammt, heißt es etwa: »Der erste Artikel ist dieser, dass jeder Meister dieser Kunst zuverlässig sei ... und keinem Mason mehr Bezahlung gebe, als er seines Wissens verdienen kann ... Der zweite Artikel ist dieser, dass jeder Meister dieser Kunst zuvor erinnert werden soll, zu seiner Zusammenkunft zu kommen ... Der dritte Artikel ist dieser, dass kein Meister einen Lehrling für kürzere Zeit als wenigsten sieben Jahre nehme ...«[24] So geht es Punkt um Punkt weiter mit der lapidaren Aufzählung zunftüblicher Pflichten. An keiner Stelle handelt der Text von anderen Mysterien als den geheimen Grußzeichen der Steinmetzen oder von einer anderen »Kunst« als der des Hauens, Setzens und Mauerns von Steinen im wörtlichen Sinn.

Die Frage ist aber: Beweist dies, dass es keine geheimen Machenschaften gab – oder belegt es eher, dass sich ein innerer Zirkel von »Angenommenen« oder »symbolischen« Freimaurern hinter den operativen Freemasons wie hinter einer wohlgefügten Mauer verbarg? Anders gefragt: Was könnte Scharen wohlhabender und belesener Männer überhaupt bewogen haben, der Steinmetzinnung beizutreten – möglicherweise bereits im 14., spätestens jedoch ab dem frühen 17. Jahrhundert?

Mögliche Beweggründe der »Angenommenen Maurer«

Eine übliche Antwort lautet: Diese Adligen, Geistlichen und gebildeten Bürger hofften, bei den Maurerbruderschaften Überreste esoterischen Wissens aus alten Zeiten vorzufinden. Das klingt zunächst plausibel, da die Steinmetzen auf eine bis in die Antike zurückreichende Tradition blicken konnten, die Baukunst zeitweise geradezu im Ruf der Zauberei stand und man sich auch in den Zunftlegenden auf ehrwürdige Gründerväter wie Moses berief.

Mittelalterliche Dokumente vermitteln einen Eindruck von der magischen Aura, die manchen Steinkünstler umgab. Wie Arno Borst berichtet, führte Baumeister Wilhelm von Sens in Canterbury »die beiden Triforien und die Fenster des Obergadens aus und hatte zu Beginn des fünften Jahres (1178) bereits die Baugerüste für die Einwölbung der Vierung vorbereitet; da brachen plötzlich unter seinen Füßen die Balken ein, und zusammen mit Steinen und Hölzern stürzte er zu Boden, von den Kapitellen in Höhe des oberen Gewölbes 50 Fuß tief. Die Schläge der Hölzer und Steine trafen ihn so hart, dass er für sich selbst und sein Werk nichts mehr tun konnte … Gegen den Meister allein wütete entweder die Strafe Gottes oder der Neid des Teufels … Im selben Jahr fand eine Sonnenfinsternis statt, am 6. September, noch vor dem Sturz des Meisters. Als der besagte Meister merkte, dass keine Kunst und Mühe der Ärzte ihn heilen konnte, gab er das Werk auf, überquerte das Meer und kehrte in seine Heimat zurück.«[25]

Der Berichterstatter schwankt offenbar zwischen Bewunderung und abergläubischem Schauder: Dienen die kolossalen Sakralbauten von Canterbury, Straßburg oder Köln der Verherrlichung Gottes, oder sind sie doch eher Teufelswerk? Ist der Baumeister demnach ein Diener des »großen Weltbaumeisters« – oder ein Frevler auf satanischen Irrwegen?

Dreihundert Jahre später, im sich neigenden 15. Jahrhundert, wird Julius Pomponius Laetus (1428–1498) in Rom ähnliche Bewunderung und ähnlichen Argwohn auf sich ziehen. Angeblich stand ja auch dieser hochgebildete Fürst einem Geheimbund von logenartigem Zuschnitt vor. Als leidenschaftlicher Bewunderer der antiken Kultur stieg er mit seinen Geistesbrüdern in die Katakomben hinab, auf der Suche nach Überresten altrömischer Baukunst und dem angeblich verlorengegangenen esoterischen Wissen der Alten. Und sollte es nicht zu denken geben, dass bereits Pomponius Laetus vom Schöpfergott als dem »Großen Baumeister der Welt« sprach? Liegt da nicht die Annahme nahe, dass jenes esoterische Wissen wie in einem geheimen Staffellauf durch die Jahrhunderte weitergegeben wurde – von den platonischen Akademien der Griechen über Bruderschaften wie die des Pomponius bis hin zur Freemasons Fraternity des 16. und 17. Jahrhunderts?

Tatsächlich sind Aussagen einiger »Accepted Masons« aus dem früheren 18. Jahrhundert überliefert, die angeben, die Hoffnung auf überkommenes esoterisches Wissen habe sie zu den Freimaurern geführt. Der Londoner Dr. Stuckeley etwa erklärte 1720, »dass seine Neugier ihn bewogen habe, sich in die Geheimnisse einweihen zu lassen, da er vermutet habe, es seien Überbleibsel der Geheimnisse der Alten«.[26]

Gleichwohl wirkt dieser Erklärungsversuch nur auf den ersten Blick bestechend. Zum einen verfügte jede mittelalterliche Zunft über derlei Mythen und Legenden, die ihre Profession mit altehrwürdigen Weihen versah – doch einzig die Steinmetzen verzeichneten Beitritte zunftfremder Männer aus den Kreisen der Reichen, Gelehrten und Mächtigen. Vor allem aber: Wenn es sich bei den Steinmetzen um eine gewöhnliche Zunftorganisation handelte, wenn sie also nicht jener Hort esoterischen Geheimwissens war, das die Geistlichen und Edelleute angeblich suchten – warum traten der Bruderschaft gleichwohl über Jahrhunderte hinweg Berufsfremde in hellen Scharen bei? Schließlich hätte sich doch bald einmal herumsprechen müssen, dass auch die Steinhauer nicht besaßen, was die nach uralten Wissensschätzen Dürstenden bei ihnen suchten.

Als weitere Erklärung wird zuweilen angeführt, dass die »Accepted Masons« den Steinhauer-bruderschaften beigetreten seien, um von deren rechtlichen Privilegien zu profitieren. Da die Freemasons überwiegend für kirchliche Bauherren arbeiteten, landesherrlicher Gewalt nicht unterstanden und, mit Schutzbriefen religiöser Orden versehen, unbehelligt von Land zu Land reisen konnten, vermochten sie ihre Zunftangehörigen in der Tat vor weltlicher Verfolgung zu beschirmen. Aber auch dieses Argument überzeugt gleichwohl nicht.

Gerade jene mächtigen und wohlgeborenen Männer, die zu Hunderten in die Bruderschaft drängten, hatten ja in aller Regel keine obrigkeitliche Nachstellung zu befürchten. Wenn also hohe Adlige den Maurerlogen beitraten, so waren sie als mächtige Schirmherren zwar gewiss willkommen. Doch anstatt ihrerseits einen Schutz zu erlangen, über den sie ohnehin längst verfügten, brachten sie durch den verdächtigen Beitritt eher sich selbst in Gefahr.

Worin sonst können aber die Beweggründe von Geistlichen, Akademikern und Edelleuten bestanden haben? Zweifellos mussten sie auch als »Angenommene Maurer« den Verschwiegenheitseid der Werkleute leisten, Beiträge in die Zunftkasse entrichten und mildtätige Spenden zugunsten notleidender Brüder erbringen – »und das noch dazu anonym, so dass sie mit ihrer Wohltätigkeit nicht einmal prahlen konnten«.[27] Was also könnte die Reichen und Mächtigen dazu verlockt haben, sich mit einfachen Steinmetzen zu verbrüdern?

Wurden die Maurerlogen unterwandert?

Hier kommen nun zwei Hypothesen ins Spiel, deren Popularität in umgekehrtem Verhältnis zu ihrer Belegbarkeit zu stehen scheint. Forscher wie Dieter A. Binder, die auf einen seriösen und diskreten Anstrich insbesondere der »blauen« Bruderschaft bedacht sind, wollen den boomhaften Aufschwung der symbolischen Freimaurerei im 17. Jahrhundert nicht auf einen spektakulären und mit allen Mitteln geheim gehaltenen Beweggrund, sondern auf ein Sammelsurium banaler oder auch irriger Motive zurückführen: »Einerseits mögen berufliche Interessen und ökonomische Überlegungen wie auch Sozialprestige eine nicht unerhebliche Rolle gespielt haben, während andererseits die Neugier, die Suche nach alten Mysterien, nach den sagenhaften Weisheiten der Druiden, das steigende Architekturinteresse die Triebfeder gewesen sein mögen. Schließlich war es aber auch die Suche nach Geselligkeit, die in England zu Beginn des 18. Jahrhunderts nahezu jedem Pub einen Klub bescherte.«[28]

Das klingt ernüchternd, aber nicht eben überzeugend. Wenn sich die Hoffnung auf »alte Mysterien« und »sagenhafte Weisheiten« nicht erfüllt hätte, so wäre das Interesse an der Freimaurerei – wie gesagt – gewiss bald wieder abgeflaut. Des Weiteren konnten weder Adlige noch Geistliche oder Doktoren aus dem Bürgertum ihre »beruflichen Interessen« oder ihr »Sozialprestige« befördern, indem sie »den glorreichen Titel ›Angenommener Maurer«[29] führten. Solche Erwägungen mögen allenfalls für Leute von geringem gesellschaftlichem Rang relevant gewesen sein. Die magische Anziehungskraft der Logen für Adel, Klerus, hochgestellte Persönlichkeiten aller Art und Herkunft lässt sich hierdurch nicht erklären.

Und »Geselligkeit« im »Pub«? Warum sollten Edelleute und Gebildete auf einmal danach lechzen, ihre Abende in stickigen Schänken zu verbringen und gemeinsam mit Steinmetzgesellen Krüge voller Bitterbier zu leeren? Tatsächlich nahm dieser Drang zur Maurerloge spätestens Ende des 17. Jahrhunderts die Züge einer Massenbewegung an – mit der Folge, dass die operativen Maurer in ihrer eigenen Bruderschaft zur Minderheit wurden und nicht selten gegen diese aggressive Übernahme revoltierten.

Im Jahr 1708 traten die Werkleute aus einer Reihe von Logen aus, in denen die symbolischen Freimaurer dominierten, und gründeten im Jahr darauf ihre eigene Loge, die *Lodge of Journeymen*, die einzig den operativen Maurern vorbehalten war. Andere Logen sperrten sich beharrlich gegen die Aufnahme von »Accepted Masons«, so beispielsweise die Glasgower Loge St. John's, die bis in die Mitte des 19. Jahrhunderts eine reine Werkloge blieb.[30]

Diese teilweise umsturzartige Entwicklung lässt sich wohl weder mit dem Drang zum sozialen Aufstieg noch mit dem massenhaft erwachenden Hang zur Geselligkeit erklären. Wenn den Steinmetzbruderschaften seit dem 17. Jahrhundert oder möglicherweise schon weitaus früher zahlreiche »Accepted Masons« beitraten, dann muss es im verborgenen Innersten dieser Innungen einen geistigen oder spirituellen Magneten von überragender Anziehungskraft gegeben haben. Einen Schatz, den die in heller Schar herbeieilenden Novizen in den Logen nicht nur vermuteten, sondern tatsächlich vorfanden.

Das behaupten zumindest etliche Gelehrte, die sich durchaus ernsthaft mit der Geschichte und Vorgeschichte der Freimaurerei beschäftigt haben. Und dies sind ihre beiden wichtigsten Erklärungsversuche:

Hypothese eins – bei diesem Schatz handelte es sich um das Erbe der Tempelritter (siehe *Zweite Maurerreise*).

Hypothese zwei – bei diesem Schatz handelte es sich um das hermetische Geheimwissen der pansophischen Alchimisten (siehe *Dritte Maurerreise*).

Beide Behauptungen fanden und finden beim profanen Publikum ebenso wie innerhalb der Freimaurerei begeisterte Anhänger. Die Wortführer in der heutigen Geschichtswissenschaft, das sei an dieser Stelle nicht verschwiegen, halten indessen beide Hypothesen für Humbug. Insbesondere jene Forscher, die wie Dieter A. Binder der orthodoxen Freimaurerei nahestehen, sind bestrebt, die Bruderschaft im Licht der »Aufklärung«, der nüchternen und wohltätigen Menschenliebe erstrahlen zu lassen, und alles, was dieses Bild verdunkeln könnte, betrachten sie mit Argwohn. Am liebsten würden sie die Geschichte der »diskreten Gesellschaft« überhaupt erst im Jahr 1717 beginnen lassen, mit der Gründung der Londoner Großloge und der Verkündung ihrer trockenen Statuten. Nahezu alles, was sich davor abgespielt hat oder haben könnte, gilt ihnen als unbedeutende Abirrung oder als unbeweisbare, folglich müßige Spekulation.

Für die Templerthese fehlt es in der Tat an Belegen, die einer auch nur im weitesten Sinn kritischen Überprüfung standhielten. Doch wie die Verfechter dieses zweifellos faszinierenden Konstrukts einwenden, könnte der vollkommene Mangel an Beweisen ja auch daher rühren, dass das Verschwiegenheitsgebot von allen Beteiligten strikt eingehalten worden sei. Ein solcher Zirkelschluss, der die Unbeweisbarkeit einer

Idee zum Indiz ihrer Richtigkeit erhebt, ist gewiss anfechtbar, was aber die Beliebtheit der Templerthese niemals zu mindern vermochte – im Gegenteil.

Die zweite These dagegen lässt sich nicht so einfach von der Hand weisen. Vielmehr sprechen etliche Indizien dafür, dass die spekulative Freimaurerei über Jahrhunderte hinweg ein Hort der sogenannten pansophischen und rosenkreuzerischen Esoterik war, hermetischen Geheimlehren, deren Verfechter sich unter anderem mit Magie und künstlichem Gold beschäftigten. Ohne diese Vorgeschichte wäre schlechterdings nicht zu erklären, weshalb sich die Freimaurerei noch im 19. Jahrhundert für die schwärmerischen Spekulationen der Gold- und Rosenkreuzer-Bewegung und einen charismatischen Scharlatan wie den Grafen Cagliostro so bereitwillig geöffnet hat (siehe *Zwölfte Maurerreise*).

Die Fürsprecher der vermeintlich reinen freimaurerischen Lehre versuchen solche Entwicklungen meist als »Unterwanderung« der Logen durch feindliche oder zumindest der Bewegung fremde Strömungen zu erklären. Doch das leuchtet ebenso wenig ein, wie wenn der Vatikan verkünden würde, dass er im Mittelalter von Inquisitoren unterwandert worden sei, die unter missbräuchlicher Berufung auf die katholische Kirche ihre Irrlehren verbreitet hätten. Dass viele Logen über lange Zeiträume Zentren pansophischer und alchimistischer Spekulation waren, lässt sich zumindest halbwegs plausibel belegen. Und es ist kein einziger Fall bekannt, in dem ein Bruder Maurer sich wegen solcher »Verirrungen« rechtfertigen musste oder gar aus seiner Loge ausgeschlossen wurde.

Jene Männer aus allen gesellschaftlichen Schichten, die in großer Menge spätestens um 1650 den Maurerlogen beigetreten sind, fanden dort also möglicherweise durchaus beträchtliche Schätze hermetischen Geheimwissens oder zumindest esoterischer Spekulationen vor, wenn auch nicht unbedingt das »Wissen der Alten«. Aber der Reihe nach – beginnen wir beim sagenhaften Erbe der Templer und einigen überlebenden Ordensrittern, die angeblich in grauer Vorzeit in einer schottischen Maurerloge Zuflucht vor päpstlicher Verfolgung fanden.

Zweite Maurerreise: Das Erbe der Templer

Die dramatische und mysteriöse Geschichte vom Untergang der Tempelritter ist weithin bekannt und braucht hier also nicht mehr ausführlich aufgerollt zu werden. Nach dem Kreuzzug zur Eroberung Jerusalems begründeten einige Ritter nahe den Ruinen des salomonischen Tempels ungefähr im Jahr 1120 den Templerbund. Das Ziel des Ordens war es, den Zugang zu den heiligen Stätten für die Pilger zu sichern und Palästina endgültig für die Christenheit zu erobern. Die Zahl der Ordensbrüder wuchs rasch, ebenso der Reichtum des mönchischen Ritterbundes. Ihr Hauptsitz war Jerusalem, doch bald schon gründeten sie Niederlassungen im ganzen Abendland, insbesondere in Frankreich.

Innerhalb von weniger als zweihundert Jahren wurde der Orden so reich und mächtig wie ein eigener Staat. Um 1300 besaßen die Templer viele tausend Burgen, Klöster und Stadthäuser und geboten über ein Heer von nahezu zehntausend Bewaffneten. Sie betrieben Banken, bei denen sich Könige und Prälaten verschuldeten. Scharenweise traten Adlige aller Rangstufen dem Orden bei, überhäuften die Ritter mit Schenkungen und mehrten ihren Reichtum und Ruhm.

Zugleich wuchsen, wie stets in solchen Fällen, auch Neid und Argwohn – immer lauter wurde der Vorwurf, dass es beim glanzvollen Aufstieg der Templer nicht mit rechten Dingen zugegangen sei. Die Mönchsritter mit dem achtzackigen roten Kreuz auf weißem Grund mussten einen Pakt mit der Hölle geschlossen haben. Mit den muslimischen Teufeln, genauer gesagt, und in der Tat fanden sich etliche Hinweise, dass die Templer geheime Beziehungen zu den islamischen Assassinen geknüpft hatten. Diese Geheimgesellschaft stand in denkbar schlechtem Ruf – ein Bund verschworener Mörder, gleichsam die Erfinder von Attentaten und Terrorismus, überdies Freveln wie Dämonenbeschwörung und Homosexualität zugetan.

Mehr noch als diese Vorwürfe trug der endgültige Verlust Jerusalems zum Abstieg des mächtigen Templerbundes bei. Ende des 13. Jahrhunderts musste der Ordenssitz in der Heiligen Stadt aufgegeben werden, die Templer zogen sich vor den siegreichen Sarazenen nach Zypern zurück und stießen fortan überall in Europa auf Misstrauen und Ablehnung.

Offen bezichtigte man sie nun, in Jerusalem zu Ketzern geworden zu sein. Einen Götzen namens »Baphomet« beteten sie angeblich an, einen satanischen Januskopf, in dessen Namen der muslimische »Mohammed« (»Mahomet«) nachzuhallen scheint. Von diesem zwiegesichtigen Schädel wurde unter anderem behauptet, dass er die Frucht gotteslästerlicher Schändung einer toten Jungfrau sei und seinen Anbetern während satanischer Messen Befehle erteile und die Zukunft offenbare.

So abstrus diese Vorwürfe größtenteils waren, sie fanden sich allesamt in dem Haftbefehl wieder, der die Festnahme der Templer am 13. Oktober 1308 begründete. In einer akribisch geplanten Gewaltaktion entledigten sich der französische König Philipp der Schöne und Papst Clemens V. gemeinsam eines Konkurrenten, der ihnen längst zu reich und mächtig geworden war. Die Mehrzahl der Ritter wurde verhaftet, eingekerkert und unter der Folter – teilweise jahrelang – verhört. Als Jacques de Molay, der letzte Großmeister der Templer, mit anderen Ordensrittern am 18. März 1314 auf der Pariser Seine-Insel verbrannt wurde, prophezeite er dem Papst und dem König, dass sie beide sich noch im selben Jahr vor dem göttlichen Gericht verantworten müssten. Tatsächlich folgte Papst Clemens V. ihm nur sechs Wochen später, Philipp der Schöne acht Monate darauf ins Grab.

Freimaurer im Land der Sarazenen?

Neben und nach den Freimaurern haben auch etliche andere Geheimgesellschaften für sich beansprucht, Erben der Tradition und des esoterischen Wissens der Tempelritter zu sein. Das gilt etwa für die Rosenkreuzer (siehe *Dritte Maurerreise*) oder für den »Ordo Templi Orientis«, der Anfang des 20. Jahrhunderts begründet wurde. Doch einzig ein Teil der »roten« Freimaurerei des 18. Jahrhunderts ist so weit gegangen, ihre Bruderschaft schlichtweg mit dem Orden der Tempelherren gleichzusetzen.

Im Jahr 1766 erschien in Jerusalem das Buch eines Anonymus, *Les Plus Secrets Mystères Des Hauts Grades De La Maçonnerie Dévoilés*, dessen Titel verheißt, die geheimsten Geheimnisse der Hochgradmaurerei zu enthüllen. Darin heißt es: »Dieser Orden wurde 1330 in Palästina von Gottfried von Bouillon nach dem Untergang der christlichen Heere gegründet & ging in der Zeit danach auf die Französischen Maurer über & auf eine sehr kleine Anzahl, zum Dank für die gefälligen Dienste, die sie mehreren unserer Englischen & Schottischen Ritter erwiesen hatten, von denen die wahre Maurerei stammt.«[31]

Man ahnt hier bereits, worauf der Autor hinauswill – Organisation, Rituale und Brauchtum der Freimaurerei sollen samt und sonders auf die Tempelritter zurückgehen:

> *»Die Sarazenen hatten die Heiligen Stätten, das heißt Palästina, besetzt, wo sich alle Mysterien unseres erlauchten Ordens ereigneten, & die sie in höchstem Grad entweihten … Die Wut der Barbaren ging so weit, dass sie schon beim*

Namen Christi alle niedermetzelten, deren Seligkeit er war. Das veranlasste ihren Anführer Gottfried von Bouillon gegen Ende des 13. Jahrhunderts, die Mysterien der Religion zu verbergen & zu tarnen … aus diesem Grunde wählten die eifrigen Christen den Tempel Salomons, der so viel Ähnlichkeit mit der christlichen Kirche hat, & deren Symbol & Sinnbild dieser so herrliche sakrale Bau wahrlich ist. Deshalb verbargen die Christen das Geheimnis des Aufbaus der Kirche unter dem des Tempelbaus, & sie nannten sich Maurer, Baumeister oder Baukünstler, denn sie befassten sich damit, den Glauben aufzubauen; …& sie versammelten sich unter dem Vorwand, Baupläne festzuhalten, um die christliche Religion mit Hilfe aller Sinnbilder und Allegorien, die die Maurerei bieten konnte, auszuüben …
Da die Geheimnisse der Maurerei im Grunde dieselben waren & sind wie die der christlichen Religion, war man sorgfältig darauf bedacht, diese Geheimnisse nur denen anzuvertrauen, deren Verschwiegenheit erprobt war & deren man sicher sein konnte. Deshalb erfand man Grade, um alle auf die Probe zu stellen, denen man sie anvertrauen wollte, & man teilte ihnen zunächst nur das symbolische Geheimnis Hirams mit, auf dem die gesamte Geheimlehre der blauen Maurerei aufgebaut ist, sowohl für den Lehrling wie auch für den Gesellen und den Meister. Etwas anderes wurde ihnen nicht erklärt, aus Furcht, verraten zu werden, & man verlieh ihnen die Grade nur als ein geeignetes Mittel, um sich trotz der Verwirrung, in der sie sich unter den Barbaren befanden, gegenseitig zu erkennen. Damit es ihnen besser gelinge, wurde beschlossen, für jeden Grad verschiedene Zeichen, Worte & Merkmale zu verwenden, um sie nicht nur von den uneingeweihten Sarazenen zu unterscheiden, sondern auch, um die verschiedenen Grade zu kennzeichnen,

deren Zahl auf sieben festgelegt war, nach dem Beispiel des Großen Baumeisters, der die Welt in sechs Tagen schuf & am siebenten Tage ruhte, ebenso wie man sieben Jahre brauchte, um den Tempel Salomons zu erbauen, den man sinnbildlich als Grundlage der Maurerei gewählt hatte ...«[32]

Diese Abstammungslegende lässt sich in ihrer maßlosen und zugleich pedantischen Phantastik kaum mehr übertreffen. Der Autor dechiffriert schlichtweg jedes organisatorische und zeremonielle Detail der (Hochgrad-)Freimaurerei als Bestandteil eines Geheimcodes, den bereits die Tempelherren selbst im 14. Jahrhundert erdacht hätten, um ihre missionarischen Absichten vor den feindlichen Muslimen zu verbergen. Die Freimaurerei wäre demnach nicht bloß die Erbin des Templerordens, sondern mit diesem seit Kreuzzugszeiten identisch.

Scheinbar folgerichtig sind verschiedene höhere Grade des »Schottischen Ritus« in templerischer Tradition benannt oder vollziehen im Ritual denkwürdige Geschehnisse aus der Geschichte des Templerordens nach. Das gilt insbesondere für das Ritter-Kadosch-Ritual, auf das ich im Verlauf dieses Kapitels noch näher eingehe.

Auch die Hiramslegende, das zentrale Gleichnis der orthodoxen Freimaurerei, wäre demnach nicht einfach als symbolische und allegorische Verschlüsselung eines ethischen Programms zu verstehen. Vielmehr wäre in dieser Legende, wollte man dem zitierten Anonymus und seinen zahlreichen Gefolgsleuten Glauben schenken, nichts Geringeres als der Aufbau der Kirche Christi im Jerusalem der Sarazenen codiert. Ob Schweigepflicht der Brüder oder hebräische Passwörter der verschiedenen Grade, buchstäblich jedes Detail der freimaurerischen Symbolik wird auf eine vermeintliche templerische Realität zurückgeführt. Und das Verblüffende hieran – die Gleichung geht in der Tat ohne allzu gewaltsames Zurechtbiegen der einzelnen Glieder auf.

Womit allerdings wenig bewiesen ist, denn die ganze leidenschaftlich vorgetragene Argumentation beruht auf einem Zirkelschluss. Insbesondere die französische Freimaurerei begeistert sich spätestens seit dem 18. Jahrhundert für die Idee, dass sich ihre Bruderschaft von den Templern herleite. Diese Vorstellung erklärt sich nicht zuletzt mit der radikal antiklerikalen und monarchiefeindlichen Position, die gerade die französischen Logen vor und während der Revolution eingenommen haben. Im Bild des kämpfend untergehenden Templerordens ließ sich die eigene Verfolgung durch das französische Königtum und den Vatikan glorifizieren. So erklärt sich jedenfalls, dass die freimaurerischen Hochgrade und zugehörigen Rituale des Grand Orient im Lauf der Zeit mit Elementen der Templertradition ausgeschmückt wurden – doch dies alles hat sich viele Jahrhunderte nach Zerschlagung des Ritterordens abgespielt. Über eine vermeintliche Verwandtschaft oder gar Identität beider Organisationen besagen diese nachträglich hinzugefügten Analogien also überhaupt nichts.

Ähnlich verhält es sich wohl auch mit der Hiramslegende. Dass der mythische erste Großmeister der Freimaurer ausgerechnet am Bau des Tempels Salomons mitgewirkt haben soll, neben dessen Ruinen die Templer ihren Orden begründeten, wirkt auf den ersten Blick wie ein bestechendes Verwandtschaftsindiz. Auch die Vorliebe der Freimaurer für hebräische Vokabeln in Ritualen und Geheimzeichen klingt wie ein historisches Echo aus dem sarazenisch besetzten Jerusalem der Tempelherren. Jedoch gibt es nicht den geringsten Anhaltspunkt dafür, dass sich die Ordensritter im Heiligen Land jemals mittels Maurer- und Tempelsymbolik über geheime Pläne zum Aufbau der Kirche Christi verständigt hätten.

Auch hier muss man wohl sehr viel eher von der umgekehrten Entwicklung ausgehen: Begeisterung für die vermeintliche Abstammung von den Tempelherren mag dazu beigetragen haben, dass die Freimaurer die biblische Hiramserzählung zur zentralen Legende ihrer Bruderschaft erwählten. Wann genau dies geschehen ist, im 16., im 17. Jahrhundert oder früher, wird kein Historiker mehr ermitteln können. So oder so fällt das Ereignis in die »vorgeschichtliche« Phase der Freimaurerei, also ins Dunkel der Jahrhunderte vor Gründung der englischen Großloge im Jahr 1717. Doch wie dies bei umsturzartigen Neugründungen nicht selten zu geschehen pflegt, hatten die Stifter der »modernen« Freimaurerei an dieser Verdunkelung alles vorher Geschehenen selbst erheblichen Anteil: Der bereits erwähnte Pfarrer James Anderson vernichtete um 1720 das gesamte Archiv mit allen Aufzeichnungen über die vorherige Geschichte der Freimaurerei.

Tempelherren im schottischen Exil?

In einer zweiten, nicht ganz so verwegenen Version dieser Abstammungslegende sind Templer und Freimaurer zwar nicht schon von Anfang an ein und dasselbe. Jedoch besteht auch hier zwischen beiden seit dem 13. Jahrhundert eine innige Verbindung.

Wie bereits im vorherigen Kapitel angemerkt, wird der Ausdruck »Freimaurer« auch auf die rechtlichen Freiheiten der wandernden Steinmetzen und Baumeister zurückgeführt. Diese unterstanden nicht städtischer oder landesherrlicher Gewalt, sondern reisten mit kirchlichen Geleitbriefen unbehelligt umher. Denn ihre Auftraggeber waren überwiegend die Bistümer und Orden, die Kathedralen und Klöster errichten ließen.

Zu den bedeutendsten dieser Bauherren zählten ohne Zweifel

die Tempelritter. Auf dem Höhepunkt ihrer Macht nannten sie zehntausend Schlösser, Burgen und sonstige Anwesen ihr Eigen. Zahlreiche Bauhütten entstanden einzig zu dem Zweck, Gebäude im Auftrag der Templer zu errichten oder auszubauen. Schwerpunkte ihrer Tätigkeit in Europa waren Frankreich und England.

Handwerker im Dienst eines so mächtigen Ordens genossen nicht nur das Privileg der Reisefreiheit. Auch von Fronarbeit und anderen Diensten, die Untertanen sonst ihren Landesherren leisten mussten, waren die Steinhauer in den Bauhütten der Templer, Benediktiner oder Zisterzienser befreit. So verwundert es nicht, dass die besten Werkleute danach lechzten, auf den Baustellen der Ordensherren zu arbeiten.

Mystiker und Maurer

Aber damit nicht genug – die Templer besaßen auch das von König und Papst verbriefte Recht, verfolgten Personen Asyl zu gewähren. Neben Maurern, Zimmerleuten und anderen Bauhandwerkern hielten sich in den Komtureien der Templer daher auch zahlreiche Männer auf, die wegen magischer Praktiken oder häretischer Ansichten andernorts in Misskredit geraten waren. Propheten, Kabbalisten und Alchimisten mischten sich in den Besitzungen der Templer unter die biederen Steinmetzen und Baumeister – eine eigenartige Mixtur, wie sie erst Jahrhunderte später in den Logen der »Alten und Angenommenen Maurer« wieder zu beobachten sein sollte.

Aus dieser Analogie zu folgern, dass die Burgen und Schlösser der Templer gleichsam die ersten Freimaurerlogen gewesen seien, wäre allerdings übertrieben. Doch ohne Zweifel kamen so bereits im 13. Jahrhundert zahllose Maurer und Steinmetzen auf templerischem Boden mit spekulationsfreudigen Philosophen und tiefgründigen Mystikern zusammen. Diesen Freigeistern,

Alchimisten und Esoterikern bot ihrerseits die enge Gemeinschaft mit den Werkleuten reichlich Gelegenheit, über die symbolträchtige Erhabenheit des maurerischen und baumeisterlichen Wirkens zu sinnieren und zu disputieren.

Leicht kann man sich ausmalen, wie sehr es den Maurern geschmeichelt haben mag, ihre Baukunst von so gelehrten Köpfen zum Gleichnis göttlichen Weltenbaus überhöht zu sehen. Und wenn es überhaupt eine einleuchtende Erklärung dafür gibt, dass sich gerade die Bauhandwerkerzunft für die spekulative Freimaurerei geöffnet hat, so mag sie just hier zu finden sein: in der Vermischung von handwerklicher und geistlich-geistiger Baukunst, die auf dem Boden der kirchlichen Orden über Jahrhunderte hinweg stattgefunden hat. Das begründet allerdings noch keine Abstammung im Sinn der freimaurerischen Templerthese, denn derlei Begegnungen fanden ebenso unter den Fahnen von Benediktinern oder Johannitern statt.

Ritter im Maurerschurz

So scheint jedenfalls nur folgerichtig, was nach der Überzeugung einiger freimaurerischer Geschichtsschreiber im Jahr 1314 geschah: Als Maurer verkleidet, landete eines Tages eine Handvoll versprengter Tempelritter an der schottischen Küste, darunter Pierre D'Aumont, der einstige Großmeister der Auvergne. Zahlreiche Flüchtlinge aus vielen Niederlassungen des aufgelösten Ordens folgten ihnen binnen kurzem nach.

In Schottland regierte zu jener Zeit Robert I. Bruce. Er war vom Papst exkommuniziert worden und wohl schon deshalb geneigt, den vom Vatikan verfolgten Templern zu helfen. Zwar hatte er nicht verhindern können, dass der Ritterorden auch in seinem Reich aufgelöst wurde, denn der Orden unterstand unmittelbar dem Papst. Doch der Legende nach unternahm der König alles in seinen Kräften Stehende, um den fliehenden Templern Schutz und Zuflucht zu gewähren.

Schon seit langem bestand damals die innige Verbindung zwischen Ordensrittern und Bauhandwerkern. Als großzügige Bauherren standen die Templer bei den Werkleuten ohnehin in bestem Ruf, und die Ritter ihrerseits hatten in den zurückliegenden Jahrzehnten die Arbeit der Maurer schätzen gelernt. So lag es nahe, die Verfolgten gleichsam in den schottischen Maurerlogen zu verstecken.

Die Legende besagt, dass Robert I. Bruce höchstselbst im Jahr 1314 die Königliche Großloge von Kilwinning gegründet habe. Auch diese Behauptung lässt sich zwar nicht belegen, unstrittig ist jedoch, dass die ersten offiziellen Freimaurerlogen nicht in England, sondern in Schottland zu finden sind. Hierzu zählen die Edinburgher Loge von 1475 oder die Loge von Dundee, die mindestens seit dem Jahr 1536 besteht.[33] Auch aus diesem Grund erkennen übrigens die schottischen Freimaurer die Vorherrschaft der deutlich jüngeren englischen Freimaurerei nicht an. Ähnlich verhält es sich mit dem französischen Grand Orient, denn auch in dortige Maurerlogen sollen bereits Anfang des 14. Jahrhunderts zahlreiche verfolgte Tempelherren eingetreten sein.

Das Verblüffende an dieser Version der Templerursprungslegende ist nun, dass in ihrem Licht auch der massenhafte Zustrom berufsfremder Männer aus Adel, Klerus und Bürgertum einen Sinn zu ergeben scheint. Durch die Aufnahme von Templern, die einen exklusiven innersten Zirkel bildeten, wandelte sich der Charakter der Logen in kürzester Zeit von Grund auf. Mochten die Bauhütten bis dahin Orte handwerklichen Biedersinns gewesen sein, so bargen sie auf einmal in der Tat ein höchst kostbares Geheimnis. Dieses mochte in der bloßen Anwesenheit einiger verfolgter Tempelherren bestehen oder auch in handfesten Schätzen, die die Ritter mit sich führten – hermetischen Weisheitsschriften, alchimistischen Rezepturen, Gold- und Silberschreinen, womöglich gar Reliquien wie jenem orakelnden Schädel namens Baphomet. Manche Hoffnung mag gleichwohl unerfüllt geblieben sein, denn natürlich war nicht jeder Ritter des Tempelordens im Besitz großartiger esoterischer Geheimnisse. Doch insgesamt waren etliche Hundert geflohener Ordensritter gewiss ergiebige Objekte der Neugierde und geistigen wie spirituellen Hoffnung – weit ergiebiger jedenfalls als die Erwartung, irgendwelches »Wissen der Alten« in den Maurerhütten vorzufinden, die nach orthodoxer Ansicht zum massenhaften Beitritt berufsfremder Männer in die Logen geführt haben soll.

Wo bei Erzählungen wie dieser die Grenze zwischen halbwegs nachvollziehbarer Spekulation und reiner Phantasterei verläuft, lässt sich kaum bestimmen. Jedoch funktioniert auch diese Variante der Templerlegende wie ein Magnet, der bestechende Ordnung im Chaos der überlieferten Fakten und Vermutungen schafft. Das gilt etwa für die häufig wiederholte Behauptung, dass die »Angenommenen Maurer« von der verbrieften Reisefreiheit der Zunftangehörigen profitiert hätten. Der örtliche Adel und Klerus hatte in aller Regel keinen Bedarf an solchen Privilegien – für die verfolgten Tempelritter aber, die sich unter dem Schutz der Innung unbehelligt bewegen konnten, war diese Freiheit der Freimaurer zweifellos ein kostbares Gut.

Und auch jene bereits zitierte Erklärung des Konzils von Avignon aus dem Jahr 1326 scheint im Licht der angeblichen Templerflucht kaum mehr rätselhaft: Sie bezieht sich, glaubt man den Wortführern dieser Version der Abstammungslegende, auf jene »Bruderschaften«, die sich in den schottischen Maurerlogen um die geflohenen Ordensritter scharten.

Der Ritter von der roten Feder

Ein wortgewaltiger Verfechter der Templerursprungsthese war der deutsche Reichsfreiherr Carl Gotthelf von Hund (1722 bis 1776), der in der Freimaurerei des 18. Jahrhunderts eine bedeutende, wenn auch zwielichtige Rolle spielte. Auf ihn geht letztlich wohl die Behauptung zurück, dass versprengte Templer im frühen 14. Jahrhundert in schottischen Logen Zuflucht gefunden hätten. Zumindest malte von Hund diese Legende phantasievoll aus, indem er verkündete, die geflohenen Ordensherren hätten unter König Robert I. Bruce ein geheimes Templerkapitel begründet und dieses gleichsam hinter der Maurerloge von Kilwinning versteckt. Der Templerorden habe also seit dem 14. Jahrhundert im Gewand der Freimaurerei kontinuierlich fortbestanden.

Doch damit nicht genug – Freiherr von Hund erklärte überdies, er selbst sei von einem mysteriösen »Ritter von der roten Feder« in Paris zum Tempelritter geweiht worden, und zwar am Hof des englischen Kronprätendenten Karl Eduard Stuart. Zugleich habe man ihn zum »Heermeister der VII. Ordensprovinz« ernannt. Als Tempelritter trug Hund den imposanten Namen »Charles Baron de Hund, Chevalier de l'Epée«, sein templerisches »Heermeisterpatent« wies ihn als »Provinzialgroßmeister der Lande an Oder und Elbe« aus. Wie er behauptete, war er beauftragt, in der deutschen Ordensprovinz eine Organisation im Sinn der Templerherren aufzubauen.

Die anfänglichen Erfolge des Reichsfreiherrn waren beispiellos. Seinem Orden, der Templer- und Freimaurertraditionen kühn miteinander verschmolz, gab er den Namen »Strikte Observanz«, der durchaus ernstgemeint war: Mit einer sogenannten »Obedienzakte« mussten sich die Mitglieder zu blindem Gehorsam verpflichten. Auch bei der prachtvollen Ordenstracht mit dem roten Templerkreuz oder der Aufteilung der Erde in »Provinzen«, der Ritterkapitel in »Präfekturen« mit altertümlichen Namen wie »Templin« (Berlin) oder »Rodomskoi« (Prag) suchten von Hund und seine Gefolgsleute die alte Templertradition nachzuahmen. Den drei Johannisgraden der orthodoxen Freimaurerei – Lehrling, Geselle und Meister – fügte der Neutempler drei weitere Grade hinzu: den vierten oder schottischen Grad, auf den das Noviziat als fünfter und die Ritterweihe als sechster Grad folgten.

Die straffe Organisation und der äußere Pomp beeindruckten die Zeitgenossen so sehr, dass wohlgeborene Männer in ganz Deutschland der »Strikten Observanz« in großen Scharen beitraten. Zwar bestanden offensichtlich weder in Frankreich, wo der Reichsfreiherr dem »Ritter von der roten Feder« begegnet sein wollte, noch irgendwo sonst auf der Erde weitere Templerprovinzen. Aber dieser Makel in der Legende vom immerwährenden Fortbestehen des Ordens tat dem Erfolg der »Strikten Observanz« keinerlei Abbruch. Im Gegenteil: Im Jahr 1772 konnte von Hund den Herzog von Braunschweig als Schirmherrn seines Ordens gewinnen. Am Konvent der »Strikten Observanz« drei Jahre darauf nahmen bereits sechsundzwanzig deutsche Fürsten als Mitglieder teil.

So rasch sich der Aufstieg der »Strikten Observanz« vollzog, so schnell kam für diesen freimaurerischen Templerorden allerdings auch das Ende. Bereits 1782, nur sechs Jahre nach dem Tod ihres Begründers, löste die »Strikte Observanz« sich wieder weitgehend auf. Die Gründungslegende seines Ordens hat von Hund wohl größtenteils frei erfunden, und auch die Echtheit seines »Heermeisterpatentes« muss bezweifelt werden. Gleichwohl wird er selbst von orthodoxen masonischen Geschichtsschreibern in der Regel nicht als Betrüger verdammt, sondern als von der Templeridee »besessen« abgetan.[34]

Als unheilvoll erwies sich jedoch seine Erfindung eines »Unbekannten Oberen«, die in der Folge die gesamte Freimaurerei in Verruf bringen sollte. Nach dieser Vorstellung stand an der Spitze des Hochgradsystems ein mysteriöser Oberbefehlshaber, dessen Identität nur ein exklusiver Zirkel von Eingeweihten kannte, dem jedoch alle Mitglieder des Ordens blinden Gehorsam schuldeten. Im Fall der »Strikten Observanz« galt der britische Kronprätendent unter Eingeweihten als »Geheimer Oberer«, da die Freimaurer den Stuarts als legitimen Nachfolgern der schottischen Bruce-Dynastie eng verbunden gewesen seien. Den Gegnern der Freimaurerei aber diente das Phantom der »Geheimen Oberen« später oftmals als Beweis für eine vermeintliche Fernsteuerung jeglicher Logen durch – je nachdem – jüdische, jesuitische oder kommunistische Drahtziher. Und auch charismatische Scharlatane wie Graf Cagliostro vermochten unter Berufung auf »Unbekannte Obere« in der Freimaurerei beträchtliche Verwirrung zu stiften (siehe *Elfte Maurerreise).*

Der wichtigste Grund für den Niedergang der »Strikten Observanz« aber war wohl, dass der Orden seinen Mitgliedern wenig Substanzielles zu bieten hatte. Wer sich den Neutemplern anschloss, musste zwangsläufig enttäuscht werden, denn statt des esoterischen Erbes oder sonstiger Magie- und Weisheitsschätze der alten Ordensritter ließ der Reichsfreiherr lediglich ihre klangvollen Titel und malerischen Kostüme wiederaufleben.

Templerkapitel und Freimaurerloge

Lassen wir nun aber den Chevalier de Hund in seinem Grab im fränkischen Mellrichstadt ruhen, wo er sich in vollem Heermeisterornat mit Helm und Degen bestatten ließ. Mag nämlich seine templerische Abstammungslegende auch weitgehend aus der Luft gegriffen sein, so lassen sich gewisse Verwandtschaften zwischen Templerorden und Freimaurerei gleichwohl nicht von der Hand weisen. Das betrifft nicht zuletzt das Aufnahmeritual der Templer.

In der Freimaurerei sind es der Logenmeister sowie der Erste und der Zweite Aufseher, die den Novizen beim Initiationsritual in die Loge einführen. Die alten Werkmaurerlogen kannten kein vergleichbares Ritual, der Neuling bekam einfach die geheimen Grußzeichen mitgeteilt und musste sich verpflichten, sie an keinen Unbefugten zu verraten. Bei den Tempelherren aber – und zwar nicht etwa bei von Hunds Neutemplern, sondern beim ursprünglichen Mönchsritterorden – wurden neue Brüder mit einem Prozedere aufgenommen, das dem freimaurerischen in etlichen zentralen Punkten gleicht.

Der oberste Leiter des Templerordens war der Großmeister. Er verfügte über eine große Machtfülle, doch bei bestimmten Fragen, wie etwa der Aufnahme eines neuen Mitglieds, musste er das Kapitel befragen und sich Mehrheitsentscheidungen fügen. Ähnlich den beiden Aufsehern in der Freimaurerloge waren auch ihm zwei Brüder beigeordnet, die ebenso wie der Großmeister vom Rat der Ordensritter gewählt worden waren.

Um einen neuen Bruder in den Orden aufzunehmen, mussten der Großmeister und seine beiden Beisitzer das Kapitel einberufen, den Namen des Kandidaten nennen und die Brüder bitten, eventuelle Einwände vorzubringen. Stimmten sie mehrheitlich gegen den Neuling, so war sein Antrag abgelehnt. Anderenfalls führte man den neuen Bruder vor die Versammlung, wo er drei Prüfungen ablegen musste – nicht anders als bei der Initiation des freimaurerischen Neophyten (siehe *Fünfte Maurerreise*). Wenn er die Prüfung bestanden hatte, musste der Neuling den Gehorsams- und Verschwiegenheitseid ablegen und wurde schließlich mit den Insignien des Ordens versehen –

wiederum in allen Punkten genauso wie bei der Aufnahme eines neuen Bruders in eine Freimaurerloge.

Wie sind diese Übereinstimmungen zu erklären? Die englisch-orthodoxe Freimaurerei beharrt auf dem Standpunkt, dass die Vorstellung eines templerischen Ursprungs nicht nur abwegig sei, sondern ohnehin erst frühestens im Jahr 1737 in der masonischen Bruderschaften »Wurzeln geschlagen« habe.[35] Diese Behauptung lässt sich anhand der freimaurerischen Überlieferung weder beweisen noch widerlegen, da die Gründung der englischen Großloge, wie erwähnt, mit der weitgehenden Vernichtung der überkommenen freimaurerischen Dokumente einherging.

Jedoch finden sich auch im *Neuen Konstitutionenbuch* von 1721, gleichsam das Neue Testament der »blauen« Freimaurerei, sämtliche oben aufgeführten Charakteristika der Logenorganisation (Meister und zwei Aufseher) und des Aufnahmerituals (Befragung der Brüder, drei Prüfungen, Vereidigung und Einkleidung des Novizen), die in so auffälliger Weise mit der Organisation des Templerordens und dem Initiationsverfahren bei den Ordensrittern übereinstimmen.

Wenn diese verblüffende Ähnlichkeit also nicht auf Nachahmung beruhen kann, wie sonst könnte sie zustande gekommen sein? Durch schieren Zufall? Oder handelt es sich vielleicht doch um ein Indiz für die in der Freimaurerei so hartnäckig verfochtene Hypothese, dass zwischen beiden Bruderschaften eine viele Jahrhunderte alte Verbindung besteht?

Ritter Kadosch – der »Rächer mit dem Dolch«

Der Ritter Kadosch (hebräisch für »heilig«) ist der dreißigste Grad des »Schottischen Ritus der Alten und Angenommenen

Maurer«. Von dem französischen Freimaurer Serge Hutin[36] stammt eine besonders eindrucksvolle Schilderung des Kadosch-Rituals, das auch innerhalb der templerisch orientierten Hochgradfreimaurerei zu den eigenartigsten und umstrittensten zählt. Beschrieben werden insgesamt vier Räume, die der Kandidat bei seiner Prüfung zu durchschreiten hat.

»Erster Raum: das Grab – schwarze Ausstattung. Eine dreieckige Lampe über einer Falltür. Man erkennt eine Treppe, die in einen Keller führt. Im Keller: ein Grab. Auf dem Grab drei Totenköpfe. Der mittlere ist mit einem Kranz aus Immortellen und Lorbeer, der rechte mit einer Königskrone und der linke mit der Papsttiara geschmückt. Im Raum eine Bank für den Kandidaten, ihr gegenüber eine Schrifttafel mit den Worten: ›Wer die Schrecken des Todes überwindet, wird sich über die irdische Sphäre erheben und in die größten Geheimnisse eingeweiht werden.‹«

Die Szenerie spielt deutlich auf den Verrat des Templerordens durch den französischen König Philipp IV. (Krone) und Papst Clemens VI. (Tiara) an. Der bekränzte dritte Totenkopf steht für Jacques de Molay, den letzten Templergroßmeister, dessen Märtyrertod dramatisch vergegenwärtigt wird.

»Dritter Raum: das höchste Gericht oder der Areopag – blaue Ausstattung. Blauer Sternenhimmel. Im Osten steht ein Podest, zu dem sieben Stufen hinaufführen. Es stehen dort sieben Sessel, einer im Osten für den Vorsteher, drei rechts und drei links parallel zur Längsseite des Raums. Über dem Sessel des Obersten ein purpurroter Baldachin und die weiß-schwarze Standarte der Kadosch-Ritter. Vor dem Sessel befindet sich ein Tisch mit einer Waage, auf der ein Schwert

und zwei Dolche schräg gekreuzt auf dem Konstitutionsbuch liegen. [...]
Vierter Raum: der Senat – im Osten schwarze Veloursbespannung mit silbern gestickten Totenköpfen, die von Dolchen durchbohrt sind. Über dem Thron im Osten schwebt ein schwarzweißer Doppeladler mit ausgebreiteten Flügeln. Er hält einen Dolch in den Fängen. Um seinen Hals hängt ein Balkenkreuz am schwarzen Band. Auf der Brust trägt er ein gleichseitiges Dreieck mit dem Tetragramm und den Worten: ›Nec proditor, nec proditur innocens feret.‹ *[›Er ist weder ein Verräter, noch wird er Verrat ertragen.‹] Von den Flügeln des Adlers hängt ein schwarzweißes Tuch mit roten Kreuzen herab. Hinter dem Thron sind zwei Standarten gekreuzt. Die eine ist weiß mit grünem Kreuz und trägt die Aufschrift:* ›Deus vult.‹ *[›Gott will es.‹]. Die andere ist schwarz mit einem roten Kreuz auf der einen und einem Doppeladler auf der anderen Seite. Der Adler hält einen Dolch mit der silbern eingestickten Devise* ›Siegen oder Sterben‹.«

Dieser Teil des Rituals lässt sich kaum anders denn als Aufforderung zu blutiger Rache verstehen. Der zum Kadosch-Ritter Geweihte wird unverkennbar ermahnt, »Vergeltung für die den Templern angetanen Ungerechtigkeiten durch die Monarchie und die Kirche«[37] zu üben. Im späten 18. und im 19. Jahrhundert, als die französische Freimaurerei eine scharfe antikirchliche Stellung einnahm, wurde dieses Ritual zweifellos auch so gedeutet: als Befehl, die Vernichtung der templerischen »Brüder« am Vatikan zu rächen.

Wenngleich von masonischer Seite immer wieder eingewandt wird, dass das Toleranzgebot der Freimaurerei mit Racheplänen welcher Art auch immer unvereinbar sei, spricht das Ritual hier doch eine ganz andere, kaum mehr symbolisch verschlüsselte

Sprache. Verständlich, dass solche Hochgradrituale gerade den Fürsprechern der Johannismaurerei Unbehagen bereiten. »Die im Ritual des Ritters Kadosch dargestellte Rache am Tod des Großmeisters Jacques de Molay, das Symbol des Dolches, dessen zwei Totenschädel für Clemens V. und Philipp den Schönen noch heute von kirchlichen Kreisen als Aufruf zum Kampf gegen die Kirche interpretiert werden. In Verbindung mit dem diesem Grad zugeordneten Baphomet entsteht dann die Geschichte der im ewigen Kampf mit dem Guten liegenden Freimaurerei.«[38]

Doch dieser Einwand gegen das Ritter-Kadosch-Ritual ist wenig plausibel. Zum einen lässt sich schwerlich behaupten, dass im Drama um den Untergang des Templerordens ausgerechnet dem französischen König und dem Papst die Rolle der »Guten« zukämen. Sehr viel eher sind sie hier die schurkischen Verräter, und auch wenn »kirchliche Kreise« dies bis heute anders sehen mögen, gibt es damals wie heute keinen Grund, sich der vatikanischen Sichtweise anzuschließen.

Schwerer als solche diplomatischen Erwägungen wiegt aber ein zweiter Einwand: Auch der ominöse Götze oder Dämon Baphomet, den die Tempelherren angeblich angebetet oder beschworen haben, lässt sich nicht so einfach der Gegenseite des »Bösen« zuordnen.

Baphomet – die dunkle Seite des Männlichen

In einigen Ritualen des Ritter-Kadosch-Grades spielt der berüchtigte Baphomet eine wichtige Rolle. Sein bärtiger Schädel mit den zwei Gesichtern symbolisiert die esoterische Weisheit und magische Macht der Tempelherren, kurz gesagt, ihr spirituelles Erbe, das in der templerisch orientierten Freimaurerei, insbesondere im »Schottischen Ritus«, weiterleben soll.

Nach Ansicht der katholischen Kirche – im 14. ebenso wie im 21. Jahrhundert – ist Baphomet nichts anderes als eine Satansfratze, und die orthodoxe Freimaurerei stimmt dieser Einschätzung ausdrücklich zu: Das *Internationale Freimaurerlexikon* definiert Baphomet als »Name eines scheußlichen Teufelsbildes, dessen Verehrung dem Templerorden vorgeworfen wurde«.[39]

Huldigt die Hochgradfreimaurerei nach Schottischem Ritus folglich einem Höllendämon? Und waren demnach bereits die alten Templer dem Satanskult verfallen?

Aus Protokollen der Templer-Verhöre

Nach der Zerschlagung des Ritterordens wurden um 1310 zahlreiche Templer verhört. Auch wenn viele Aussagen unter der Folter erpresst und später teilweise widerrufen wurden, geben die Verhörprotokolle doch einige erstaunliche Einzelheiten zu den Gebräuchen der Tempelherren preis.

So erklärt etwa ein Templer namens Huguet de Bure am 24.4.1310 im Verhör, dass er »von dem Bruder P. de Bure [in den Orden] aufgenommen worden« sei, »und er sagte weiter, der genannte Bruder P. habe ihm, als sich der nämliche Zeuge aller Kleider, die er trug – ausgenommen Hemd und Hose –, entledigt habe, die Ordenskleider und den Mantel übergeben; und er habe denselben Zeugen geküsst, erstens auf den Mund, zweitens auf den Nabel, drittens auf das Rückgrat, oberhalb der Stelle, wo der Gürtel getragen wird, und er sagte, der gleiche Bruder P. habe demselben Zeugen die Kleider vorn und hinten emporgehoben, als er ihn, wie gesagt, auf den Nabel und auf das Rückgrat geküsst habe.«

Das klingt nur allzu sehr nach den bekannten Ritualen satanistischer Verworfenheit, und in ähnlicher Weise geht es weiter:

»Ebenso sagte er, derselbe Bruder P. habe nach dem Vorausgegangenen sogleich ein Kreuz herbeigebracht und dem nämlichen Zeugen befohlen, auf das genannte Kreuz zu spucken, es mit den Füßen zu treten und dreimal Jesus abzuschwören; und als derselbe Zeuge sich über die genannten Küsse auf den Nabel und das Rückgrat sowie über derartige Befehle gewundert habe, wie er sagte, und sich zu tun gesträubt habe, was der genannte Bruder P. ihm befahl, habe derselbe Bruder P. ihm gesagt, dass er das Obenerwähnte tun müsse, weil dies zu den Regeln des Templerordens gehöre, und dass, wenn er das Befohlene nicht täte, sie wohl wüssten, was sie mit ihm tun würden.«

Anstelle des Kreuzes sollte der Novize sodann das Baphomet-Idol anbeten:

»Der besagte Bruder P. habe aus einem Schrank dieser Kapelle ein Haupt hervorgeholt, es auf den Altar gestellt und um das besagte Haupt eine Schnur gelegt, jene Schnur demselben Zeugen übergeben und ihm befohlen, sich mit ihr beständig über dem Hemd zu gürten … Gefragt, wie beschaffen das besagte Haupt gewesen sei, antwortete er, es … habe ausgesehen wie aus Silber oder aus Kupfer oder aus Gold; und es sei ganz wie ein Menschenhaupt gewesen, mit einem Gesicht und mit einem langen, fast weißen Bart.«[40]

Ähnliche Aussagen finden sich in zahlreichen Verhören ehemaliger Templer aus jener Zeit. Die Erklärungen gleichen sich in wesentlichen wie in nebensächlichen Punkten so sehr, dass man sie nicht als erpresste Falschaussagen abtun kann.

Der glühende Kern

Die Frage ist jedoch, wie derlei Gebräuche gedeutet werden können. Für katholische Kirchenvertreter damals wie heute handelt es sich schlichtweg um satanistische Rituale: Entblößung des Leibes; Küsse auf »unreine« Körperteile; Besudelung des Kruzifixes und Abschwörung des Heilands; schließlich Anbetung des teuflischen Götzen mit magischen Handlungen zur Übertragung der dämonischen Kraft auf den Adepten.

Allerdings lässt sich der gleiche Vorgang auch ganz anders interpretieren. So kann man die erzwungenen Küsse insgesamt als krasses Unterwerfungsritual in einem Männerbund deuten, der auf blindem Gehorsam seiner Mitglieder fußt. Der Kuss auf den Nabel könnte überdies ein »heidnisches« Huldigungsritual sein: die Anbetung der Großen Göttin, jener weiblich-natürlichen Kräfte also, die das Christentum unterdrückt und verteufelt. Ebenso ließen sich das Anspucken des Kruzifixes und die Offenbarung des Hauptes als Hinwendung zu einer vergöttlichten männlichen Urkraft verstehen, die nicht ohne weiteres als »teuflisch« abgetan werden kann.

Wie der Religionssoziologe Gerhard Zacharias erläutert, ist der »bärtige Männerkopf … wahrscheinlich eine Verkörperung der dunklen, chthonischen Seite des ›Großen Männlichen‹, die ebenso wie die entsprechende Seite des ›Großen Weiblichen‹ im Christentum weitgehend abgelehnt worden ist. Auch im Satan personifiziert sich dieser Aspekt des Männlichen, aber zwischen ihm und dem Haupt besteht ein Unterschied: Während die Gestalt des Satans eine ›spätere‹, dualistisch vereinseitigte und verzeichnete Schicht des ›Großen Männlichen‹ darstellt, verweist das Haupt in eine archaische, tiefe Schicht desselben. Daher kommt es auch, dass das Haupt manchmal als androgyn (mannweiblich) geschildert wird, sind ja das Männliche und das Weibliche in einer letzten, ursprünglichen Schicht eines.«

Baphomet, die dunkle Seite des »Großen Männlichen«, also der archaischen maskulinen Energien und Triebe, bildet einen denkbar starken Kontrast zum christlichen Heiland, der ätherischen Lichtgestalt, die Erlösung aus irdisch-fleischlichen Finsternissen symbolisiert. Wie Zacharias weiter ausführt, erscheint das Haupt des Baphomet in den Aussagen der verhörten Templer »in vielerlei Gestalt: mit glühenden Karfunkeln anstelle der Augen, mit mehreren Gesichtern, in Tierform und so weiter. Von ihm geht eine so große magische Kraft aus, dass manche Templer sagen, sie seien bei seinem Anblick in tiefste Verwirrung geraten und in Zittern verfallen. Etwas von dieser Kraft empfängt der Gürtel, den man um es legt.«[41]

Die glühenden Augen, die Ungreifbarkeit der Gesichtszüge oder auch die ekstatische Geistestrübung, der die Ritualteilnehmer anheimfallen – dies alles zeigt, dass das Baphomet-Haupt eine aus »heidnischen« und »primitiven« Kulturen wohlbekannte atavistische Macht repräsentiert, die erst in der christlichen Umdeutung zu einer »teuflischen« verzerrt worden ist. Der Kult um diesen »Götzen« wäre somit nicht satanistisch, sondern als Anbetung einer vor- und außerchristlichen Gottheit oder Urkraft zu verstehen (siehe *Neunte Maurerreise*).

Was hat dies alles mit der Freimaurerei zu tun? Wie gezeigt, spielt der mysteriöse Baphomet im Kadosch-Ritual (und in weiteren Ritualen der Hochgradfreimaurerei) bis heute eine wesentliche Rolle. Der »Rächer mit dem Dolch« und das bärtige Götzenhaupt wurden von bemühten Fürsprechern einer »aufgeklärten« Freimaurerei zwar vielfach ins Harm- oder Belanglose umgedeutet. Jedoch weist die beharrliche Begeisterung, die bedeutende Strömungen innerhalb der Freimaurerei für den Templerorden und gerade für dessen »dunkle« Aspekte an den Tag legen, auf eine engere Seelenverwandtschaft zwischen beiden Orden hin. Die Ähnlichkeit von Bruderschaften wie den

Templern und den Freimaurern reicht sogar weitaus tiefer, als bloße Abstammung oder geschichtliche Schicksalsgemeinschaft dies jemals könnten.

Die eifrige Suche nach historischen Belegen erscheint in dieser Perspektive eher als aufschlussreicher Irrweg: Miteinander verwandt sind Templerei und Freimaurerei wohl nicht dadurch, dass die eine aus der anderen hervorgegangen wäre. Jedoch gehören sie beide »in die Tradition der Männerbünde mit ihren Initiationsriten«[42] und vor allem mit dem, was die Gemeinschaften verschworener Männer in allen Kulturen zuinnerst immer schon ausgemacht hat – die rituelle, kollektive Aktivierung jener archaischen Tiefenschicht des »Großen Männlichen«, das im Brauchtum beider Orden durch Bildnisse wie das Baphomet-Haupt symbolisiert und durch entsprechende Rituale beschworen wird.

Die »aufgeklärte« Freimaurerei versteht sich selbst als »Lichtbringer«, als Gemeinschaft also, die den einzelnen Bruder und möglichst die ganze Menschheit dem Licht der Humanität und Vernunft entgegenführen möchte. Doch dieser Plan setzt eben voraus, dass man die »dunklen« Kräfte, die erleuchtet und erhöht werden sollen, nicht aussperrt und abspaltet, sondern in Ritual und Reflexion einbezieht. Der älteren, vor»aufklärerischen« Freimaurerei scheint dies noch bewusst gewesen zu sein. Dagegen erinnert die periodisch aufflammende Begeisterung für Templer, Kabbalisten oder Rosenkreuzer, von der die Bruderschaft nach ihrer rigiden Neugründung im 18. und 19. Jahrhundert immer wieder heimgesucht wurde, bloß noch an Fieberschübe, auf die das Londoner »Haupt« der Bewegung mit Bannstrahl und Abstoßung der befallenen Gliedmaßen reagiert hat.

Dritte Maurerreise: Der Schatz der Alchimisten

Alchimistische und kabbalistische Strömungen in der älteren Freimaurerei werden auch von orthodoxer Seite nicht ernstlich bestritten. Jedoch argumentieren die Fürsprecher »aufgeklärter« Masonik hier ähnlich wie bei den templerischen Einflüssen: Auch diese Tendenzen seien erst im 18. oder allenfalls im 17. Jahrhundert aufgekommen (wobei man eine genauere Festlegung vermeidet), und die Wortführer hätten sich eine eindrucksvolle Ursprungslegende wiederum erst nachträglich zurechtphantasiert. So heißt es etwa im *Internationalen Freimaurerlexikon*, das der Sympathie für templerische oder kabbalistische Strömungen inner- wie außerhalb der Bruderschaft gewiss unverdächtig ist, unter dem Stichwort »Alchimie«:

> *»Im Zeitalter der Entstehung der ersten englischen Großloge waren alchimistische Einflüsse noch stark wirksam ... In den Schottengraden setzte sie als Gradgeheimnis mit der Begründung ein, dass unter den Kreuzfahrern 1090 viele Altmeister aus Schottland Kenntnis von einer Tradition besessen hätten, der zufolge Esdras in den Grundstein des Salomonischen Tempels ein Andenken, das Meisterwort selbst oder einen Hinweis darauf, gelegt habe. Den Schotten sei es geglückt, in einem ausgehöhlten Quadratstein drei goldene Schalen mit den Buchstaben I. G. und O. zu finden, den jüdischen Sinnbildern der Grundstoffe der ganzen Welt und jedes einzelnen Dings. Mit dieser Legende wurde eine entscheidende Wendung eines Teils der damaligen Freimaurerei in der Richtung zum Okkultismus, zum alchimistischen Mysterienbund angebahnt.«*[43]

Derlei magisch-alchimistische Vorstellungen spielen im Kern- und Schlüsseltext der freimaurerischen Ritualistik, der sogenannten Hiramslegende, noch immer eine wesentliche Rolle. Allerdings soll diese Erzählung heute nur noch als symbolisch chiffriertes ethisch-humanitäres Programm gelesen werden. Dass Texte wie dieser von Freimaurern des 17. Jahrhunderts oder davor ganz anders gedeutet wurden, nämlich als verschlüsselte esoterische Weisheitslehre, liegt jedoch auf der Hand.

Wenden wir uns nun also dem dramatischen Hauptstück der freimaurerischen Überlieferung zu, der Hiramslegende samt einigen ihrer Vorläufer, Nebenstücke und Varianten.

Maurer beim Tempel Salomons

Bereits im *Cook-Manuskript* aus dem 14. Jahrhundert, das von den Pflichten der Maurer handelt, werden Beruf und Brauchtum der Steinmetzen bis auf den Bau des Salomonischen Tempels zurückgeführt.

> *»Beim Bau von Salomons Tempel, den König David begann, liebte König David die Masons sehr und gab ihnen Pflichten, beinahe wie sie jetzt sind. Und beim Bau des Tempels zu Salomons Zeit, wie in der Bibel im dritten Buch der Könige im fünften Kapitel gesagt wird, hatte Salomon achtzigtausend Masons bei seinem Werke. Und des Königs Sohn von Tyrus war sein Baumeister (master mason). In anderen Chroniken wird gesagt und in alten Büchern der Masonry, dass Salomo die Pflichten bestätigte, die sein Vater David den Masons gegeben hatte. Und Salomo selbst lehrte sie ihre Gebräuche … und von dort wurde diese würdige Wissenschaft nach Frankreich gebracht und in viele andere Gegenden …«*[44]

Bei dieser Version handelt es sich um eine schlicht gewirkte Zunftlegende, wie man sie auch von anderen Handwerkszweigen kennt. Sie spricht dem Beruf des Maurers ein biblisches Alter zu (Salomo herrschte nach biblischer Überlieferung um 970 bis 930 v. Chr. über Israel) und erhöht dadurch Würde und Ansehen der Bauleute. Überdies entzieht sie die den Maurern auferlegten zunftmäßigen Pflichten jeder kritischen Nachfrage – schließlich soll schon König David diese Gebote ausgegeben haben.

Von magisch-kabbalistischen Einflüssen aber findet sich in dieser Legende noch keine Spur.

Ein zauberischer Baumeister

Zum Kreis der zahlreichen Legenden um den salomonischen Tempelbau zählt auch die Hiramslegende, um die sich bis heute das Ritual des Meistergrades der Johannismaurerei rankt. Eine knappe Version ohne magische Ausschmückungen findet man bereits im alttestamentarischen Buch der Könige:

> *»König Salomo ließ Hiram von Tyrus kommen. Dieser war der Sohn einer Witwe aus dem Stamm Naphtali. Sein Vater war ein Kupferschmied aus Tyrus. Er war mit Weisheit, Verstand und Geschick begabt, um jede Bronzearbeit auszuführen … Er formte die zwei bronzenen Säulen. Achtzehn Ellen betrug die Höhe der einen Säule, und ein Band von zwölf Ellen umspannte sie. Ihre Wandstärke betrug vier Finger, innen war sie hohl. Ebenso war die zweite Säule. Dazu machte er zwei Kapitelle, um sie oben auf die Säulen zu setzen; sie waren aus Bronze gegossen … Er stellte die Säulen an der Vorhalle des Tempels auf. Die eine Säule stellte er auf die rechte Seite und nannte sie Jachin, die andere*

stellte er auf die linke Seite und nannte sie Boas. Oben auf den Säulen waren lilienförmige Gebilde. So wurde die Arbeit an den Säulen zu Ende geführt.«[45]

In der freimaurerischen Variante kommt Baumeister Hiram eine weitaus bedeutendere, allerdings auch sehr viel tragischere Rolle zu. Eine in der Bruderschaft weitverbreitete Fassung der Legende soll daher im folgenden Abschnitt erzählt werden.

Die Hiramslegende

Als Salomo plante, den Tempel in Jerusalem zu errichten, bot ihm der Phönizierkönig Hiram von Tyrus Hilfe an. In seinen Diensten stand ein erfahrener Baumeister und Erzgießer namens Hiram Abif, Sohn einer verwitweten Hebräerin, die am phönizischen Hof lebte. Der Baumeister war daher auch als »Sohn der Witwe« bekannt. König Hiram also sandte seinen besten Baumeister zu Salomo, und dieser stellte ihn an die Spitze der ungeheuren Menge von vierundzwanzigtausend Maurergesellen und -lehrlingen, die am Tempelbau arbeiteten.

Das gewaltige Bauwerk war schon weit vorangeschritten, als Bilitis, die Königin von Saba, in Jerusalem weilte. »Versammle alle deine Bauleute«, bat sie den König, »damit ich sie mit eigenen Augen vor mir sehen kann.«

»Das ist unmöglich«, erwiderte der König.

Baumeister Hiram aber, der den Wortwechsel vernommen hatte, erklomm eine Plattform über der Baustelle und zeichnete den griechischen Buchstaben Tau, das sogenannte Tau-Kreuz, in die Luft. Im gleichen Augenblick begannen sämtliche Maurer aus allen Himmelsrichtungen herbeizuströmen und stellten sich wohlgeordnet vor Salomo und Bilitis auf.

Obwohl Hiram Abif über so gewaltige magische Kräfte verfügte, gab es unter seinen Werkleuten fünfzehn Gesellen, die ihm seine Stellung als alleiniger Baumeister neideten. Ihre Gesellenzeit war noch nicht abgeschlossen, doch der Tempelbau näherte sich dem Ende, und sie verschworen sich, Hiram das Meisterwort abzupressen, das geheime Erkennungszeichen, mit dem die Meister sich untereinander legitimierten. Denn nur so konnten sie künftig als Meister arbeiten und das Ansehen und Einkommen erhalten, das ihnen nach ihrer Überzeugung zustand.

Zwölf der fünfzehn Gesellen erfasste jedoch die Reue, ehe sie zur Tat geschritten waren. Sie sagten sich wieder los, und so blieben nur drei Verschwörer übrig: der Syrer Phanor, der Phönizier Amru und der Jude Methusael.

Um ihrer Forderung Nachdruck zu verleihen, öffneten die drei heimlich den Schmelzofen, in dem das Erz gegossen wurde, und der glühende flüssige Erzstrom floss hervor und drohte hunderte Werkleute zu töten.

Als Meister Hiram sah, was geschehen war, rief er in seiner Not Tubalkain an. Der biblische Ahnherr aller Erzgießer erschien auch sogleich und übergab ihm einen Zauberhammer, mit dem Hiram den Erzstrom in unschädliche Bahnen zwingen konnte. So konnten die Bronzesäulen namens Jachin und Boas doch noch gegossen werden, und Hiram befahl, sie vor der östlichen Pforte des Tempels aufzustellen, wie es vorgesehen war.

Wie gewohnt verbrachte Hiram auch an diesem Tag die Mittagszeit im Hekal, dem Heiligtum des Tempels, der nun beinahe vollendet war. Hiram betete und schöpfte auf diese Weise neue Kraft für die Aufgaben, die noch auf ihn warteten. Währenddessen verbargen sich die drei verschworenen Gesellen an den Pforten im Osten, Westen und Süden, den einzigen Zugängen zum Hekal.

Nach dem Gebet begab sich Meister Hiram Abif zur östlichen Pforte, doch dort trat ihm Methusael, der erste Verschwörer, in den Weg. »Gebt mir das Meisterwort preis«, forderte er Hiram auf, »und ebenso den Meistergriff« – das Handzeichen, mit dem sich die Baumeister voreinander auswiesen.

»Niemals!«, rief Hiram aus. »Denn du bist dieser Zeichen nicht würdig.«

Da hob der Geselle zornig seinen vierundzwanzigzölligen Maßstab und schlug ihn dem Meister quer über den Hals.

Hiram Abif wich zurück und floh zur südlichen Pforte. Doch dort stand Amru, der zweite Verschwörer, und verlangte wiederum, dass Hiram ihnen Meisterwort und Meisterzeichen preisgab. Standhaft weigerte sich Hiram aufs Neue, da hob der Geselle sein Winkelmaß und schlug es dem Meister mit aller Kraft auf die linke Brustseite.

Entkräftet durch Schmerz und Entsetzen, wankte Hiram Abif nun zum Westtor, und hier sprang ihm Phanor, der dritte der ungetreuen Gesellen, in den Weg. »Offenbart mir das Meisterwort!«, verlangte auch er.

»Du bist dieser Zeichen nicht würdig«, entgegnete Hiram. Phanor bedrohte und bedrängte ihn, und schließlich schwang er seinen Spitzhammer empor und zerschmetterte Hiram den Schädel.

Tödlich getroffen sank der Baumeister zu Boden. Im Sterben gelang es ihm noch, sich das goldene Dreieck mit dem Meisterzeichen, das er an einer Halskette unter seinem Gewand trug, herunterzureißen und in einen tiefen Schacht zu werfen.

Die Mörder ergriffen seinen Leichnam, trugen ihn fort und vergruben ihn in einem Grab von sechs Fuß Länge und ostwestlicher Ausrichtung, das sie an einer einsam gelegenen Stelle ausgehoben hatten. Sie schlossen die Grube und steckten als geheimes Zeichen einen Akazienzweig hinein.

Am Nachmittag warteten die anderen Maurer und die Hofbeamten des Königs vergeblich darauf, dass Meister Hiram erschien, um wie üblich den Tempelbau zu beaufsichtigen. Die reuigen zwölf Gesellen, die sich vorher von dem Komplott losgesagt hatten, äußerten den Verdacht, dass der Meister ermordet worden sein könnte. »Seht nur«, sagten sie, »auch Phanor, Amru und Methusael sind verschwunden.«

Späher wurden ausgeschickt, und bald schon wurde einer der Suchtrupps fündig. In einer Felskluft nahe dem Meer waren alle drei Mordgesellen versammelt. Nun gleichfalls von Reue erfüllt, klagten sie sich vor ihren Mitverschwörern an.

»Lieber soll mir selbst der Hals durchgeschnitten werden«, jammerte Methusael, »wenn ich dadurch nur den Mord an Meister Hiram ungeschehen machen könnte.«

»Das Herz reißt mir aus der Brust«, schrie Amru, »wenn dadurch der Meister nur wieder zum Leben erweckt wird.«

»Der Schädel soll mir zerschmettern werden«, klagte Phanor, »wenn dafür das Haupt unseres Meisters wieder heil wird.«

Die Übeltäter wurden ergriffen und genau so getötet, wie sie es in rasender Selbstanklage gefordert hatten. Methusael wurde die Kehle durchtrennt, Amru starb durch einen Stich ins Herz, und Phanor schlug man den Schädel ein. Ihre abgeschnittenen Häupter wurden auf den Tempelmauern aufgestellt, allen Verrätern zur Warnung.

Derweil mussten die zwölf reumütigen Gesellen auf Salomons Befehl hin ausschwärmen, um den Leichnam des Meisters zu suchen. Auch das Meisterwort sollten sie wiederfinden, das mit Hirams Tod verschollen war. Fünfzehn Tage lang hatte der Tote in der Erde gelegen, als sie den Grabhügel mit dem Akazienzweig darin entdeckten. Man grub den Leichnam aus, der bereits im Stadium der Verwesung war.

»Mach-benak«, rief einer der Männer aus, »das Fleisch löst sich von den Knochen.«

Sie eilten nach Jerusalem zurück und berichteten dem König,

was geschehen war. Salomo erklärte, dass Gott ihnen ein Zeichen gesandt habe, als dem Gesellen jene Worte an Hirams offenem Grab entschlüpft waren. Er ordnete an, die Formel »Mach-benak« als Ersatz für das verlorene Meisterwort zu verwenden. Und der Akazienzweig auf dem Grab des Meisters trieb aus und grünte zum Zeichen der Wiederauferstehung des Hiram Abif.

Meisterweihe als magische Totenbeschwörung?

Ob diese Wiederauferstehung nun wörtlich verstanden wird, als geglückter Akt magischer Totenbeschwörung, oder symbolisch, als Fortleben der Kunst Hirams in der Weihe jedes neuen Meisters – ebendies bezeichnet den Unterschied zwischen alchimistischer und »aufgeklärter« Freimaurerei. Und wer sich auch nur ein wenig mit kabbalistischer und alchimistischer Hermetik befasst hat, wird leicht erkennen, dass die Hiramslegende ursprünglich als verschlüsselte magisch-alchimistische Handlungsanweisung gelesen worden ist.

Die Formel »Mach-benak – das Fleisch löst sich von den Knochen« entspricht der »Putrefactio«, einem Stadium im alchimistischen »großen Werk«, das der Gewinnung des Steins der Weisen dienen soll – jener geheimnisvollen Substanz, die Blei in Gold zu verwandeln, Tote ins Leben zurückzurufen und Lehmklumpen in atmende Kreaturen umzuschaffen vermag.

Der Kundige in kabbalistischer Magie muss sich für solche schöpferischen Akte nicht einmal der Mühsal alchimistischer Experimente unterziehen: Nach dieser alten jüdischen Zauberlehre geht die Wunderkraft unmittelbar von geheimen magischen Worten aus, zu denen auch das »Meisterwort« der Hiramslegende gehört. Gott selbst hat nach dem Talmud Himmel und Erde mit der Kraft des Schöpferwortes erschaffen. Dieses Schöpferwort war mit dem Namen des Allmächtigen identisch – weshalb Gott nach jüdischem Glauben auch nicht beim Namen genannt werden darf. Ihn namentlich anzurufen hieße nichts anderes, als den Allmächtigen auf magischem Weg herbeizuzwingen – der größte denkbare Frevel überhaupt. Der Talmud-Kundige vermeidet es daher tunlichst, die Gottesnamen (»Jahweh« oder »Jehova«) auch nur zu denken. Stattdessen behilft er sich mit Umschreibungen wie »Adonai« (»O Herr«) oder zieht es vor, den Gottesnamen allenfalls zu buchstabieren.

Was bedeutet dies für die Hiramslegende, das Kernstück freimaurerischer Ritualistik? Die Künste, die Hiram Abif so meisterlich beherrschte, stehen symbolisch für göttliche Schöpfungsmagie. Das Meisterzeichen, das Hiram auf dem goldenen Dreieck vor der Brust trug, ist letztlich kein anderes als das göttliche Schöpfungswort oder der Name des Schöpfergottes selbst. Und alle alchimistischen und kabbalistischen Prozeduren wären folglich nichts als mühselige Ersatzverfahren für die göttliche Schöpferkraft, so wie »Mach-benak« bloß ein Ersatzwort für das »verlorene Meisterwort« darstellt.

Die Legende des XIII. Grades in der Schottischen Hochgradfreimaurerei, des Royal-Arch-Grades, spinnt diesen Faden in magisch-kabbalistischem Geiste weiter. Dort wird schließlich auch das goldene Dreieck mit dem Meisterzeichen wieder aufgespürt, das der sterbende Hiram in jenen Schacht geworfen hatte. Geheimnisvollerweise findet es sich unter einem Gewölbe (»Royal Arch«), in einen steinernen Würfel eingemauert und auf einem dreieckigen Altar liegend. Auf dem Würfel sind die zehn Gebote eingemeißelt, in das Meisterzeichen aber ist das göttliche Losungswort eingraviert, das Urwort der Schöpfung: »Jehovah Jahbulon«.

Ermordung und Auffindung des toten Meisters werden bis heute im Ritual des dritten Johannisgrades bei der sogenannten

Meisterreise dramatisch nachvollzogen (siehe *Fünfzehnte Maurerreise*). Der Kandidat spielt hierbei die Rolle des ermordeten Urmeisters: Er liegt im Sarg oder Grab, ein verwesender Leichnam wie einst Hiram Abif. Der amtierende Logenvorsteher, der »Meister vom Stuhl«, weist die anwesenden Brüder an, einander die Hände zu reichen und so eine Kette zu bilden, an deren Anfang er selbst steht. Die beiden Aufseher erfassen die Schultern des Toten, der Meister vom Stuhl ergreift dessen rechte Hand, und so wird der Leichnam aus dem Grab gezogen und aufgerichtet.

Durch einen unverhohlen magisch-kabbalistischen Akt wird der Tote nun ins Leben zurückgerufen. Der Meister vom Stuhl berührt ihn an den vorgeschriebenen fünf Punkten: Er steht Gesicht an Gesicht mit dem Toten, mit seinem rechten Fuß gegen den des Toten, Knie an Knie und seine Brust gegen die Brust des aufgerichteten Leichnams gedrückt. Seine rechte Hand umfasst die Rechte des Toten, und so flüstert er ihm das Ersatzmeisterwort zu: »Mach-benak«. Dann spricht er ihn mit dem Namen »Moabon« an, »Sohn der Verwesung« – und in diesem Augenblick kommt der Tote zu sich.

Hiram Abif ist wiederauferstanden. Feierlich werden ihm seine Meisterwerkzeuge ausgehändigt – Richtschnur, Zeichenstift und Zirkel. Zusätzlich führt er nun den zweiköpfigen Meisterhammer, dessen Form an das griechische »Tau« erinnert, jenes magische Zeichen, das Hiram Abif einst in die Luft über dem salomonischen Tempel gemalt hat.

Nach heutiger Auslegung soll diese Erweckung in der »blauen« Maurerei selbstverständlich nur noch sinnbildlich aufgefasst werden. Durch die feierliche Initiation lebt Meister Hiram in jedem neuen Meister weiter, so, wie seine symbolisch verstandene Baukunst und das gesamte »Bauwerk der Humanität« in der lebendigen Bruderschaft überdauern.

Man kann sich jedoch leicht ausmalen, dass die katholische Kirche gerade dieses Meisterritual noch im 18. und 19. Jahrhundert mit Argwohn und Unbehagen betrachtet hat. Ihrer ursprünglichen Bedeutung nach handelt es sich bei der Hiramslegende ohne Zweifel um eine verschlüsselte kabbalistische Handlungsanweisung, die sich je nach Auslegung als alchimistische Formel zur Gewinnung des Steins der Weisen oder als magische Totenbeschwörung dechiffrieren lässt. Aus vatikanischer Sicht mussten sich hieraus zwei schwerwiegende Verdachtsmomente ergeben:

Zum einen schien die Freimaurerei, allen gegenteiligen Beteuerungen zum Trotz, eine religiöse »Irrlehre« oder jedenfalls eine unliebsame Konkurrenzreligion zu sein – mit Meister Hiram als einem Heiland, der wie Jesus Christus wiederaufersteht, und einem zugehörigen Ritual, das den gläubigen Anhängern dieser Lehre ebensolche Auferstehung von den Toten verheißt. Wer aber eine solche Lehre verbreitete oder ihr auch nur anhing, beging nach vatikanischem Gesetz das Verbrechen der Häresie.

Zweitens lag der Verdacht nahe, dass diese Bruderschaft, deren Rituale auf Texten und Zeichen kabbalistischer Hermetik fußten, bei ihren Zusammenkünften auch ihrerseits magische und alchimistische Handlungen betrieb. Derlei Praktiken aber, insbesondere die Totenbeschwörung, galten als schwarze Magie und wurden gleichfalls mit schweren Strafen – von der Exkommunikation bis hin zum Verbrennen bei lebendigem Leib – bedroht.

Wie in späteren Kapiteln noch ausführlich gezeigt werden soll, mussten Freimaurer über Jahrhunderte hinweg unter kirchlicher und staatlicher Verfolgung leiden (siehe *Achte, Dreizehnte, Vierzehnte Maurerreise*). Nicht wenige von ihnen wurden als angebliche Häretiker oder Verschwörer gegen Gott und

König verhaftet, gefoltert, eingekerkert oder hingerichtet. Es ist daher nur allzu verständlich, dass die Freimaurerei alle gegen ihre Logen und Brüder erhobenen Vorwürfe stets hartnäckig geleugnet hat. Doch zugleich lässt sich kaum ernsthaft bezweifeln, dass im 17. Jahrhundert und wohl auch schon davor in englischen, deutschen oder französischen Logen mit beträchtlichem Eifer alchimistische Experimente durchgeführt und magische Handlungen praktiziert worden sind.

Der vatikanische Argwohn, dass die Freimaurerei über Jahrhunderte ein Bollwerk geheimer Goldmacherei und möglicherweise auch magisch-nekromantischer Versuche war, ist gewiss nicht aus der Luft gegriffen. Dass die Brüder sich vor inquisitorischer Nachstellung mit den ihnen verfügbaren Mitteln – Verschweigen und Leugnen – schützten, ist der Freimaurerei ebenso zweifellos nicht vorzuwerfen, sondern unter den damaligen Umständen aller Ehren wert. Doch wenn die heutige »blaue« Maurerei diese kabbalistischen und alchimistischen Strömungen rückblickend als »peinliche« Verirrungen bezeichnet, so gibt sie in einem Akt tiefgreifender Selbstverleugnung ihren kirchlichen und weltlichen Widersachern gewissermaßen nachträglich recht.

Vom Barock bis zur romantischen Epoche vermochte die Bruderschaft etliche der brillantesten Denker und Künstler ihrer Zeit anzuziehen. Damals waren die Logen in ganz Europa Zentren lebhafter geistiger Auseinandersetzung, Schauplätze der spannendsten und originellsten wissenschaftlichen und künstlerischen Experimente. Dass sich vieles hiervon als zeittypische Irrungen erwiesen hat und aus heutiger Sicht überholt oder verworren wirken mag, ist nicht zu bestreiten. Doch dass von der Freimaurerei heutzutage kaum mehr geistige Impulse ausgehen, sollte der vergreisenden Bruderschaft ebenso sehr zu denken geben.

Der »aufgeklärte« Rationalismus, dem die orthodoxe Freimaurerei anhängt, vermag als wahr und wirklich nur anzuerkennen, was dem Urteil des Verstandes standhält. Die ältere Freimaurerei dagegen war durch eine Philosophie geprägt, die gerade die strikte Scheidung von Wissen und Glauben zum verderblichen Irrweg erklärt. Aber nicht allein durch diese »pansophische« Schule des Jan Amos Comenius (1592–1670) wurde die vor-»aufklärerische« Freimaurerei stark beeinflusst. Ebenso maßgeblich war ein literarisches Werk des frühen 17. Jahrhunderts, dessen einzigartige Erfolgsgeschichte letztlich sogar die Vorherrschaft von Glaube und Einbildungskraft über Vernunft und Realität zu belegen scheint: die *Fama Fraternitatis oder Entdeckung der Brüderschaft des löblichen Ordens des Rosencreutzes* von Johann Valentin Andreae (1568–1654).

Andreae war ein protestantischer Theologe aus Tübingen. Sein schmales Buch, 1604 entstanden und zehn Jahre später erschienen, wurde lange Zeit als wahrheitsgetreuer Bericht über eine tatsächlich wieder aufgefundene geistig-geistliche Bruderschaft angesehen. Wie sich erst sehr viel später herausstellte, hatte der Verfasser den gesamten Orden, seinen Begründer und die rosenkreuzerische Philosophie schlankweg erfunden. Allerdings traf seine Fiktion so sehr den Nerv der Zeitgenossen, dass in der Folge zahlreiche reale Bruderschaften der Rosenkreuzer entstanden. Nach Ansicht etlicher Forscher hat die Rosenkreuzer-Bewegung des 17. Jahrhunderts die spekulative Freimaurerei nicht bloß beeinflusst, sondern letzten Endes mit hervorgebracht.

Über jenen Christian Rosenkreuz ist in der *Fama Fraternitatis* zu lesen, dass der fiktive Ordensbegründer bereits im endenden 14. Jahrhundert zur Welt gekommen sei. Arabien und Ägypten,

Marokko und Spanien habe er bereist, alle wesentlichen esoterischen Weisheitsbücher studiert und schließlich die Bruderschaft der Rosenkreuzer begründet. Im gesegneten Alter von 106 Jahren verstorben, sei Rosenkreuz in einer Gruft bestattet worden, die sich nach seiner Prophezeiung und entsprechenden magischen Vorkehrungen hundertzwanzig Jahre später wieder öffnen werde.

Dieser Zeitpunkt ist just im Jahr 1604 erreicht, weshalb der Autor Andreae auch von den angeblichen Entdeckungen in dieser Gruft berichten kann. Die Jünger finden ein siebeneckiges Gewölbe mit der geheimnisvollen Inschrift »Dies Kompendium des Alls habe ich mir zu meinen Lebzeiten zum Grabmal gemacht«. Das Tagebuch des Verblichenen wird ebenso entdeckt wie etliche Manuskripte eines Säulenheiligen der pansophischen Bewegung – des Heilers, Alchimisten und Magiers Paracelsus (1493–1541).

Der fiktive Ordensstifter Christian Rosenkreuz verheißt seinen Jüngern nicht weniger als »ein Kompendium aller vergangenen, gegenwärtigen und zukünftigen Geschehnisse«. Durch seine Weisheitslehre soll sich den Erleuchteten der Himmel öffnen, das Buch der Schöpfung offenbar werden. Auch in alchimistische Künste wie die Herstellung des Steins der Weisen und des künstlichen Goldes sollen seine Anhänger eingeweiht werden. Doch gehe es dem Orden nicht um materiellen Reichtum, sondern um ein neues Weltbild, eine spirituelle Wende, die Begründung und Erziehung einer Bruderschaft, die letztlich die ganze Menschheit dem Reich Christi zuführen soll.

Die Ideenwelt der Rosenkreuzer ist vom Katholizismus des Vatikans so weit entfernt wie vom lutherischen Protestantismus und von der mittelalterlichen Scholastik so sehr wie von heutigen Wissenschaftskonzepten. Durch den Mund des Christian Rosenkreuz propagiert Johann Valentin Andreae eine ekstatische Einheit von vernunftgelenktem Wissen und visionärem Schauen, von Ratio, Einbildungskraft und Emotion.

Auch den realen Zweck des geheimen Wissensarchivs erwähnt der listige Autor Andreae nebenbei: Es soll diejenigen, die es auffinden, »auch nach vielen hundert Jahren, wenn der ganze Orden oder die Bruderschaft zugrunde gegangen wären«, in die Lage versetzen, die Bewegung der Rosenkreuzer »durch den Inhalt des Gewölbes wiederum zu erneuern«[46] – was denn auch, wie gesagt, in der Folge geschieht, und zwar hauptsächlich in den Logen der Freimaurerei.

Wer sich der Bruderschaft der Rosenkreuzer anschließen will, muss weder edelblütig noch gebildet sein. Er soll nur die Grundforderungen des Paracelsus erfüllen, also mit Geist, Seele und allen Sinnen sich für die Geheimnisse der Schöpfung öffnen, die nicht in den Büchern der Scholastiker, sondern im Buch der Natur verzeichnet seien. Die vom Schöpfer geschriebenen Worte seien nur in der Natur zu finden – und außerdem in der Bibel, die »der ganzen Welt Kompendium« sei.[47]

Ähnlich wie die Freimaurerei bis heute war auch die Bruderschaft der Rosenkreuzer in Grade gegliedert. Der Novize soll sich mit dem pansophischen, kabbalistischen und hermetischen Schrifttum beschäftigen. Erst auf späteren Stufen schreitet der Bruder weiter zu alchimistischen Experimenten und Erkenntnissen. Der wahrhaft Erleuchtete schließlich soll eine magische Schrift und Sprache beherrschen, die nicht mehr nur benennen, sondern die gesamte Schöpfung zugleich bis auf ihren tiefsten Grund erklären kann.

Die Logen der Rosenkreuzer

Die tiefsinnige Erfindung des Johann Valentin Andreae löste um 1620 einen regelrechten Rosenkreuzer-Boom aus. Etliche

Bruderschaften im Geiste des imaginären Stifters wurden ins Leben gerufen, und unzählige Männer in ganz Europa zogen Erkundigungen ein, wie sie dem Orden der Erleuchteten beitreten könnten. Zwei weitere Bücher zur *Fama Fraternitatis* – die *Confessio Fraternitatis* von 1615 und die *Chymische Hochzeit Christian Rosencreutz* im Jahr darauf – heizten die Begeisterung noch weiter an.

In eng verwandtem Geist schuf der Gelehrte Jan Amos Comenius in den folgenden Jahrzehnten eine »Pansophie« genannte Lehre, die alles Spezialwissen zu einer Gesamtwissenschaft zusammenführen und ebenso Erkenntnis und Glauben, Magie und Alchimie vereinigen sollte. Bezeichnenderweise spricht auch er in seinen Schriften bereits vom »höchsten Baumeister der Welt« und von einem »Tempel der Weisheit«. Auf der Suche nach einer Bruderschaft, die ihr Streben nach alchimistischer Weisheit und magischen Künsten befriedigen könnte, stießen die Wissbegierigen in England, Deutschland oder Frankreich denn auch in aller Regel nicht etwa auf den Orden der Rosenkreuzer, sondern auf die Logen der Freimaurerei. Zwar entstanden, wie erwähnt, auch einige Bruderschaften in rosenkreuzerischem Geist. Aber die überwiegende Mehrzahl der Männer, die durch die Werke von Andreae und Comenius »erweckt« worden waren, suchten und fanden ähnlich Gesinnte in der bereits vorhandenen Bruderschaft der spekulativen Maurerei.

Elias Ashmole – Rosenkreuzer, Alchimist und Freimaurer

Zur sinnfälligen Einheit werden Rosenkreuzertum und Freimaurerei in der Person des Altertumsgelehrten und Alchimisten Elias Ashmole (1617–1692). Dieser bedeutende Sammler alchimistischer Traktate und Adept der hermetischen Weisheitslehre wurde im Oktober 1646 in Lancashire als »Angenommener Maurer« in eine Loge eingeführt. Auch für das Jahr 1682 ist seine Teilnahme an einem Freimaurerritual dokumentiert, diesmal in der Mason's Hall in London. Der namhafte Forscher, der jahrzehntelang die Überzeugungen und Debatten in der englischen Freimaurerei geprägt hat, verstand sich selbst zugleich als Rosenkreuzer und pansophischer Geist. Auch ein handschriftlicher Brief von Ashmole ist überliefert, mit dem er seine Aufnahme in die Bruderschaft der Rosenkreuzer beantragt.[48]

Elias Ashmole war nicht nur in den Geheimlehren der Antike beschlagen, sondern praktizierte auch selbst als Alchimist. Von seinem Meister William Backhouse hatte er angeblich erfahren, wie der wahre Name jener legendären »prima materia« lautete, aus der sich der Stein der Weisen gewinnen ließ. Die von ihm vertretene Alchimie gehört sehr viel mehr der kabbalistischen Zeichenmagie als den rußigen Laboren jener Schwarzkünstler an, die sich mit langwierigen Experimenten plagten. Denn das Wort, das laut Ashmole die »prima materia« bezeichnet, ist weitaus mehr als ein Name – es besitzt die magische Kraft des Meister- oder Schöpferwortes, um das es im jüdischen Talmud, in der kabbalistischen Magie und noch in der freimaurerischen Hiramslegende geht.

Zusammen mit Gelehrten wie dem Alchimisten und Astrologen Wiliam Lilly und dem Mathematiker William Oughtred gründete Elias Ashmole 1646, im Jahr seiner Aufnahme in die Bruderschaft der Maurer, das »Haus Salomons« – eine esoterische Akademie, deren Mitglieder in pansophischem Geist die Geheimnisse der Schöpfung zu ergründen versuchten. Als Zufall will es da schwerlich erscheinen, dass sich die Vereinigung rosenkreuzerischer Magier und Mystiker ausgerechnet in der Mason's Hall einmietete, der Londoner Zentrale der englischen Freimaurerei.

Die Mischung geistiger Strömungen und die hieraus resultierenden Debatten, Experimente und Inszenierungen in der Freimaurerei des späten 17. Jahrhunderts kann man sich kaum bunt und spannend genug vorstellen. Die feierlichen Rituale und Legenden der mittelalterlichen Werkmaurerei wurden mit pansophischen und paracelsischen Augen neu gelesen – aus der angewandten Rechenkunst der Baumeister wurde die spirituelle Schöpferkunst des göttlichen Weltbaumeisters. Auch die geheimen Zeichen der reisenden Maurer luden sich in kabbalistischer Beleuchtung mit magischem Hintersinn auf: Aus Gruß- und Erkennungszeichen wurden wunderkräftige Meisterworte. Selbst die alchimistische Lehre von den dualistischen Wirkkräften (männlich und weiblich, Tag und Nacht, Sal und Sulfur …) schien etwa in den beiden Säulen der Hiramslegende mit den geheimnisvollen Namen Jachin und Boas hermetisch chiffriert. Durch den Gedanken und die Ordnung der freimaurerischen Bruderschaft wurde dieser gesamte Diskurs um Geheimnis und Magie zugleich aus den geschlossenen Kreisen einiger weniger Eingeweihter in ein verzweigtes System von Logen verpflanzt, also weitaus mehr Menschen zugänglich gemacht als in allen Jahrhunderten davor.

Ein Freimaurer verheißt die ewige Jugend

Als sich im Jahr 1717 eine Handvoll englischer Logen zur Londoner Großloge zusammenschließen, ist jener pansophisch-alchimistische Geist in der Freimaurerei noch überaus lebendig. Bereits im Jahr 1710 war jedoch nach mittlerweile vorliegendem Muster eine weitere Bruderschaft begründet worden, die sogenannten Gold- und Rosenkreuzer, die sich eher missbräuchlich auf die ursprünglichen Rosenkreuzer beriefen (siehe *Zwölfte Maurerreise*). Zumindest gerieten sie rasch unter den Einfluss katholisch-reaktionärer Kräfte, die diesen Orden als Waffe gegen Protestantismus und »Aufklärung« instrumentalisierten. So propagierten die Gold- und Rosenkreuzer bald schon nur noch einen rückwärts gewandten Obskurantismus, einen Kult des Irrationalen und seichten Wunderglaubens, der auch den pansophischen Mystizismus der »wahren« Rosenkreuzer zunehmend in Verruf brachte.

Die Gründung der Londoner Großloge mit ihrem betont »aufklärerischen« Programm ist daher nicht zuletzt als Kampfansage an solches Dunkelmännertum zu verstehen, das in der Freimaurerei jener Zeit offenbar eine beträchtliche Rolle spielte. Das bedeutet jedoch auch, dass die Gründerväter der »orthodoxen« Freimaurerei, die sich bis heute als Gralshüter der gesamten Bruderschaft gebärden, zumindest zum damaligen Zeitpunkt innerhalb der Maurerei eine Minderheitenposition vertraten.

Anders ließe sich auch kaum erklären, was einen gewissen Eugenius Philaletes junior dazu verleitet haben könnte, seine Schrift mit dem Titel *Long Livers*, also etwa *Die Langlebigen*, ausdrücklich den Großmeistern, Meistern und Brüdern der englischen und irischen Freimaurerei zu widmen. Wer sich hinter dem Pseudonym Eugenius Philaletes junior verbirgt, ist bis heute strittig. Jedoch atmet das Buch auf jeder Seite einen unverkennbar pansophischen und rosenkreuzerischen Geist. Der Autor rühmt sich, das Geheimnis des Steins der Weisen zu kennen, der ja dem Eingeweihten auch die ewige Jugend bescheren soll. Sodann beschreibt er ausführlich das Leben etlicher Persönlichkeiten, die nicht nur steinalt geworden seien, sondern es dank magischen Geheimwissens auch verstanden hätten, ihre Wiedergeburt zu bewerkstelligen.

Der Geist dieses so bizarren wie hochgelehrten Werkes ist vom seichten Obskurantismus der »Gold- und Rosenkreuzer« ebenso weit entfernt wie vom flachen Rationalismus der »Aufklärer«. Auch diese Schrift bestätigt also die Vermutung, dass die Freimaurerei jener Zeit ein wahrer Hort alchimistisch-pansophischer Debatten und Bestrebungen gewesen sein muss. Nur so lässt sich verstehen, dass eine in rosenkreuzerischem Geist verfasste Abhandlung noch im Jahr 1722 den Freimaurern gewidmet worden ist.

Auch wenn man nicht so weit gehen möchte wie manche Forscher, die das Freimaurertum geradezu aus der pansophisch-rosenkreuzerischen Bewegung hervorgehen lassen, spricht doch vieles dafür, dass sie im 17. und noch im frühen 18. Jahrhundert die beherrschende geistige Strömung innerhalb der masonischen Bruderschaft war. Pastor James Anderson hatte demnach nur allzu gute, wenn auch moralisch höchst fragwürdige Gründe, das Archiv mit den überlieferten Dokumenten der Maurerei um 1720 dem Feuer zu übergeben: Der scheinbar rein formale Akt der Vereinigung bestehender Logen ähnelte in mancherlei Hinsicht einem Gewaltstreich, mit dem Geschichte, Selbstverständnis und Programmatik der Bruderschaft quasi über Nacht umdefiniert wurden.

Geometrie der Gesellen – Gotteskunst der Meister

Wie der Volkskundler und Freimaurerforscher Peuckert hervorhebt, musste das überlieferte Schrifttum der Maurerzunft mit rosenkreuzerischen Augen gelesen einen ganz neuen Sinn ergeben. So spielt die Geometrie zwar bereits im *Cook-Manuskript* aus dem 14. Jahrhundert eine wichtige Rolle. Aber in pansophischer Lesart wird aus der angewandten Rechen- und Zirkelkunst der Baumeister eine erhabene Wissenschaft, gleichrangig mit Alchimie und Magie – aus dem Wissen der Maurer wird die Weisheit der Weltbaumeister. Diese erhabene Stellung kommt der Geometrie bereits bei Hermes Trismegistos zu, dem altägyptischen Ahnherrn aller Magier und Esoteriker, und einen ähnlichen Rang nimmt sie auch im Denken des Paracelsus ein: gleichrangig mit den uralten Weisheitslehren der Alchimie und der Astrologie.

In den Augen der Rosenkreuzer, die ab 1620 in großer Menge den Freimaurerlogen beitraten, »musste wohl ... die maurerische Zunftlegende mehr als ein historisches Dokument, sie musste ein philosophischer Bericht voll lockend bunter Bilder sein«.[49] Ihre Sichtweise, ihre Spekulationen und Experimente veränderten die maurerische Bruderschaft in kurzer Zeit von Grund auf.

So ist aus der Freimaurerei ein »altenglisches Ritual« überliefert, das wohl zu Anfang des 18. Jahrhunderts und wahrscheinlich auch bereits früher praktiziert worden ist. Darin fragt der Meister den Gesellen: »Was lehrte man euch, als ihr zum Gesellen aufgenommen wurdet?« Der Geselle antwortet: »Die Bedeutung des Buchstaben G.« Darauf fragt wieder der Meister: »Und was bedeutet der Buchstabe G?« Worauf der Geselle antwortet: »Geometrie oder die fünfte Wissenschaft, so dem Maurer am notwendigsten ist.«

Fast mit Händen lässt sich hier greifen, wie sich im Verlauf des 16. und 17. Jahrhunderts die »alchymische Hochzeit« zwischen der Werkmaurerei und dem nachher »Pansophie« genannten magischen Mystizismus vollzogen haben mag. Ihr Bindeglied war die »Geometrie«, einmal verstanden als die einfache Rechenkunst und das pragmatische Wissen der Maurer und Baumeister – und zum anderen aufgefasst als »Wissenschaft« und in uralter Tradition erhöht zu einem der bedeutendsten und erhabensten Wissenszweige überhaupt.

Denn nach dem nämlichen »altenglischen Ritual« gibt der werdende Meister bei der Prüfung des dritten Grades auf die Frage nach der Bedeutung des G eine ganz andere Antwort als zuvor der Geselle: »Größe, Herrlichkeit, alles, was ein Sterblicher erkennen soll und was über euch ist … Weil der Buchstabe G der Anfangsbuchstabe des Wortes Gott ist.«[50]

Offenkundig hat man es hier mit einem bereits aus älteren Geheimbünden und Mysterien wohlbekannten Verfahren stufenweise voranschreitender Einweihung zu tun (siehe *Neunte Maurerreise*). Ins Auge gefasst wird immer derselbe Gegenstand, doch mit jeder Stufe dringt der Adept tiefer in den verborgenen Sinn ein. Diese Vertiefung der Einsicht kann indessen gerade nicht auf dem Weg der reinen Verstandeserkenntnis erreicht werden, wie sie der »aufklärerische« Rationalismus propagiert. Der menschliche Verstand reicht allenfalls bis zur zweiten Stufe, der »Geometrie« des Gesellen. Die Meisterstufe aber erreicht der Adept einzig auf dem Weg der mystischen Schau, also der Verschmelzung von Ratio, Intuition und Emotion.

Diese Methode stufenweise erfolgender Enthüllung ist seit dem Altertum in verschiedenen Geheimgesellschaften immer wieder praktiziert worden. Sie dient gewiss auch dazu, das innerste Arkanum vor Verrätern zu bewahren: Selbst wer die Mysterien der ersten und zweiten Stufe erfahren hat und dann zum Abtrünnigen wird, vermag das eigentliche und kostbarste Geheimnis des Meistergrades noch immer nicht zu offenbaren.

Allerdings hat diese stufenweise wechselnde Beleuchtung und Ausdeutung des Mysteriums seit je auch den Argwohn der Feinde der Freimaurerei genährt. Was auch immer durch »Verräterschriften« oder freiwillige Enthüllungen aus dem Inneren der Bruderschaft bekannt wurde – für die Gegner des Ordens waren es alles nur Masken und Fassaden, hinter denen sich das »eigentliche« Geheimnis der Freimaurer verbarg.

Insbesondere die Hochgradfreimaurerei mit ihrer scheinbar unbegrenzten Hierarchie, an deren Spitze womöglich noch ein »Geheimer Oberer« thront, hat solchen Argwohn jahrhundertelang auf sich gezogen: Die niederen Brüder des ersten und noch des zweiten oder dritten Grades mochten ja aufrichtig glauben, dass sie einer Vereinigung harmloser Menschenfreunde angehörten. Jedoch dienten diese »einfachen Maurer« (so der Standardvorwurf der Verschwörungsfabulierer) lediglich zur Tarnung der höheren Grade, die hinter der perfekten Fassade – je nachdem – an Umsturz, Kirchenspaltung oder anderen Teufelswerken arbeiteten.

Vierte Maurerreise: Der Vatikan der blauen Bruderschaft

Die Geschichte der modernen Freimaurerei beginnt in einer Spelunke. Am 24. Juni 1717 versammeln sich eine Handvoll englischer Gentlemen im Hinterzimmer der Bierschänke *Goose and Gridiron* und beschließen, ihre Maurerlogen zur englischen Großloge von London zu vereinigen.

Von außen betrachtet war dies gewiss ein glanzloses Ereignis, das nur wenige Zeitgenossen überhaupt zur Kenntnis genommen haben dürften. Die am Gründungsakt beteiligten Logen waren zu diesem Zeitpunkt nahezu bedeutungslos. Wenigstens drei von ihnen hatten nicht einmal zwanzig Mitglieder. Der Mann, den sie im Verlauf der Sitzung zum ersten Großmeister der Londoner Großloge wählten, war ein Gentleman namens Anthony Sayer, ein »freier Mann« zwar, wie es die feierlich verabschiedeten Statuten verlangten, aber zugleich ein gesellschaftlicher Nobody. Wie die Chronisten der »modernen« Freimaurerei vermerken, taucht der Name dieses ersten Großmeisters der Bewegung nur noch ein einziges Mal in den Protokollen auf – am 21. April 1730, als er von der Großloge eine finanzielle Unterstützung erbittet und tatsächlich »eine Zuwendung von 15 Pfund« erhält.[51]

Wenn die Gründerväter der »blauen« Maurerei beabsichtigt hatten, ihrer Bewegung neuen Auftrieb zu verleihen und vor allem die Kreise der Mächtigen und Wohlgeborenen auf ihre Bruderschaft aufmerksam zu machen, so schien das Meeting im Wirtshaus »Zur Gans und zum Bratrost« ein grandioser Fehlschlag zu sein. Desto erstaunlicher ist der so steile wie stetige gesellschaftliche Auftrieb, von dem die englische Großloge nur wenige Jahre später ergriffen wurde: Bereits im Juni 1721 wurde John Herzog von Montagu zu ihrem Großmeister gewählt, dem zwei Jahre darauf Philipp Herzog Wharton folgte. Und während noch 1721 lediglich 16 Logen zur englischen Großloge zählten, waren es 1725 bereits 64 und nur sieben Jahre später 109 Logen – längst nicht mehr nur auf der Insel, sondern auch auf dem europäischen Kontinent. 1737 trat der Prinz von Wales der Bruderschaft bei, im Jahr darauf erhielt Friedrich von Preußen, nachmals König Friedrich II., »das Licht«, wie die Aufnahme eines neuen Bruders im freimaurerischen Sprachgebrauch auch heißt.

Doch was war das für ein »Licht«, das jene Gentlemen in der Spelunke am St. Paul's Churchyard angezündet hatten und das nach anfänglich mattem Glimmen eine so gewaltige Leuchtkraft gewann? Zunächst einmal war es wohl schlichtweg das Licht der »Aufklärung«. In einem nahezu beispiellosen Gewaltakt hatten die Begründer der »modernen« Freimaurerei diese ehrwürdige Bruderschaft von einem Hort des »Irrationalismus« handstreichartig in einen Tempel der Vernunftanbetung umgewandelt. Damit hatten sie zweifellos einen Nerv getroffen – im Verlauf des 18. Jahrhunderts sollte sich der krasse Rationalismus der »Aufklärer« zum alles beherrschenden Zeitgeist auswachsen.

Doch der Herrenclubs und sonstigen Vereinigungen, die sich die hehren Ziele der »Aufklärung« auf die Fahnen geschrieben hatten, entstanden damals viele, und nicht einer von ihnen gewann auch nur annähernd so viel Zulauf und Ansehen, zog so zahlreiche große Geister und mächtige Mäzene an wie die Freimaurerei. Und gewiss lenkte auch keine dieser philanthropischen, politischen oder einfach geselligen Vereinigungen so viel Argwohn, Feindschaft und Verfolgung auf sich wie die Logen der »blauen« Bruderschaft. In dem »Licht«, das sie ihren

Mitgliedern verhieß und das in ganz Europa Novizen in hellen Scharen anlockte, mussten also noch andere Vorzüge und Verlockungen der Maurerei aufscheinen, die kein Club und kein Philanthropenverein bieten konnte.

Gründungsakt in Rauch und Nebel

Was genau damals im dämmrigen Hinterzimmer der Ale-Schänke geschah, ja wer überhaupt alles an der folgenreichen Sitzung beteiligt war, konnte bis heute nicht geklärt werden. Manches spricht dafür, dass nicht nur vier, sondern fünf und möglicherweise sogar sechs Logen sich an jenem 24. Juni 1717 zusammenschlossen.

War den anwesenden Gentlemen bewusst, dass sie einen drastischen Kurswechsel vollzogen und im Begriff waren, die Geschichte der Bruderschaft zu verfälschen, zumindest zu verdunkeln und für ihre Absichten zurechtzubiegen? Eher ist wohl anzunehmen, dass sie guten Gewissens handelten, in dem festen Glauben, ihre Bewegung auf einen Kurs zurückzubringen, der vermeintlich der »reinen Lehre«, also den Absichten ihrer ehrwürdigen Ahnherren, entsprach.

Die Mehrheit der geistigen Strömungen, die zu dieser Zeit die Freimaurerei prägten, dürfte mit den Grundsätzen dieser Neubegründer zwar mehr oder minder unvereinbar gewesen sein. Der Verdacht, dass demnach sie selbst der Bruderschaft einen ihr fremden geistigen Kurs aufzwingen wollten, scheint aber die Akteure, die bei Bitterbier und Gänsebraten zusammengekommen waren, nicht einen Augenblick lang angefochten zu haben. Mystizistische Schwärmerei oder alchimistische Spekulation waren ihnen persönlich gewiss fremd und so zuwider, wie es sich für Anhänger des zeitgeistigen Vernunftglaubens geziemte. Unbekümmert schlossen sie aus dieser Abneigung, dass es der Bruderschaft insgesamt fremde Abirrungen seien.

Die Neugründung der englischen Freimaurerei ähnelte folglich einer Säuberungsaktion: Wer den »Konstitutionen« nicht zustimmte, die besagter Pastor James Anderson 1721 in »aufklärerischem« Geist fixierte, konnte der Bruderschaft nicht mehr angehören. Und wer einzuwenden versuchte, dass dieses *Konstitutionenbuch* einige verwegene Verfälschungen und Verzerrungen der Freimaurergeschichte und -ideologie enthielt, der konnte zumindest im Archiv der englischen Bruderschaft keine Beweise für seine Anschauung mehr finden: Pastor Anderson hatte das gesamte Archiv der Bruderschaft, wie erwähnt, bereits 1721 in Brand gesteckt.

In der Überzeugung, sie vor »Unterwanderung« zu schützen, und in der Absicht, derlei Abirrungen fortan einen Riegel vorzuschieben, brachten die »Begründer« der modernen Freimaurerei also den Maurerorden gleichsam durch einen Putsch in ihre Gewalt.

Die Gralshüter der Bruderschaft

Das Grundmuster solcher »Back to the roots«-Aktionen ist wohlbekannt. Nicht zufällig erinnert die Neubegründung der Freimaurerei an die Bewegung der protestantischen Kirchenerneuerer, die als Reformbestrebung begann und mit der Kirchenspaltung endete. Auch Martin Luther verkündete ja seinerzeit, dass die katholische Kirche von der reinen Lehre »abgeirrt« und von Abtrünnigen »unterwandert« sei, ja dass auf dem Stuhl Petri nicht der Nachfolger Christi, sondern der leibhaftige Teufel throne. Und auf geistig gewiss sehr viel bescheidenerer Ebene tat es ihm der protestantische Pastor James Anderson zwei Jahrhunderte später nach.

Tatsächlich lässt sich die Gründung der englischen Großloge von 1717 auch als Abspaltung einer protestantischen Bruderschaft von der katholischen Freimaurerei verstehen. Diese war eher aristokratisch, die protestantische eher bürgerlich-liberal orientiert. Die traditionelle katholische Freimaurerei hing der Stuart-Dynastie an, wobei diese Gefolgschaft, wie dargestellt, von Anhängern der Templerthese bis ins 14. Jahrhundert zurückgeführt wird: Damals soll die Bruce-Dynastie, die Vorläufer der Stuarts, die geflohenen Tempelritter aufgenommen und zu ihrer Deckung die erste Freimaurerloge begründet haben (siehe *Zweite Maurerreise*).

Diese Fraktion der britischen Freimaurerei besteht bis heute weiter, huldigt dem »Schottischen Ritus« und hat die Londoner Version der Freimaurergeschichte niemals anerkannt. Dagegen unterstützten die protestantischen Logen, die sich unter dem Dach der Londoner Großloge zusammenschlossen, den Lutheraner König Georg I. von Hannover (1660–1727), wie die anglikanischen Freimaurer auch vorher schon Wilhelm von Oranien (1650–1702) bevorzugt hatten.

Obwohl die englische Großloge also nur eine historisch späte Fraktion innerhalb der Freimaurerei vertritt, hat sie »sich sogar die Oberherrschaft über sämtliche Logen der Welt angemaßt. Sie behauptet, die Regel zu vertreten, also unfehlbar zu sein«.[52] Logen, die sich ihren Konstitutionen nicht unterwerfen, werden vom selbsternannten »Vatikan« der Freimaurerei nicht als legitime Bruderschaft anerkannt. Das gilt insbesondere für die französische Freimaurerei des Grand Orient.

Johannes, Schutzheiliger der Freimaurer

Traditionssinn bewiesen die Begründer der »blauen« Maurerei, als sie ihr folgenreiches Treffen gerade auf den 24. Juni legten, der von alters her als Geburtstag von Johannes dem Täufer gilt.

Sankt Johannes, der biblische Wegbereiter Christi, wurde in England schon von den Steinmetzen und Baumeistern des 12. Jahrhunderts als Schutzheiliger verehrt. Die »aufgeklärte« Freimaurerei hat diesen Brauch übernommen, obwohl sie sich ansonsten ausdrücklich als außerhalb der christlichen Kirche stehend definiert. Bis heute feiert die Bruderschaft am 24. Juni alljährlich ihr Bundesfest, an dem »jeder Freimaurer zum Zweck der Bekundung seiner Zugehörigkeit zu einem die Erde umspannenden Bund teilnehmen soll ... Die drei Johannisrosen, mit denen der Freimaurer seine Arbeitsstätte und sich selbst schmückt, versinnbildlichen in ihrer abgestuften Farbenzusammenstellung die Lebensdevise des Freimaurers: Licht, Liebe, Leben«.[53]

Allerdings ist man sich in der gespaltenen Bruderschaft nicht einmal darüber einig, welcher heilige Johannes denn nun als Patron der Maurer verehrt werden soll. Die Anhänger der schottischen Freimaurerei betrachten den Evangelisten Johannes als ihren Schutzheiligen und begehen ihr Ordensfest entsprechend am 27. Dezember, dem zweiten Johannistag des katholischen Heiligenkalenders.

Die Pflichten der Johannismaurer

Die alte Weisheit, dass die Geschichte von den Siegern geschrieben wird, bewahrheitet sich auch hier. Als im Februar 1723 das sogenannte *Neue Konstitutionenbuch* erschien, gleichsam die Verfassung der »modernen« Freimaurerei, werden damalige Kenner der maurerischen Geschichte nicht schlecht über die Beteuerungen gestaunt haben, die im Vorwort des Werkes zu lesen waren. Der bedeutende Gelehrte, Pionier der modernen Naturwissenschaften und nachmalige Großmeister der englischen Großloge, John Theophilus Desaguliers (1683 bis 1744), versichert dort, Pastor Anderson habe sich bemüht, die Geschichte der Freimaurerei genauestens wiederzugeben und die alten Konstitutionen der Steinmetzbruderschaften im Wesentlichen beizubehalten. Alles, was in diesem Buch verzeichnet sei, beruhe auf überlieferten Dokumenten – dass diese zum Zeitpunkt, da das Buch veröffentlicht wurde, bereits in Flammen aufgegangen waren, erwähnt er allerdings nicht.

Dieses *Neue Konstitutionenbuch* jedenfalls, das später noch mehrfach überarbeitet und ergänzt wurde, definiert seither die vermeintlich reine Lehre der Freimaurerei. Wer mit den hier niedergelegten Regeln nicht übereinstimmt, gilt als Häretiker und wird aus der Bruderschaft verbannt.

Über das Verhältnis der Maurer zur Obrigkeit

Das »allgemeine Kapitel« der *Neuen Konstitutionen* enthält eine Reihe von Bestimmungen, die jahrhundertelang den Argwohn von Kirche und Königen genährt haben. Das gilt bereits für das freimaurerische Bekenntnis zu Gott und Religion, mit dem dieses Kapitel anhebt: »Der Maurer ist als Maurer verpflichtet, dem Sittengesetz zu gehorchen, und wenn er die Kunst recht versteht, wird er weder ein engstirniger Gottesleugner noch ein bindungsloser Freigeist sein.«

Insbesondere die katholische Kirche hat sich mit diesem nüchternen Minimalbekenntnis niemals anfreunden können, zumal es im Weiteren heißt:

> »*...heute ... hält man es für ratsamer, [die Maurer] nur zu der Religion zu verpflichten, in der alle Menschen übereinstimmen, und jedem seine besonderen Überzeugungen selbst zu belassen. Sie sollen also gute und redliche Männer sein, von*

Ehre und Anstand, ohne Rücksicht auf ihr Bekenntnis oder darauf, welche Überzeugungen sie sonst vertreten mögen. So wird die Freimaurerei zu einer Stätte der Einigung und zu einem Mittel, wahre Freundschaft unter Menschen zu stiften, die einander sonst ständig fremd geblieben wären.«[54]

Diese Weigerung der englischen Freimaurer, für eine Religion oder Konfession Partei zu ergreifen, missfiel insbesondere dem Vatikan. Dagegen nahmen weltliche Obrigkeiten an dem maurerischen Bekenntnis zu Staatstreue und Bürgergehorsam Anstoß, das gleichfalls mehr Distanz als Enthusiasmus erkennen ließ. So heißt es zwar im zweiten Abschnitt:

»Der Maurer ist ein friedliebender Bürger des Staates, wo er auch wohne oder arbeite. Er darf sich nie in einen Aufstand oder eine Verschwörung gegen den Frieden oder das Wohl seiner Nation verwickeln lassen und sich auch nicht pflichtwidrig gegenüber nachgeordneten Behörden verhalten.«

Die Verpflichtung des Mitbruders, nicht zum Verschwörer gegen seinen Staat zu werden, wird jedoch durch den folgenden Absatz in einer Weise relativiert, die den angesprochenen »Behörden« kaum behagen konnte:

»Sollte nun ein Bruder zum Rebellen gegen die Staatsgewalt werden, darf man ihn in seiner aufrührerischen Haltung nicht bestärken … Obwohl die Bruderschaft in Treue zum Gesetz seine Empörung ablehnen soll und muss und der bestehenden Regierung keinen Anlass und Grund zu politischer Verdächtigung geben darf, kann sie ihn, wenn er keines anderen Verbrechens überführt ist, nicht aus der Loge ausschließen, seine Bindung an sie bleibt unauflöslich.«

Wer den Freimaurern übelwollte oder sie aus sonstigen Gründen verdächtigte, las aus so lauen Bekenntnissen vor allem eines heraus: Die Bruderschaft stellte ihr eigenes Gesetz über das des Staates. Wer aus ihren Reihen zwar zum »Rebellen gegen die Staatsgewalt« wurde, jedoch »keines anderen Verbrechens überführt« war, wurde von der Loge gedeckt.

Über Logen und Brüder

In einem weiteren Abschnitt wird die Loge selbst definiert: Sie »ist der Ort, wo die Maurer zusammenkommen und arbeiten. Daher nennt man dann jene Versammlung oder gehörig eingerichtete Gesellschaft von Maurern eine Loge.« Jeder Freimaurer »muss einer solchen angehören; er ist an ihre Satzung und die allgemeinen Anordnungen gebunden«. Auch diese Formulierung klingt harmlos, solange man die Maurerei als philanthropischen Zusammenschluss ansieht, der weder politische Ziele verfolgt noch seine Lehre als Religion versteht – doch gerade in diesen beiden Punkten trauten Könige und Kirchen den Brüdern nicht über den Weg.

Die *Neuen Konstitutionen* bekräftigen hier auch ausdrücklich, dass es sich bei den Logen um einen reinen Männerbund handelt: »Die als Mitglieder einer Loge aufgenommenen Personen müssen gute und aufrichtige Männer sein, von freier Geburt, in reifem und gesetztem Alter, keine Leibeigenen, keine Frauen, keine sittenlosen und übelbeleumdeten Menschen, sondern nur solche von gutem Ruf.«

Von Lehrlingen, Gesellen und Meistern

Die nun folgenden Abschnitte der *Neuen Konstitutionen* könnten in der Tat ohne nennenswerte Änderungen dem Pflichtenbuch einer mittelalterlichen Steinmetzbruderschaft entnommen sein. Da jedoch der neugegründeten Großloge einzig noch »spekulative« Maurer angehören, wird der Sinn der in trockenem Ton vorgetragenen Bestimmungen für den Außenstehenden irritierend unscharf.

Da heißt es etwa: »Jedes Vorrecht unter Maurern gründet sich allein auf wahren Wert und persönliches Verdienst, damit die Bauherren gut bedient werden, die Brüder sich nicht schämen müssen und auf die Königliche Kunst kein Schatten falle.« Feinde der Freimaurerei, die in den Logen Verschwörer gegen Gott und König am Werk wähnten, fanden durch solche Formulierungen ihren Argwohn abermals bestätigt: Die Brüder stellten die Gesellschaftsordnung in Frage, denn in den Logen begegneten Adlige und Bürger einander von gleich zu gleich. Die »Bauherren«, die »gut bedient« werden sollten, konnten demnach nur die Rädelsführer einer Verschwörung sein – und die »Königliche Kunst« eine infame Umschreibung für die Kunst, den König zu stürzen.

Wie um den Verdacht zu bestätigen, dass hier in Wahrheit von ganz anderen Dingen die Rede ist, heißt es kurz darauf: »Es ist unmöglich, schriftlich diese Dinge näher darzulegen; jeder Bruder muss an seinem Platz achtgeben und sie in der Weise erlernen, die unserer Bruderschaft eigentümlich ist.« Sodann ist wieder im nüchternen Ton mittelalterlicher Zunfttexte die Rede von der Hierarchie der Lehrlinge und Gesellen, Aufseher, Meister und Großmeister und von den Voraussetzungen des Aufstiegs auf dieser Stufenleiter. Und ebendieses irisierende Hin und Her zwischen herkömmlicher und symbolischer »Maurerei«, zwischen überkommenen Pflichten der Werkleute und verschlüsselten Anweisungen für spekulative Maurer machte für die einen Reiz und Faszination dieser Texte aus, während es bei anderen Argwohn und Unbehagen schürte.

»Der Meister, der sich seines Könnens bewusst ist, soll das Werk für den Bauherrn so preiswert wie möglich übernehmen und dessen Gut so redlich verwalten, als wäre es sein eigenes. Auch soll er keinem Bruder oder Lehrling mehr Lohn zahlen, als er wirklich verdient hat.« Formulierungen wie diese sind tatsächlich einfach den überlieferten Pflichtenlisten der operativen Werkleute entnommen. Aber wie verhält es sich mit den Anweisungen, die vom Betragen der Brüder handeln?

Vom Schweigen und Verbergen

Mehrfach wird in den *Neuen Konstitutionen* betont, dass die Brüder »keine Streitgespräche über Religion, Nation oder Politik in die Loge« tragen dürfen. »Diese Pflicht wurde schon immer streng eingeschärft und befolgt, besonders aber seit der Reformation in Britannien oder seit dem Abfall und der Trennung unserer Nationen von der Gemeinschaft mit Rom.«

Der wohlmeinende Betrachter wird aus dieser Aufforderung folgern, dass die Brüder sich in der Loge mit keinerlei brisanten religiösen oder politischen Fragen befassen. Der übelwollende Beobachter aber wendet ein: Wenn dem so wäre, worin bestünde der Sinn des unmittelbar folgenden Gebots? Dieses nämlich lautet:

> *»Mit Worten und in eurem Auftreten sollt ihr vorsichtig sein, dass auch der scharfsinnigste Fremde nicht ausfindig machen kann, was sich zur Weitergabe nicht eignet; manchmal müsst ihr auch einem Gespräch eine andere Richtung geben und es geschickt zum Besten der ehrwürdigen Bruderschaft führen … Vor allem sollt ihr eure Angehörigen, Bekannten und Nachbarn nichts von dem wissen lassen, was die Loge angeht, sondern – aus Gründen, die hier nicht erwähnt zu werden brauchen – euch verantwortlich fühlen für eure eigene Ehre und die der alten Bruderschaft.«*

Gerade an diesem Gebot, gegenüber »Profanen« zu schweigen, abzulenken und zu verbergen, hat sich immer aufs Neue der Argwohn entzündet: Wenn die Freimaurer nur zusammenkommen, weil sie »dem Schwachen beistehen, den Blinden leiten, die Waisen beschützen, den Niedergetretenen erheben, die Regierung unterstützen, Sittlichkeit verbreiten und Wissen vermehren«[55] wollen – was von diesen hehren Zielen und damit verbundenen Plänen wäre denn zur Weitergabe an Fremde ungeeignet? Warum dürfen selbst Angehörige und Freunde nichts davon erfahren, und welche sind die »Gründe, die hier nicht erwähnt zu werden brauchen« und die das Verschwiegenheitsgebot jeder Hinterfragung zu entziehen scheinen?

Fünfte Maurerreise: Das Lehrlingsritual

Wer in eine Loge aufgenommen werden möchte, sollte nicht nur männlichen Geschlechts, reiferen Alters und von untadeligem Leumund sein. Auch seine wirtschaftlichen Verhältnisse sollten so beschaffen sein, dass sie dem Betreffenden großzügige Zuwendungen in die Kassen der Bruderschaft und die Klingelbeutel diverser wohltätiger Projekte und Institutionen erlauben. Doch auch wenn ein Mann diese Voraussetzungen erfüllt, kann er nicht ohne weiteres seine Mitgliedschaft beantragen. Er benötigt überdies einen Freimaurer im Meistergrad als Bürgen, der seine Aufnahme in die Loge empfiehlt.

Ein »Vorprüfungskomitee«, dem mehrere Meister aus unterschiedlichen Berufen angehören sollen, zieht sodann Informationen über den »Lichtsuchenden« ein und stimmt per »Kugelung« über seinen Antrag ab. Bei diesem vatikanisch anmutenden Verfahren signalisiert der Wurf einer weißen Kugel Zustimmung, während schwarze Kugeln für Ablehnung des Gesuchs stehen. Erst wenn die Abstimmung positiv ausgefallen ist (in der Regel ist die absolute Mehrheit erforderlich), darf der Kandidat sein Aufnahmegesuch vorlegen.

Die drei Prüfungsfragen

Der Bürge bereitet den »Suchenden« im nächsten Schritt auf die »Rezeption« vor, das Ritual der Aufnahme in den Lehrlingsgrad, auch »Lichtgebung« genannt. Der Kandidat wird in einen Nebenraum im Logengebäude geführt, wo man ihm drei Fragen vorlegt: »Was sagt Ihnen der Begriff des Großen Baumeisters aller Welten? Was erwarten Sie von der Aufnahme für Ihr künftiges Leben? In welcher Weise glauben Sie, zur Verwirklichung der Idee der Freimaurerei beitragen zu können?«[56]

Auf die erste Frage sollte der Suchende mit Formulierungen antworten, die seine Zustimmung zur Idee der religiösen Toleranz erkennen lassen. Die zweite Frage zielt auf seine sogenannte »Ritualfähigkeit«: In seiner Antwort sollte aufscheinen, dass er seine Einweihung wünscht und auch zur symbolischen Arbeit an seinem eigenen Ich – dem »rauhen Stein« – bereit ist. Bei seiner dritten Antwort schließlich sollte sich der Suchende zu den Idealen der »Aufklärung« bekennen und nicht zuletzt seine persönliche Finanzkraft und Spendenbereitschaft unterstreichen.

Die »Kammer der verlorenen Schritte«

Als Nächstes führt der Bürge den Neuling in die »Kammer der verlorenen Schritte« oder des »stillen Nachdenkens«. Dieser Raum ist meist dunkel ausgeschlagen und gegen Lärm aus der Außenwelt abgeschirmt, denn hier soll der Suchende nun über seine »verlorenen Schritte« meditieren, also über die Jahre, in denen er als Profaner »im Dunkel« umhergeirrt ist.

Die Düsternis in der Kammer soll auch an das Dunkel unter der Erde erinnern – mit ausdrücklichem Bezug auf die alten Mysterien der Isis oder des Mithras (siehe *Neunte Maurerreise*). Entsprechend ist der Raum mit einer brennenden Kerze und einem Totenschädel ausgestattet – Symbolen für Tod und Wiedergeburt, die freilich nur noch sinnbildlich aufgefasst werden sollen, als allegorischer Tod des Profanen und seine Wiedergeburt als Eingeweihter. Auch eine Bibel als Meditationshilfe und sinnreiche Requisiten wie eine Sanduhr, überkommenes Symbol der Sterblichkeit, findet der Kandidat meist in der Kammer vor.

Schweift der Blick des Suchenden über die Wände, so wird er unfehlbar einen Kernspruch der modernen Freimaurerei entdecken: »Erkenne dich selbst.« Doch auch kabbalistische und alchimistische Losungen und Chiffren zählen bis heute zu den rituellen Dekorationen in der »Kammer der verlorenen Schritte« – so etwa das Akronym VITRIOL, das der alchimistischen Hermetik entstammt: »*Visita Interiora Terrae, Rectificando Invenies Occultum Lapidem* – Erforsche das Innere der Erde, und indem du dich läuterst, wirst du den Verborgenen Stein finden.«[57] Doch unter dem »Verborgenen Stein« soll nicht mehr der alchimistische Stein der Weisen verstanden werden, sondern ebenjener »rauhe Stein«, den der Lehrling im Prozess der Selbsterkenntnis und -formung bearbeiten soll.

Während der Kandidat meditiert, hat der Meister vom Stuhl, der amtierende Logenvorsteher, die Loge zur Arbeit im Lehrlingsgrad eröffnet. Dies bedeutet, dass die »Arbeitstafel«, ein Teppich, mit der Lehrlingssymbolik im Tempel entrollt worden ist. Der Große Weltbaumeister ist angerufen, die »drei kleinen Lichter« der Freimaurerei sind entzündet worden: »Weisheit leite unseren Bau! Stärke führe ihn aus! Schönheit vollende ihn!« Auf dem Altar liegen die »drei großen Lichter« der Bruderschaft auf: die aufgeschlagene Bibel, darauf Winkelmaß und Zirkel, »wobei das Winkelmaß, von Westen nach Osten geöffnet, auf dem von Osten nach Westen geöffneten Zirkel liegt. Damit ist die symbolische Vereinigung von oben und unten, der materiellen und der geistigen Welt, vollzogen. Die Führung eines im maurerischen Sinne winkelrechten Lebens setzt die Erlangung innerer Standfestigkeit und Harmonie voraus, denn nur auf festem Fundament kann der Bau errichtet werden. Darum liegen Winkelmaß und Zirkel, die Werkzeuge des Meisters, auf dem geöffneten Buch des Heiligen Gesetzes.«[58]

Die Antworten auf die drei Prüfungsfragen, die der Suchende

notiert hat, werden nun verlesen und von den Brüdern durch rituelle Beifallskundgebung (meist durch einen Schlag mit der rechten Hand auf Tisch oder Knie) gutgeheißen. Daraufhin werden zwei Brüder in die Kammer des stillen Nachdenkens gesandt, um den Kandidaten auf das eigentliche Lehrlingsritual vorzubereiten.

Auf Geheiß des Zeremonienmeisters legt der Suchende seinen »Rock« (seine Jacke) ab und entledigt sich aller metallischen Gegenstände wie Armbanduhr oder Münzen. Sodann muss er die linke Brustseite, den linken Arm sowie das linke Knie entblößen und auch seinen linken Schuh ausziehen. Seine Augen werden verbunden. »Der Einschuhige … befindet sich erst am Anfang des Weges, der ihn aus dem niederen Ausgeliefertsein an das Schicksal stufenweise in eine höhere Welt geistiger Freiheit emporführen soll … Das Hinken ist ein Archetypus für den Lichtsucher, er soll zu einem Lichtbringer werden.«[59]

So lautet zumindest eine heutige »harmlose« Interpretation des Rituals – ebenso könnte man darauf verweisen, dass das Hinken an den Bockbeinigen gemahnt, also für geheime und verbotene Praktiken steht.

Die »aufgeklärte« Umdeutung überkommener Symbolik gelingt nur selten restlos und widerspruchsfrei. So bieten verschiedene Autoren die unterschiedlichsten Erklärungen für die rituelle Forderung an, dass der Suchende vor Eintritt in die Loge alle Metalle ablegen soll. »Die Metalle wurden ursprünglich abgenommen, weil diese nach altem Glauben das Weben und Walten der Geisterwelt störten. (Sie brechen den Zauber.)« Diese archaische Anschauung ließ sich mit dem »aufgeklärten« Weltbild schwerlich vereinbaren. Also suchte man »nach neuen Erklärungen«, beispielsweise: »Damit ich nichts Angreifendes noch Verteidigendes in die Loge bringen könne«, oder: »Weil man beim Bau des Salomonischen Tempels … kein Geräusch eines metallischen Werkzeuges hörte.« Soweit man sich überhaupt einmal von solchen pseudopragmatischen Erklärungen zu lösen vermochte, reichten Kühnheit und Einbildungskraft allenfalls für eine erbauliche Deutung: »Es weise hin auf das erste glückliche Zeitalter, in welchem weder Gold, Silber noch andere Metalle das menschliche Herz verleiten konnten.«[60]

Ebenso soll die Augenbinde bloß noch die Losung »Erkenne dich selbst« illustrieren – nicht mehr zu mystischer Schau soll sich der Novize erheben, sondern einzig zu der Erkenntnis, »dass er das, was er sucht, nicht außer sich finden kann, sondern allein in seinem Inneren«.[61] Auch das einstige »Geheimnis« der Bruderschaft entzaubert sich in dieser Deutung zum kargen Mysterium der Selbsterforschung, die durch die rituelle Arbeit der Freimaurerei als einem »gruppendynamischen Prozess … unterstützt«[62] wird.

Und die entblößte Brustseite? Nach verbreiteter Vorstellung diente dieser Ritualbestandteil ursprünglich dazu, die Bruderschaft vor der Unterwanderung durch Frauen zu bewahren. Auch das scheint allerdings eher die nachträgliche Umdeutung eines heute nicht mehr verstandenen oder in seinem älteren Bedeutungsgehalt missliebig gewordenen Symbols zu sein.

Die drei Lehrlingsreisen

Die Drei ist die Zahl des Lehrlings: Vom Zeremonienmeister geführt, klopft der Lichtsuchende nun mit drei Schlägen an die Logentür an. Der Wachhabende meldet dem Meister vom Stuhl, dass die Loge von außen nicht mehr »gedeckt« sei: Ein Nichtmaurer steht vor der Tür.

»Halt, nicht weiter!«, ruft der Meister, und der Kandidat

muss auf der Schwelle stehen bleiben. Doch es handelt sich um einen freien Mann von gutem Ruf, wie dem Stuhlmeister im Fortgang des Rituals versichert wird – wobei »frei« nun nicht mehr die gesellschaftliche Stellung des Kandidaten meint, sondern seinen geistigen und moralischen Horizont: Er soll frei von Vorurteilen sein, von religiöser und politischer Intoleranz.

Der zweite Aufseher führt den Lichtsucher sodann in den Tempel. Im Osten, genau gegenüber der Tür, befinden sich der Altar und auf dem Podest dahinter der Meister vom Stuhl. Über dem Altar ist das gleichseitige Dreieck mit dem Auge darin angebracht, das Zeichen des göttlichen »Baumeisters aller Welten«. An den Längsseiten des Raumes im Norden und Süden sitzen die Brüder nebeneinander auf Stühlen, ähnlich wie bei der katholischen Messe die Mönche im Chorgestühl. Zwischen ihnen auf dem Boden, in der Mitte des Tempels, liegt die »Arbeitstafel«, der Teppich mit freimaurerischen Symbolen.

Der Kandidat wird an der Bruderreihe auf der Nordseite entlang bis zum Altar geführt. Wenn er dort angekommen ist, richtet der Meister das Wort an ihn. Er weist darauf hin, wie schwierig es sei, ein guter Maurer zu werden, und fordert den Suchenden auf, seinen Entschluss nochmals zu überdenken. Erst nachdem der Neuling versichert hat, sein Entschluss stehe fest, kann er sich auf die drei Lehrlingsreisen begeben.

In einem Lehrlingsritual aus dem Jahrhundert der »Aufklärer« versichert der Meister vom Stuhl dem Suchenden in einer weiteren kleinen Vorrede, dass es sich bei den Lehrlingsreisen durchaus um »keine Gaukeley« handele. »Wissen werden sie (sic!) wohl, dass es schon im Alterthum unter dem Namen der Mysterien geheime Gesellschaften gab; und bey diesen waren allegorische Reisen eingeführt. Eine gleiche Bewandtniß hat es mit den Reisen, die sie itzt unternehmen werden. Prägen sie sich die moralischen Grundsätze tief ins Herz, auf die ich sie während der Reisen selbst aufmerksam machen werde.«[63]

Dies allerdings gehört bereits wieder zur »aufgeklärten« Umdeutung der Tradition. Die antiken Mysterien wollten gewiss nicht Moral durch bloße Allegorisierung lehren, sondern mystische Schau und ekstatische Grenzüberschreitung durch eine symbolische Inszenierung befördern, deren Absicht und Wirkung sich mit dem beschränkten Instrumentarium von Vernunft und Ratio nicht einmal annähernd erfassen ließen.

Während die Augen des Suchenden noch immer verbunden sind, führt ihn der Zeremonienmeister nun im Tempel umher. »Ich führe sie in einem Zirkel«, wird ihm dabei erklärt. »Das menschliche Leben ist ein Zirkel, dessen Mittelpunkt die Verehrung des höchsten Baumeisters ist. Diese erste Lehre widerlegt die unverschämte Beschuldigung der Atheisterey und Irreligion, die man den Freymäurern macht. Der Freymaurer muss Gottesverehrer seyn, so wahr er als Gehülfe des Baumeisters der Welten, der Tugend Tempel und dem Laster Kerker bauet.«

In dieser Weise geht es weiter: Jeder Schritt der symbolischen Reise wird zur »Allegorie«, zu einem Bild, dessen Bedeutungsgehalt sich ebenso gut in abstrakten Begriffen aussprechen ließe – weshalb der Meister dem Suchenden auch jedes Mal des Rätsels (vermeintliche) Lösung souffliert. Aus dem »Schweigen! Schweigen! Schweigen!« der alten Mysterien (siehe *Neunte Maurerreise*) wird so eine plätschernde Redseligkeit, die noch die letzten Reste des Geheimnisvollen durch »aufgeklärten« Deutungsdrang aus dem Tempel der Bruderschaft vertreibt.

Bei seiner Wanderung an der Nordseite entlang wird dem Suchenden im Ritual des 18. Jahrhunderts »Wind mit dem Blasebalg entgegengeblasen«, und wieder folgt sogleich die Erklärung: »Die Winde stürmen aus Norden, sollen uns aber von der Fortsetzung unserer Reise nicht abschrecken. So wenig, als die Widerwärtigkeiten dieses Lebens, deren Bild sie sind, den wahren Weisen auf dem Wege der Tugend irremachen können.«

Wenn das Ende der Nordseite erreicht ist, soll der Kandidat innehalten und sich vorstellen, dass er »am Rande eines Abgrundes« stünde. »Sie würden hineinstürzen, weil die Binde vor ihren Augen sie hindert, die Gefahr zu sehen. Diese Binde ist ein Bild unserer Leidenschaften, die ihren Sklaven die Klüfte des Elends verbergen, um sie gewisser hineinzustürzen.«

Eine Psychologie von knarrender Mechanik führt hier offenkundig das Regiment. Im Westen harrt der »Schatzmeister« des Suchenden, doch anstelle von magischen oder mystischen Schätzen scheint er nur noch ein »Instrument zum Feuer anblasen« zu hüten: Mit diesem »bläst der begleitende Bruder« dem Kandidaten »das Feuer zu«, während der zweite Aufseher ihm zuruft: »keine Forcht, mein Herr! sie vergrößert, in unsern Augen die Gefahr und raubt uns die Gegenwart des Geistes, durch die wir ihr trotzen können.«

An der Südseite des Tempels schließlich muss der Suchende eilends entlangstolpern, wobei er aufgefordert wird, sich zu sputen, »so schnell muss der Mäurer seyn, gute Handlungen auszuüben«.

Nach einem gleichfalls ritualisierten Wortwechsel zwischen dem Meister vom Stuhl und dem zweiten Aufseher folgt die zweite Lehrlingsreise, diesmal gegen den Uhrzeigersinn. Die Stationen sind die gleichen wie bei der ersten Reise, nur dass Wind, Abgrund und Feuer diesmal eine andere allegorische Ausdeutung erfahren. Jedes Mal, wenn er den Altar passiert, muss sich der Kandidat im Übrigen vor dem Meister vom Stuhl in »Demut« verneigen. Auch diese Reise endet mit einer Wechselrede, gefolgt vom »Lehrlingsschlag« auf die entblößte Schulter des Kandidaten. Dieser wird aufgefordert, ungesäumt seine dritte Reise anzutreten.

> *»Sie geht wieder die Nordseite hinauf, und es wird dem Anhaltenden bald Anfangs das Feuer zugeblasen. Gold wird im Feuer geprüft, und nur das ist ächte Tugend, was die Probe der Widerwärtigkeiten aushält. Bey der dritten Verbeugung am Altar: Zum drittenmal empfehle ich ihnen Demuth. Ihre Ausübung besteht auch in dem Gehorsam gegen die Gesetze. Leicht werden sie in der Folge diesen Gehorsam finden; so leicht, wie er in einer Republik seyn muss, deren Bürger alle Brüder sind; wo im Grunde keiner dem andern befiehlt, aber die Gesetze allen. Beym Schatzmeistertisch geschieht die Besprengung mit dem Wasser auf die Hand, Wasser reinigt den Körper. Sorgen sie für die Reinigkeit ihrer Seele. Lauter müssen ihre Absichten, untadelhaft ihre Sitten von nun an auch darum seyn; weil von ihrem Rufe der Ruf des Ordens mit abhängt.*
> *… Nun wird die Südseite wieder schnell herabgegangen: Eilen sie schneller zum Ziele; besiegte Gefahren haben uns neue Kräfte gegeben.«*

Leicht erkennt man auch hier, wie die einst tiefgründige Symbolik zu oberflächlicher Allegorik umgedeutet worden ist. Die Goldprobe der Alchimisten im Feuer meint bloß noch die Prüfung »ächter Tugend«; die »Besprengung mit dem Wasser« soll nicht mehr als geheimnisvolles Taufritual aufgefasst werden, sondern mahnt den Novizen, an Leib und Seele sauber zu bleiben und den Ruf der Bruderschaft nicht zu beflecken.

Auf diesem Niveau der Inszenierung und Ausdeutung scheinen sich die Lehrlingsreisen der Johannismaurerei im Großen und Ganzen bis heute zu bewegen. »Im Norden lernt der

Suchende die Gefahren kennen, die ihm von seiner Umwelt, aber auch aus dem eigenen Inneren drohen. Im Osten wird er auf die irdischen und auf die überirdischen Gesetzmäßigkeiten hingewiesen, die sein Leben bestimmen. Im Süden erfährt er die symbolische Reinigung durch die Elemente. Im Westen wertet sein Geist die gemachten Erfahrungen. Noch ist er ruhelos, begehrt, mehr zu wissen, weiterzuwandern.«[64] Zusammenfassend schreibt etwa Endres, dem die Durchsichtigkeit solcher Aufführungen durchaus nicht kritikwürdig scheint: »Wir müssen den ›alten Adam‹ in uns sterben lassen und den neuen anziehen.«[65]

In der *Ritualkunde* der Deutschen Großloge der »Alten Freien und Angenommenen Maurer« heißt es zu den Initiationsritualen allgemein: »Das Erlebnis der Einweihung« soll für den Neubruder »unverlierbar und unauslöschlich« ausgestaltet werden. »Selbst wenn ein Bruder später die Loge verlässt, so wird die empfangene Weihe doch immer ein Teil seines Wesens bleiben.«[66]

Kann ein so anspruchsvolles Ziel mit derart dürftigen Mitteln überhaupt erreicht werden? Für das 18. Jahrhundert mag dies allenfalls noch vorstellbar sein. Aber wem könnten in unserem Zeitalter der multimedialen Illusionierung derart durchsichtige Inszenierungen noch einen »unauslöschlichen« Eindruck machen? Hierfür bedürfte es einer psychologischen Unbedarftheit, einer geistigen und ästhetischen Anspruchslosigkeit, die gerade bei heutigen kulturellen und sozialen Eliten schwerlich noch vorausgesetzt werden darf. Es verwundert auch deshalb nicht, dass die Freimaurerei, die einst die brillantesten Denker und Künstler angezogen hat, auf diese Gruppen zumindest in Europa kaum mehr Faszination auszuüben vermag – und dass viele, die probeweise einer Loge beigetreten sind, der Bruderschaft bald schon wieder ernüchtert den Rücken kehren.

Mangelnde »Ritualfähigkeit« der Novizen dürfte hierbei eine weitaus geringere Rolle spielen als die geistig-seelische Seichtheit des Rituals selbst, das im Prozess der »Aufklärung« zu durchsichtigem Lehrtheater verflacht worden ist.

Der Eid

Nachdem der Kandidat die dritte »Reise« beendet und abermals beteuert hat, dass er entschlossen sei, der Bruderschaft beizutreten, muss er vor dem Altar mit den drei »großen Lichtern« niederknien. Auf die nackte linke Brustseite wird dem Suchenden nun der Altarzirkel gesetzt, das Winkelmaß liegt auf der aufgeschlagenen Bibel. Mit der linken Hand muss er den Zirkel festhalten, seine rechte ruht auf Bibel und Winkelmaß, während er den Eid spricht. Dabei sind seine Augen noch immer verbunden.

Neben der ursprünglichen Eidesformel von 1730 (siehe *Einleitung*) gab und gibt es eine Reihe harmloserer Versionen, die auf die Androhung drakonischer Strafen verzichten. Im gültigen Ritual der Deutschen Loge der »Alten Freien und Angenommenen Maurer« heißt es etwa:

> *»Ich gelobe bei meiner Ehre und bei meinem Gewissen: mich der Humanität aus vollem Herzen und mit ganzer Kraft zu widmen. Demgemäß meine Pflichten gegenüber meiner Familie, meiner Gemeinde, meinem Land und der Gemeinschaft aller Menschen gewissenhaft zu erfüllen. Verschwiegenheit zu bewahren über die Gebräuche und inneren Angelegenheiten der Maurerei und mit niemandem darüber zu sprechen, den ich nicht sicher als Maurer erkennen kann. Den Gesetzen der Bruderschaft und dem Hammerschlag des Meisters maurerischen Gehorsam zu leisten. Die Arbeit meiner*

Loge nach Kräften zu fördern, ihr einen angemessenen Teil meiner Zeit und Arbeitskraft zu widmen und sie nie ohne gültige Ursache zu verlassen. Meinen Brüdern mit Rat und Tat zur Seite zu stehen und die Geheimnisse eines Bruders wie meine eigenen zu verschweigen. Die Zusage auf Maurerwort so gewissenhaft zu halten wie einen heiligen Eid.«[67]

Der Lehrling gelobt also, die Gebote der Verschwiegenheit und des Gehorsams zu beherzigen. Beides sollen aber letztlich nur noch Instrumente der Selbsterziehung sein, denn die Rituale und Bräuche der Brüderschaft sind längst hundertfach veröffentlicht worden, und das einzige »Geheimnis«, das der Freimaurer finden kann, soll ja ohnehin in seinem eigenen Innern verborgen sein.

Ähnlich soll der Gehorsam gegenüber dem Meister ein Mittel sein, um den neuen Bruder Toleranz und Duldsamkeit zu lehren und seine Arbeit am »rauhen Stein« der eigenen Individualität zu fördern. Damit freilich soll er teilhaben an einem größeren Bauwerk, dem sich die Freimaurerei verschrieben hat – der geformte und geglättete Stein des eigenen Ich soll sich dereinst ins Mauerwerk beim Bau einer »besseren Welt« einfügen. In der freimaurerischen Symbolik steht hierbei das Pentagramm für die Arbeit am eigenen Selbst, den Mikrokosmos (siehe *Zehnte Maurerreise*), das Hexagramm für die Außenwelt, das Werk der Humanität (siehe *Fünfzehnte Maurerreise*), das der Freimaurer durch vorbildlichen Lebenswandel und durch wohltätige Werke befördern soll.

Die Lichtgebung

Weiterhin sind die Augen des Lehrlings mit der Binde verdeckt. Die Aufseher helfen ihm nun, sich zu erheben. Der Meister vom Stuhl führt die drei Lehrlingsschläge auf dem Zirkel aus und spricht die Aufnahmeformel: »In Ehrfurcht vor dem Großen Baumeister der Welten, im Namen der Großloge der Alten Freien und Angenommenen Maurer von Deutschland und kraft meines Amtes als Meister vom Stuhl nehme ich Sie zum Freimaurerlehrling auf und an.«[68]

Daraufhin wird dem Lehrling die Augenbinde abgenommen, und vor sich erblickt er die »drei großen Lichter« auf dem Altar. Darüber erstrahlt das göttliche Auge im gleichseitigen Dreieck, und die Brüder nehmen ihn nun in ihre Bruderkette – und damit symbolisch in die weltweite Bruderschaft – auf und stimmen das »Bundeslied« der blauen Maurerei an:

»Brüder, reicht die Hand zum Bunde!
Diese schöne Feierstunde
Führ' uns hin zu lichter'n Höh'n!
Lasst, was irdisch ist, entfliehen,
unsers Bundes Harmonien
dauern ewig, fest und schön!
Preis und Dank dem Weltenmeister,
der die Herzen, der die Geister
für ein wenig Wirken schuf.
Licht und Recht und Tugend schaffen
durch der Wahrheit heil'ge Waffen
sei uns göttlicher Beruf.
Seid auf diesem Stern die Besten,
Brüder all' in Ost und Westen,
wie im Süden und im Nord;
Wahrheit suchen, Tugend üben,
Gott und unsre Brüder lieben,
das sei unser Losungswort!«[69]

Da die Drei die Zahl des Lehrlings ist, umfasst auch der Lehrlingsschlag drei Einzelschläge. Nachdem der Zeremonienmeister ihn nach draußen geführt, der Lehrling seine Metallgegenstände wieder an sich genommen, seine Kleidung vervollständigt hat, führt ihm der Zeremonienmeister vor, wie er an die Logentür zu klopfen hat: kurz, kurz, lang. Man lässt ihn ein, und nun macht der Zweite Aufseher ihm neben dem Arbeitsteppich den Lehrlingsschritt vor. Der Lehrling tut es ihm nach, indem er den Teppich mit drei Lehrlingsschritten ostwärts überquert.

Nun wird er noch in die Erkennungsmerkmale eingeweiht, mit denen sich der wandernde Maurerlehrling in alten Zeiten bei einer Bauhütte ausgewiesen haben soll – mit Zeichen, Wort und Griff.

Das Zeichen des Lehrlings ist das sogenannte Halszeichen: Die rechte Hand wird waagrecht am Hals entlanggeführt – eine unmissverständliche Erinnerung an die Strafe, die einst dem Eidbrüchigen gedroht hat. Die heutige Freimaurerei hat freilich auch dieses Symbol recht gewaltsam umgedeutet, es soll nun als »Zeichen geistiger Ordnung« verstanden werden. »Die rechte Hand birgt Winkelmaß und Zirkel, und in ihnen liegen die Mittel und Methoden verborgen, die dem Bewusstwerden des inneren Lebens dienen.«[70]

Das Geheimwort des Lehrlings ist »Jachin«, der Name der rechten Säule des salomonischen Tempels, den einst der mythische Baumeister Hiram errichtet haben soll. Entsprechend ist auch die rechte Säule am Eingang des Logentempels während des Lehrlingsrituals mit einem »J« markiert. Jachin war der Legende nach die Säule, an der die Lehrlinge ihren Lohn empfingen, die Gesellen dagegen an der zweiten Säule namens

Boas. Wie im alten Steinmetz-Ritual (siehe *Erste Maurerreise*) wird das Lehrlingswort nicht einfach ausgesprochen, sondern in Wechselrede buchstabiert, dann silbenweise wiederholt.

Der geheime Griff, mit dem sich der Lehrling ausweist, besteht gleichfalls aus drei Schlägen im Rhythmus kurz – kurz – lang. Darüber hinaus wird ein sogenanntes »Notzeichen« an ihn weitergegeben: Wenn er dieses verwendet, ist jeder Bruder weltweit verpflichtet, ihm Hilfe zu leisten. Im Lehrlingsgrad lautet dieses Notzeichen »Tubalkain« – nach dem Namen des biblischen Ahnherrn der Bronzegießer, den bereits Meister Hiram in seiner Not angerufen haben soll (siehe *Dritte Maurerreise*).

Zur Begründung heißt es noch in zeitgenössischen freimaurerischen Erläuterungstexten beispielsweise: »So, wie sich in Tubalkain ein Erwachen künstlerischer Gestaltung versinnbildlicht, soll auch im Lehrling der Drang entstehen, sich Werkzeuge zu schaffen, die der Bearbeitung des rauhen Steins, der Formung seiner Seele dienen. Darum wird er Tubalkain genannt.«[71]

Natürlich werden diese Erkennungszeichen nur noch im Ritual verwendet. Da sie unzählige Male publiziert worden sind, hat auch die Freimaurerei längst profane Instrumente wie Logenpässe und Mitgliederlisten eingeführt, um Fremde, die sich als Brüder ausgeben, sicher zu identifizieren.

Nachdem der Lehrling die Zeichen erfahren hat, wird er schließlich als Maurer eingekleidet: Er erhält den Lehrlingsschurz, der um die Mitte gebunden wird, meist ein weißes Viereck mit einer dreieckigen Klappe am oberen Rand. Außerdem händigt man ihm das Bijou aus, das an einem blauen Band um den Hals getragen wird und das Logenwappen zeigt. Hinzu kommen weiße Handschuhe und zuweilen der sogenannte »hohe Hut«, ein Zylinder.

Insbesondere der Freimaurerschurz, in der Regel zu einem dunklen Anzug und mit gewichtiger Miene getragen, hat der Bruderschaft den zweifelhaften Ruf eingebracht, »traurige Schlaraffen«[72] zu sein, die einem schwerblütigen Kostümierungskult huldigten. In der Tat nimmt sich diese Verkleidung, der auch ihre Herkunft aus dem Maurerbrauchtum kaum mehr anzusehen ist, einigermaßen absurd aus. Desto hymnischer rühmen masonische Interpreten Rang und Bedeutung des Requisits: »älter als das Goldene Vlies und der Römische Adler« sei der Freimaurerschurz »und wertvoller als irgendeine Auszeichnung unter der Sonne«.[73]

Der Lehrling jedenfalls erhält nun zum Schurz noch einen Spitzhammer und die Anweisung, die drei Lehrlingsschläge auf dem »rauhen Stein« auszuführen, der auf dem Arbeitsteppich bereitliegt. Damit hat seine Maurerarbeit symbolisch begonnen, und nachdem er auch noch die kanonische Literatur der Bruderschaft in Empfang genommen hat – hauptsächlich die *Neuen Konstitutionen*, die Verfassung seiner Großloge, das Mitgliederverzeichnis und den sogenannten Lehrlingskatechismus –, nimmt er an der Nordseite im Tempel Platz, zwischen den anderen Lehrlingen.

Sechste Maurerreise: Das Arkanum der »Aufklärer«

Ein spannungsvoller Widerspruch kennzeichnet das europäische 18. Jahrhundert: Wie keine andere Epoche war die »Aufklärung« von dem Drang erfasst, alles Dunkle, Verborgene, Mysteriöse mit dem grellen Licht des Rationalismus auszuleuchten und möglichst in Rumpelkammern für Aberglauben und Mummenschanz zu überführen. Zugleich aber war diese Ära wie kaum eine zweite in das »Geheimnis«, das »Arkanum«, vernarrt. So stellt sich die Epoche der »Aufklärung« im Rückblick zugleich als Zeitalter der Obskurantisten, Scharlatane und der Geheimgesellschaften dar. Deren prominenteste und wirkmächtigste Ausformung war zweifellos die neubegründete Freimaurerei.

Nachdem die Londoner Großloge 1723 in den *Neuen Konstitutionen* ihre Grundsätze und Absichten offenbart hatte, breitete sich die Bruderschaft innerhalb von wenigen Jahren in ganz Europa aus. 1725 wurden in Frankreich die ersten Logen nach englischen Statuten und Riten begründet, 1728 in Spanien, 1729 in Irland, 1731 in Holland und in Russland, 1733 in Deutschland, 1735 in Schottland und in Polen. Bereits 1731 war auch in Amerika eine erste Loge gegründet worden.[74]

Das Eigenartige an der Freimaurerei war jedoch, dass sie gleichsam beide Extreme der Epoche besetzte: Sie bekannte sich zu den Idealen der »Aufklärung«, trat also für Vernunft, Toleranz und Humanität ein – und sie war zugleich als Geheimgesellschaft organisiert, die wichtige Komponenten der alten Freimaurerei und der archaischen Männer-Mysterienbünde in ihrem Brauchtum bewahrte. Überdies traten auch in der Bruderschaft selbst wenigstens zwei gegensätzliche Strömungen auf: die Hochgradfreimaurerei mit ihren immer phantastischeren Abstammungslegenden und Ritter-Riten – und die »republikanische« Freimaurerei, die wesentliche Ideen und Programme der Französischen Revolution mit geprägt hat.

Die europäischen Staaten befanden sich um die Mitte des 18. Jahrhunderts in unterschiedlichen Stadien des gesellschaftlichen Umbruchs: Frankreich war noch immer ein Ständestaat mit einem absolutistisch herrschenden Monarchen; in Großbritannien gab es bereits ein Parlament, das der konstitutionellen Monarchie immer mehr demokratische Rechte abrang; im Flickenteppich der deutschen Vielstaaterei gewann das Bürgertum zunehmend an Einfluss, während der Adel ebenso schleichend an Macht und Bedeutung verlor. So verwundert es nicht, dass sich auch die Freimaurerei in den einzelnen Staaten unterschiedlich ausformte und von der Obrigkeit teils toleriert, teils beargwöhnt oder bekämpft wurde.

»Les Francs Maçons« – vorrevolutionäre Freimaurerei in Frankreich

Während sich die englische Freimaurerei bald schon hochadeliger Gunst erfreute und Herzöge oder selbst Prinzen zu ihren Mitgliedern zählte (siehe *Vierte Maurerreise*), sah die französische Monarchie unter Ludwig XV. »les francs maçons« von Anfang an als gefährliche Staatsfeinde an. Ein Polizeiagent, der 1737 Gespräche in den Pariser Tuilerien und im Palais Royal belauschte, klagte in einem Bericht an seinen Vorgesetzten: »Es wird von nichts anderem gesprochen als vom Fortschritt des Ordens der ›Frimaçons‹; Groß und Klein will ihm beitreten; es ist wie eine Seuche.«

Die Obrigkeit in Paris hatte gewiss gute Gründe, das Fortschreiten dieser »Seuche« mit Unbehagen zu beobachten: Obwohl der König es dem Adel untersagte, sich der englischen Bruderschaft anzuschließen, traten französische Edelleute ebenso wie Priester der Freimaurerei in hellen Scharen bei. Heimliche Zusammenkünfte waren bei Strafe untersagt, und auf Anordnung des Generalleutnants der Polizei wurden mehrfach Häuser durchsucht, die als Treffpunkte der Logenbrüder galten.

Ein Weinhändler, dessen Schenke als Versammlungsort gedient hatte, musste eine hohe Geldstrafe bezahlen und seine Kneipe für ein halbes Jahr zumauern lassen.[75] Ludwig XV. verkündete sogar, dass Adlige, die der Freimaurerei überführt würden, mit Verlust ihrer Ämter und Kerkerhaft in der berüchtigten Bastille bestraft würden. Doch alle Drohungen blieben wirkungslos. Und als mit dem Herzog d'Aumont und nach ihm dem Grafen von Clermont auch in Frankreich Mitglieder des Hochadels feierlich zu Großmeistern geweiht wurden, zog es der König vor, die angekündigten Strafen nicht zu verhängen. Doch seine Haltung gegenüber der Bruderschaft blieb feindselig.

Ein weitsichtiger Chevalier

Einen Eindruck vom fortschrittlichen und tendenziell aufrührerischen Geist der französischen Freimaurerei vermittelt der sogenannte *Discours* des Chevalier Andreas Michael Ramsay (1686–1743), eine wegweisende Rede über die Ziele der Bruderschaft. Chevalier Ramsay war ein Franzose schottischer Herkunft, vom anglikanischen zum katholischen Glauben konvertiert und Erzieher des englischen Kronprätendenten Edward Stuart (der uns im Zusammenhang mit dem »Ritter von der roten Feder« schon einmal begegnet ist – siehe *Zweite Maurerreise*). In seinem 1737 vor der Großloge in Paris gehaltenen *Discours* formulierte er politische Pläne und gesellschaftliche Ideale, die aus Sicht der absolutistischen Monarchie nur als verbrecherisch gelten konnten:

»Die Menschen unterscheiden sich nicht wesentlich durch die verschiedenen Sprachen, die sie sprechen, durch die Kleidung, die sie tragen, durch die Länder, in denen sie wohnen, noch durch die Würden, die ihnen verliehen sind. Die ganze Welt ist nur eine große Republik, in der jede Nation eine Familie, der Einzelne eines ihrer Kinder ist. Um diese wesentlichen Maximen, die sich aus der menschlichen Natur herleiten, wieder zu Ehren zu bringen und zu verbreiten, wurde unser Bund geschaffen …
Die Freimaurerei will ein neues Volk schaffen, das die trennenden Schranken zwischen Menschen guten Willens, offenen Geistes und reinen Herzens nicht mehr kennt.«[76]

Unübersehbar weht hier bereits der Geist der Revolution, der ein halbes Jahrhundert später die französische Monarchie hinwegraffen sollte. Doch das ehrgeizige politische Programm, eine demokratische Republik gleichberechtigter Bürger zu schaffen, missfiel nicht nur dem König von Frankreich. Es musste auch die Londoner »Gralshüter« der aufgeklärten Freimaurerei erzürnen, die ja in ihren *Neuen Konstitutionen* verkündet hatten, dass sich die Ordensbrüder »nie in einen Aufstand oder eine Verschwörung gegen den Frieden oder das Wohl seiner Nation verwickeln lassen und sich auch nicht pflichtwidrig gegenüber nachgeordneten Behörden verhalten« dürften.

Wer jedoch im Frankreich Ludwigs XV. für eine Republik eintrat, in der keine Schranken zwischen den Ständen und Individuen mehr bestehen sollten, der rief unverhohlen zumindest zum Ungehorsam gegenüber der Obrigkeit auf. Diese politische Radikalisierung, erklärlich durch die gesellschaftlichen Verhältnisse in Frankreich, stellt einen wesentlichen Grund für den späteren Bruch der französischen Freimaurerei mit der Londoner Großloge dar.

Der gelehrte Chevalier Ramsay, in Oxford promovierter Doktor der Rechte, gilt als einer der Initiatoren der berühmten *Enzyklopädie* der »Aufklärer« um Voltaire und Diderot. In seiner Rede regte er eine »Universalbibliothek alles dessen« an, »was an Gutem, Großem, Leuchtendem und Nützlichem in Kunst und Wissenschaft existiert«, basierend auf dem Material, das die Logen mittels ihrer »Weisen und Künstler« in der ganzen Welt sammeln sollten.[77]

Allerdings wird Ramsay auch ein beträchtlicher Anteil an der Entstehung der Hochgradfreimaurerei zugeschrieben. In seinem *Discours* führte er die Bruderschaft zwar nicht auf die Tempelherren, jedoch auf die Johannisritter aus Kreuzzugszeiten zurück. Auch dieser Anstoß zur Ahnensuche in allerlei Mönchs- und Ritterorden des Mittelalters dürfte im englischen »Vatikan« der Freimaurerei mit Argwohn und Ablehnung registriert worden sein. Doch die Appelle aus London an die französischen Brüder, sich in politischen Streitfragen zu mäßigen und beim Dreigradsystem der Johannismaurerei zu bleiben, verhallten im Paris der Republikaner ebenso wie der Ritterfreunde ungehört.

»Schottische Ritter« und »Freimaurer-Demokraten«

Die französische Obrigkeit hatte also in der Tat gute Gründe, die geheimen Zusammenkünfte der Freimaurer mit Argwohn zu beobachten. Am 24. Mai 1773 wurde der »Grand Orient« gegründet, eine eigenständige französische Großloge, die von London nicht anerkannt wurde. Die »blaue« Freimaurerei nach englischem Ritus bestand gleichfalls weiterhin auf französischem Boden, aber die weitaus dynamischere Bruderschaft war die Maurerei des »Grand Orient«.

Unter diesem Dach waren allerdings zwei Hauptrichtungen vereinigt, die nur wenig miteinander verband. Die eine Strömung begeisterte sich für immer phantastischere Ursprungslegenden und kreierte entsprechende Hochgradsysteme nach »Schottischem Ritus«, in Templer- oder Johannisrittertradition. Diese Hochgradfreimaurerei projizierte letztlich die absolutistisch erstarrte Gesellschaft in die Logen hinein und verwandelte so die Bruderschaft in bizarre Zerrbilder der real bestehenden Standesgegensätze. So wurden immer neue Rittergrade eingeführt, damit sich die adligen Brüder über die bürgerlichen Gesellen und Meister erheben konnten. In Varianten der Hiramslegende wurde anstelle des biblischen Baumeisters der letzte Templergroßmeister Jacques de Molay ermordet und in pompösen Initiationsriten von Brüdern des Kadosch-Ritter-Grades symbolisch gerächt (siehe Zweite Maurerreise). Auch das maurerische »Geheimnis« nahm in solchen Riten immer phantastischere Ausprägungen an – während in der gesellschaftlichen Realität die revolutionäre Explosion unaufhaltsam näher rückte.

Auf der anderen Seite strömten auch die brillantesten Denker und fortschrittlichsten Geister Frankreichs dem Grand Orient zu, ganz so, wie Chevalier Ramsay es dreißig Jahre vorher vorausgesehen hatte. Das von ihnen leidenschaftlich diskutierte »Geheimnis« war die Idee der Demokratie, ihr »Tempel Salomons« war das erhabene Bauwerk einer Republik gleicher und freier Bürger.

Die bedeutendsten Künstler, Wissenschaftler und Enzyklopädisten der »République des lettres« trafen sich in den Pariser Logen, insbesondere in der berühmt gewordenen Loge »Les Neuf Sœurs«. Der greise Voltaire (1694–1778) zählte ebenso zu ihnen wie der Herzog La Rochefoucauld (1747–1827) oder der Gelehrte und General Graf Milly (1729–1784), Stuhlmeister der »Enzyklopädistenloge«. Auch viele der späteren Akteure der Revolution kamen hier zusammen. Ebenso gehörte

Benjamin Franklin (1706–1790), Mitbegründer der Vereinigten Staaten von Amerika und damals ihr Gesandter in Frankreich, der Loge »Les Neuf Sœurs« an.

War die französische Bruderschaft also ein Hort des »Komplotts gegen die Monarchie«, wie es die Verschwörungstheoretiker seither unermüdlich behaupten? Der Wahrheit kommt man wohl näher, wenn man berücksichtigt, dass sich das französische Königtum und seine ständische Verfassung zu jener Zeit längst überlebt und durch Korruption, Überschuldung, Willfährigkeit gegenüber der katholischen Kirche und eine nahezu beispiellose Sittenlosigkeit bereits weitgehend selbst zerstört hatten.

Wahr ist allerdings auch, dass einige der folgenreichsten Ideen und Grundsätze der Französischen Revolution in den Pariser Logen vorausgedacht und vorformuliert worden waren. So hatte sich die französische Freimaurerei schon 1773 eine »republikanische« Verfassung gegeben, die die demokratische Wahl des Großmeisters vorsah und »Freiheit und Gleichheit« der Brüder proklamierte. Auch die Deklaration der Menschen- und Bürgerrechte wurde von französischen Brüdern verfasst, die sich selbst als »Bürger der Freimaurer-Demokratie« bezeichneten.[78]

Die sittliche Persönlichkeit – preussische Freimaurerei unter Friedrich dem Grossen

Ähnlich wie die englische Monarchie war auch der preußische Herrscher Friedrich der Große den Freimaurern wohlgesonnen. Bereits 1738 trat er der Bruderschaft bei. Zwei Jahre darauf, mittlerweile zum König gekrönt, leitete er höchstselbst die Arbeit seiner Loge in Charlottenburg. Das »Journal de Berlin« kommentierte dieses Ereignis so:

»Eine unglückliche Gesellschaft, der man anscheinend dasselbe Schicksal zugedacht hat wie den ehemaligen Templern, darf … hoffen, dank des großzügigen Schutzes Seiner Majestät hier Asyl zu finden … Die Loge genießt das Wohlwollen des Throns, sie wird hier Ruhe finden und vor Verfolgungen sicher sein.«[79]

Eine deutsche »Verräterschrift« vermittelt einen Eindruck vom Geist, der zu jener Zeit in deutschen Freimaurerlogen herrschte. Es ist der Geist einer »aufgeklärten« Ethik, dem politischer Radikalismus ebenso fremd scheint wie Magie und Mystizismus der älteren Freimaurerei. In einer Rede, die vor neuaufgenommenen Brüdern in einigen Logen gehalten wurde und die der »Verräter« Ebert in seiner Schrift *Sarsena* offenbart hat, wird den Novizen Punkt für Punkt entschlüsselt, wie die Symbolik des Rituals aufzufassen sei:

»Mein Bruder, man führte Sie, ehe Sie in den Orden aufgenommen wurden, in eine schwarze Kammer; dies geschah darum, um Ihnen zu zeigen, dass unsere Materie in einer schwarzen Mutter, in der Erde, eingeschlossen ist. Man nahm Ihnen alles Metall ab; dies geschah zum Zeichen, dass unsere Materie nichts mit Pracht und Geld zu tun hat. Man entkleidete Sie, um Ihnen zu zeigen, dass unsere Materie ebenfalls von ihrer von Natur gegebenen Hülle entblößt werden muss. Man ließ Sie den Schuh niedertreten und die linke Brust entblößen, um damit anzudeuten, dass wir in Demut leben sollen und unser Herz jedem Guten entgegenschlagen müsse. Man verband Ihnen die Augen zum Zeichen, dass unsere Materie, so hellleuchtend und klar sie auch immer in sich selbst ist, nur in einer finsteren Wohnung kann gefunden werden.«[80]

Unter der »Materie« wird hier offenkundig nicht mehr die alchimistische »prima materia« verstanden, die noch die rosenkreuzerische Freimaurerei zur Herstellung des Steins der Weisen zu gewinnen suchte. Gemeint ist nur noch die Persönlichkeit des einzelnen Bruders, die im Sinn der sittlichen Reifung geformt werden soll. Die »Materie« ist einfach der unbehauene oder »rauhe Stein«, den es zu glätten und zu formen gilt, damit sich der einzelne Mensch in den Tempel der Humanität einfüge. Magie und Mystik der älteren Freimaurerei scheinen hier also gänzlich zu einem Programm ethischer Vernunfterziehung eingedampft.

> *»Die beschwerlichen Reisen, die Sie dreimal machten, das Zureden des Aufsehers und das übrige damit verbundene Zeremoniell bedeuten den Gehorsam, die Treue und die Verschwiegenheit, die Sie Ihren Obern angeloben. Sie belehren Sie zugleich, dass es viel Mühe, Fleiß und Nachdenken, ein gerades Herz und eine offene Seele erfordert, bis man sich zu uns erheben kann. Und endlich zeigen sie Ihnen durch ihre Stille an, dass man diesen Weg nicht anders als im Stillen und im Geheimen finden kann und dass man unendliche Beschwernisse und große Proben auszustehen habe und eine feste und männliche Standfestigkeit zeigen müsse, ehe man dahin gelangt.«*

Folgerichtig erscheint auch das maurerische »Geheimnis« hier nur noch als psychagogisches Mittel zum Zweck der sittlichen Erhebung. Die absonderlichen Allegorien des Rituals ließen sich auch rückstandslos in rationale Begriffe übersetzen – nur wirken sie durch die feierliche Inszenierung besser auf die menschliche Seele ein.

Ebenso arbeitet zwar noch der »aufgeklärte« Freimaurer »im

Geheimen«, doch zu verbergen hat dieser trockene und aufrechte preußische Bruder nichts mehr – kein mystisches Geheimnis, kein Erbe der Alchimisten oder Templer und ebenso wenig ein aufrührerisches politisches Programm. Vor den Blicken der Öffentlichkeit geschützt, arbeitet er einzig an seiner moralischen Besserung, und er würde diesen Weg auch vor aller Augen beschreiten, wenn es sich nur mit der menschlichen Natur vereinbaren ließe.

Die Brisanz der Diskretheit

Man könnte nun annehmen, dass gegen ein so mildtätiges und gemäßigtes Programm selbst der argwöhnischste Monarch und der eifersüchtigste Religionshüter wenig einwenden können. Doch weit gefehlt – für den absolutistischen Staat ebenso wie für die katholische Kirche stellte die Freimaurerei im 18. Jahrhundert gleichwohl eine doppelte Provokation dar: durch die Gleichheit, mit der sich die Brüder in den Logen begegneten, und durch die Verschwiegenheit, die sie einander gelobten. Die eine stellte die vermeintlich gottgewollte Hierarchie in Frage, auf der Gesellschaft, Kirche, Königtum nicht nur in Frankreich noch immer beruhten. Die andere, und das wog ebenso schwer, verneinte die absolute Gewalt, die der Staat über Geist und Leib seiner Bürger und die Kirche über Gewissen und Seele ihrer Schäfchen beanspruchten.

Was in den Logen gesprochen wurde, sollte weder den König noch den Papst etwas angehen – schon diese Beschneidung ihrer Allmacht hätten beide wohl auch dann als unerträglich empfunden, wenn sich in den Logen nur Angehörige eines einzigen Standes getroffen hätten. Doch erst durch das Zusammenspiel beider Komponenten, Gleichheit und Verschwiegenheit, wurden die Logen gleichsam zu Experimentierbühnen, auf denen alternative Formen gesellschaftlichen Miteinanders spielerisch erprobt werden konnten.

Hinzu kamen weitere Faktoren, die gewiss auch nicht geeignet waren, den Argwohn von Königen und Kirche zu besänftigen. Die jüngere und ältere Geschichte kennt genügend Beispiele für die Stoßkraft, die Ritterorden und ähnliche Männerbünde mit mystisch-archaischem Kern entfalten können. Und die Freimaurer selbst beschworen diese Verwandtschaft, indem sie Templertraditionen pflegten oder Mysterien kriegerischer antiker Kulte in ihr Brauchtum einfügten. Überdies waren auch die Freimaurer, ähnlich wie einst die Tempelherren, übernational vernetzt mit Niederlassungen in allen Ländern der christlichen Welt. Auch hierdurch stellten sie den absoluten Machtanspruch der weltlichen und kirchlichen Machthaber in Frage – der Könige, deren Macht an ihren Landesgrenzen endete, und des Vatikans, der beanspruchte, als einzige Institution den ganzen Erdkreis zu beherrschen.

Aus der Sicht der weltlichen und geistigen Herrscher kam es also letztlich gar nicht so sehr darauf an, *was* die Freimaurer vor ihnen geheim hielten. Die Provokation bestand bereits darin, *dass* sie einen kleinen, künstlich umhegten Freiraum vor dem unersättlichen Machtanspruch von Staat und Kirche verteidigten.[81] Wer so hartnäckig gegen den Auskunftsanspruch der Obrigkeit verstieß und für dieses Schweigen auch erhebliche Nachteile in Kauf nahm, der musste im Verständnis der Mächtigen ein hochbrisantes Geheimnis zu verbergen haben, sonst hätte der ganze Aufwand schlichtweg keinen Sinn ergeben.

Fragwürdig ist ein solcher Verdacht schon insofern, als er prinzipiell unwiderlegbar ist. Tatsächlich stellt er das Grundmuster aller Verschwörungstheorien dar, die während der zurückliegenden Jahrhunderte gegen die Freimaurerei gerichtet wurden. Wenn man von vornherein davon ausgeht, dass die

Bruderschaft ihre Angehörigen nur deshalb zum Schweigen verpflichte, weil sie »im Geheimen« verwerfliche Ziele verfolge, dann können beliebig viele »Geheimnisse« durch Verräter oder eingeschleuste Agenten oder sogar durch auskunftsfreudige Brüder offenbart werden – der Verdacht, dass am Grund der entzauberten Mysterien das eigentliche, arglistig verborgene Arkanum weiterhin schlummert, bleibt durch alle diese Entlarvungen unberührt. Und das unenthüllte Geheimnis seinerseits ist eine Leerstelle, die sich mit beliebigen Inhalten füllen lässt – Umsturz, Weltdiktatur, Teufelsanbetung oder was auch immer.

Siebte Maurerreise: Gottsucher und Kirchenhasser

Ob nun in englischer oder französischer Spielart: Die Freimaurerei verschrieb sich dem rationalistischen Entzauberungsprogramm der »Aufklärung« und hielt zugleich am maurerischen »Geheimnis« prinzipiell fest. Da verwundert es kaum, dass die Bruderschaft auch der katholischen Kirche aus gegensätzlichen Gründen höchst verdächtig war: weil ihre Lehren und Riten ein spirituelles Konkurrenzangebot zum Christentum darzustellen schienen – und weil das Gottesbekenntnis des Ordens aus katholischer Sicht allzu lau und halbherzig klang.

Ein dritter Punkt kam hinzu: Insbesondere in Frankreich und Italien waren weltliche und geistliche Macht seit Jahrhunderten untrennbar miteinander verflochten. Wer immer dort für liberale Ideen eintrat – für »Aufklärung«, Bürgerrechte und eine republikanische Verfassung –, geriet also zwangsläufig in Konflikt nicht nur mit dem Königtum, sondern ebenso mit dem Papst. Der romanische Liberalismus nahm daher im Verlauf des 18. und 19. Jahrhunderts immer krassere antiklerikale Züge an, und zu seinen Wortführern und Gefolgsleuten zählten unzweifelhaft zahlreiche Freimaurer in römischen oder neapolitanischen ebenso wie in Pariser Logen.

Der unversöhnliche Hass, mit dem der Vatikan im 18. und 19. Jahrhundert die Freimaurerei verfolgte, hatte also auch schlicht machtpolitische Gründe: Aus kirchlicher Sicht mussten die französischen und italienischen Logen wie Brutstätten antiklerikaler Aufwiegelung und Wühlarbeit erscheinen, und gänzlich falsch war dieser Eindruck wohl nicht. Auch die von französischen Brüdern gepflegte Templertradition, also die Berufung auf einen Orden, der vom Vatikan mit allen Mitteln bekämpft worden war, erschien in dieser Situation aus päpstlicher Sicht gewiss nicht als harmlos phantastischer Spleen, sondern als dreiste Kampfansage.

England: Vom Theismus zum Deismus und zurück

Vor diesem Hintergrund lässt sich verstehen, dass auch innerhalb der Freimaurerei erbittert um den Gottesbegriff der Bruderschaft gestritten wurde. Hierbei handelte es sich keineswegs um eine »akademische« Debatte ohne lebenspraktische Relevanz, sondern um das Selbstverständnis des Ordens und die Definition seiner Stellung gegenüber Kirche und Staat.

In den *Neuen Konstitutionen* der Johannismaurerei stand bis zum Jahr 1737 das erwähnte nüchterne Glaubensbekenntnis des Pastors Anderson: »Der Freimaurer erkennt im Weltenbau, in allem Lebendigen und im sittlichen Bewusstsein des Menschen das Wirken eines göttlichen Schöpfergeistes und verehrt ihn als den Großen Baumeister der Welten.«[82] In der Theologie wird diese Anschauung als »Deismus« bezeichnet: Die Vernunft gebietet uns, die Schöpfung als Ergebnis planvollen göttlichen Wirkens anzuerkennen. Aber die gleiche Vernunft verbietet uns auch, vermeintliche Wunder und Mysterien als Beweise für die Präsenz eines sich offenbarenden Gottes anzusehen. Denn der göttliche »Weltbaumeister« hat seine Schöpfung durch und durch rational organisiert, hinter den angeblichen Wundern verbergen sich also allenfalls noch unerkannte Naturgesetze – »Gott zaubert nicht«, wie ein Bonmot der Deisten lautet.

Obwohl das *Neue Konstitutionenbuch* von 1723 angeblich nur getreulich die alte Maurertradition fortschrieb, war das deistische Bekenntnis zum göttlichen »Weltbaumeister« offenbar ein Minimalkonsens zwischen den Londoner Gründervätern.

Das lässt sich jedenfalls aus einer früheren Fassung der *Neuen Konstitutionen* schließen, die 1722 erschien, dann aber verworfen wurde. Sie nämlich enthält ein leidenschaftliches Glaubensbekenntnis, das die Herzen katholischer Religionshüter gewiss höher schlagen ließ: »Ich muss Euch ermahnen«, heißt es dort, »Gott in seiner heiligen Kirche zu verehren. Ihr sollt Euch nicht auf Häresie, Schisma oder Irrlehren einlassen oder auf die Lehren ungläubiger Menschen.«[83] Dieser »Gott in seiner heiligen Kirche« ist unverkennbar der Gott der Christenheit oder jedenfalls der Bibel – nicht einfach ein schöpferisches Prinzip, auf das der »Weltenbau« rationalistisch zurückgeführt wird, sondern eine Gottheit, die sich den Gläubigen in Gebet und Andacht, Mysterien und Mirakeln offenbart.

In der englischen Maurerei führte die Auseinandersetzung um Gott und Glauben zu einer Spaltung der Bruderschaft. Unter Federführung der Yorker Loge bildete sich eine konkurrierende Großloge, die sich »Antients« oder Altmaurer nannte und die Londoner Brüder abwertend als »Moderns« bezeichnete, als Modernisten oder Neumaurer, die mit den alten Gebräuchen gebrochen hätten. Auch persönliche und lokale Rivalitäten zwischen York und London spielten in diesen Streit hinein, letztlich aber ging es um die Frage, ob der »Deismus von Andersons Naturreligion« oder ein »personenbezogener Theismus«[84] für die Freimaurerei bindend sei.

Die Trennung der »Antients and Moderns« konnte zwar erst Anfang des 19. Jahrhunderts überwunden werden, jedoch begann sich die Londoner Großloge schon lange vorher dem Gottesbegriff der »Altmaurer« anzunähern. In der überarbeiteten Fassung der *Neuen Konstitutionen* von 1738 wird der »punktförmige Deismus« bereits wieder »in eine warme und aufrichtige Frömmigkeit eingehüllt«.[85] Und im Jahr 1815, als Alt- und Neumaurer, nunmehr zur »Vereinigten Großloge von England«

zusammengeschlossen, ihre Verfassung vorlegten, hatte die englische Maurerei offenbar zu einem gelinden Theismus zurückgefunden: Der Freimaurer, heißt es dort,

> *»muss von allen Menschen am besten verstehen, dass Gott nicht sieht, wie der Mensch sieht. Denn der Mensch sieht die äußere Erscheinung, Gott aber sieht das Herz. Ein Mann mag eine Religion oder eine Art der Verehrung haben, wie sie auch sei, er wird deshalb nicht vom Orden ferngehalten, vorausgesetzt, dass er an den erhabenen Architekten des Himmels und der Erde glaubt und die geheimen Pflichten der Moral übt.«*[86]

Frankreich: Vom Theismus zum Atheismus

Für die französische Freimaurerei kam eine solche Kehrtwende nicht in Betracht. Aus vatikanischer Sicht mochte das Glaubensbekenntnis der englischen Brüder noch immer viel zu indifferent sein. Der französischen Bruderschaft aber, mit ihrem krassen Rationalismus und radikalen Antiklerikalismus, erschien noch der »punktförmige Deismus« von 1723 mehr und mehr als Zugeständnis an die Mächte der Finsternis – Vatikan, Monarchie und alle sonstigen Feinde der »aufgeklärten« Vernunft.

So wurde in Pariser Logen bald schon die Forderung laut, sich nicht nur von der englischen Bruderschaft zu trennen, sondern gleich auch jede Verpflichtung zu einem wie auch immer reduzierten Gottesglauben zu streichen. Diese Absicht wurde allerdings fast ein Jahrhundert lang diskutiert, ehe sie 1877 in den neuen Konstitutionen des »Grand Orient« verwirklicht wurde: »Die Freimaurerei«, heißt es dort, »eine vor allem philanthropische, philosophische und fortschrittliche Institution, hat zu ihrem Zweck das Suchen nach Wahrheit, das Studium allgemeiner Moralität, der Kunst und Wissenschaften und die Ausübung der Wohltätigkeit. Sie hat zu Grundsätzen die unbedingte Gewissensfreiheit und die menschliche Solidarität, sie schließt niemanden um seines Glaubens willen aus, sie hat als Wahlspruch: Freiheit, Gleichheit, Brüderlichkeit.«[87]

Seither ist es den Maurern des »Grand Orient de France« also freigestellt, an einen »göttlichen Weltbaumeister« zu glauben, während die »blaue« Bruderschaft ihre Mitglieder zum Gottesglauben verpflichtet.

Italien: Attentäter mit Freimaurerschurz

Im nachrevolutionären Frankreich des 19. Jahrhunderts wurden Kirchenfeindlichkeit und Atheismus mehr und mehr zur Privatsache des einzelnen Freimaurers – auch wenn der Vatikan in Bullen und Erlassen unermüdlich die Bruderschaft verdammte, ihre Angehörigen mit Exkommunikation und Ärgerem bedrohte (siehe *Achte Maurerreise*). In Italien aber war der Antiklerikalismus zur gleichen Zeit noch immer eine wirksame Waffe in den Händen der Nationalisten, die um staatliche Einigung der italienischen Fürstentümer rangen – und damit die habsburgischen und vatikanischen Machtinteressen unmittelbar bedrohten. Eine Vielzahl dieser Kämpfer für italienische Autonomie und gegen den Habsburg-hörigen Papst waren Freimaurer und gehörten zugleich dem Geheimbund der sogenannten Carbonari (»Köhler«) an.

Papst Pius VII. (reg. 1800–1823) und sein Nachfolger Leo XII. (reg. 1823–1829) betrachteten die Carbonari schlicht als Bestandteil der Freimaurerei. Tatsächlich lässt sich zwischen beiden Bruderschaften nicht annähernd so leicht und trennscharf unterscheiden, wie die masonische Geschichtsschreibung suggeriert. So, wie sich die Freimaurer von den Steinmetzen herleiten, beriefen sich die Carbonari auf die Gilde der Köhler und pflegten deren Gebräuche. Auch bei ihnen gab es die drei Grade des Lehrlings, Gesellen und Meisters, und auch hier waren die Brüder zu Gehorsam und Verschwiegenheit verpflichtet. Anders als die Freimaurer hatten sie sich freilich nicht der Toleranz und Philanthropie verschrieben, sondern dem politischen Kampf. Dabei schreckten sie auch vor massiver Gewaltanwendung keineswegs zurück.

Politischer Aktivismus und kriegerische Aggression sind mit den feierlich verkündeten Grundsätzen der Freimaurerei gewiss unvereinbar. Doch aus vatikanischer Sicht wog diese Differenz weit weniger schwer als die Gemeinsamkeiten beider Orden, die in der Tat jedem Außenstehenden ins Auge stechen mussten: Die Carbonari waren wie die Freimaurer als Männerbünde nach archaischem Muster organisiert, mit düster-feierlichen Riten, Gelöbnissen und Hierarchien. Ihrer Organisationsform und ihrem Brauchtum nach glich auch die Freimaurerei – ob alt oder modern, rot oder blau, »aufgeklärt« oder Mysterien zugeneigt – noch immer jenen mittelalterlichen Ritterorden, deren Kampfkraft, Eigensinn und Opfermut gerade dem Vatikan in durchaus gemischter Erinnerung sein mussten. Seit langem argwöhnten Könige wie Päpste, dass die zur Schau gestellte Mildtätigkeit der Freimaurer bloß eine Fassade war, hinter der sich die Brüder teuflischen Machenschaften hingaben. Und unzweifelhaft gehörte eine Vielzahl der Carbonari zugleich den Freimaurern an: Musste dem Vatikan da das blutige Wühlwerk der Carbonari nicht als das endlich enthüllte Arkanum der Freimaurer erscheinen, als das wahre Gesicht der gottlosen Bruderschaft?

Zwischen 1821 und 1884 erließen die Päpste eine Flut von Stellungnahmen gegen die Freimaurerei, womit stillschweigend meist auch die Carbonari gemeint waren. Da der Papst in Italien auch weltliche Herrschaftsgewalt besaß, kam es in dieser Zeit auch zu direkten gewaltsamen Zusammenstößen zwischen Carbonari und Vatikan. In Ravenna etwa ließ Kardinal Rivarola fünfhundert Carbonari festnehmen. Fünf von ihnen wurden hingerichtet, woraufhin die »Köhler« zurückschlugen und ihrerseits den Kardinal ermordeten.

Da eine Vielzahl der Carbonari, die in Guerilla-Manier ihre Feinde entführten und töteten, zugleich Freimaurer waren, lässt sich der Vorwurf masonischer Verstrickung hier nicht so leicht vom Tisch wischen. Gewiss werden die Meister der italienischen Logen ihre Brüder nicht aufgerufen haben, mit gezückter Waffe gegen die Armeen der Habsburger und des Vatikans zu kämpfen. Doch es liegt auf der Hand, dass in den Freimaurerlogen von Neapel, Rom oder Ravenna in jenen Jahren vor allem anderen die drängendsten Fragen des politischen Kampfes besprochen wurden, in dem diese Männer ihr Leben riskierten und das Blut ihrer Feinde vergossen. Gewiss gab es keinen »Oberen« an der Spitze der Freimaurerhierarchie, der diesen Kampf gesteuert hätte. Doch ebenso sicher gab es unzählige geheime Zusammenkünfte, bei denen italienische Freimaurer die weiteren Schritte dieses Kampfes gegen ihren bestgehassten Feind auf dem Stuhl Petri besprachen.

Zu Recht rühmt sich die Bruderschaft, dass Ideen und Programme der amerikanischen und französischen Verfassung von Freimaurern formuliert worden seien. Ebenso sollten ihre Wortführer dann aber auch einräumen, dass in Freimaurerlogen in gewissen historischen Situationen wohl auch politische Morde geplant worden sind – hier wie dort ohne Wissen oder gar Geheiß eines »Oberen«, aber hier wie dort eben auch in dem besonderen Schutzraum, den die Freimaurerei ihren Brüdern bot.

Achte Maurerreise: Verschwörer gegen Thron und Altar?

Der Vatikan und mit ihm verbündete katholische Monarchen haben sich bei der Verfolgung der Freimaurerei besonders unrühmlich hervorgetan. Jedoch wäre es ein Irrtum anzunehmen, dass die Bruderschaft protestantischen Herrschern grundsätzlich willkommen gewesen wäre.

So wurde die Johannismaurerei erstmals bereits 1735 in Holland verboten – noch zwei Jahre bevor die vatikanhörige Staatsgewalt in Paris und Italien gegen Freimaurer vorging. Schon 1736 erließ auch das calvinistische Genf ein Gesetz, das die Freimaurerei für gebürtige Bürger der Stadt untersagte, da der Orden eine »Hochschule des Unglaubens« sei. 1744 wurde die Bruderschaft in Genf gänzlich verboten, weil das maurerische Geheimnis den Staat gefährde. Bereits 1738 ging das protestantische Schweden noch rigider vor: Für bloße Zugehörigkeit zur Freimaurerei wurde die Todesstrafe verhängt.

Von einem Jesuiten stammt der Vorwurf, dem im 18. und noch im 19. Jahrhundert zweifellos auch protestantische Aristokraten und Geistliche zugestimmt hätten: »Eine Bruderschaft, die unter Personen von verschiedenen Ständen eingegangen wird, hat kein Verhältnis zu der Verschiedenheit der hierarchischen Ordnung, welche Gott zur guten Leitung der Welt eingesetzt hat, daraus folgt unnachlässlich der Umsturz des geistlichen und weltlichen Systems.«[88]

In dieser reaktionär-katholischen Perspektive waren Demokratie, Atheismus und wissenschaftlicher Fortschritt schlichtweg dasselbe, nämlich Teufelswerk. Und den Beweis für diese Anschauung schienen zwei welthistorische Ereignisse gegen

Ende des 18. Jahrhunderts zu liefern – die amerikanische Unabhängigkeitserklärung und die Französische Revolution.

»Füchse im Weinberg des Herrn« – die päpstliche Bulle *In eminenti*

Bereits im April 1738 erließ der Vatikan die Bulle *In eminenti*, eine scharfe Verurteilung der Freimaurerei, deren Neugründung zu diesem Zeitpunkt erst zwanzig Jahre zurücklag. In dem denkwürdigen Dokument werden die »Liberi Muratori oder Francs Massons oder in anderen Sprachen anders Genannten« als Vereinigungen charakterisiert, »in denen sich Menschen aller Religionen und Sekten, wenn sie sich nur einer gewissen natürlichen Rechtschaffenheit befleißigen, untereinander durch einen ebenso engen wie undurchsichtigen Pakt verbinden, Gesetze und Statuten beobachtend, die sie sich selbst geschaffen haben und in denen sie sich durch einen Eid auf die Bibel und unter Androhung der schwersten Strafen verpflichten, unverbrüchliches Stillschweigen über alles, was sie tun, zu bewahren«. Es seien »Winkelversammlungen mit dem Makel der Perversion und des Bösen« – »denn würden sie nichts Böses tun, so hätten sie das Licht nicht zu scheuen«.[89]

Für Papst Klemens XII., den offiziellen Urheber der Bulle, sind die Freimaurer »Füchse im Weinberg des Herrn«, die nicht nur »die Ruhe des Staates«, sondern auch »das Heil der Seelen« gefährden, »das Herz der Arglosen verderben und es im Geheimen mit ihren vergifteten Pfeilen verletzen«. Um »dem Unrecht, das auf diese Weise ungestraft verübt werden kann, den breiten Weg zu versperren, und aus anderen, Uns bekannten gerechten und vernünftigen Gründen« habe er beschlossen, »durch diese Unsere ewig geltende Konstitution« die Freimaurerei »zu verurteilen und zu verbieten«.

Es ist eine umfassende Verdammung, wie sie zuvor allenfalls Templern und Teufelsanbetern widerfahren ist. »Unter Strafe der Exkommunikation« untersagt die Bulle »allen Gläubigen in Christo jeden Standes, Grades, Ranges, Ansehens und Amtes, Laien- wie Welt- und Ordensgeistlichen«, »zu wagen oder daran zu denken, aus irgendeinem Grund, unter irgendeinem Vorwand in die besagten Gesellschaften der Liberi Muratori oder Francs Massons … einzutreten, für sie zu werben, sie zu unterstützen, sie bei sich aufzunehmen … sie zu verbergen, ihnen anzugehören, sich ihnen zuzugesellen, ihnen beizuwohnen« – und so weiter und so fort in endloser Suada. Gegen jeden Frevler, der gegen diese Bestimmungen verstößt, sollen »die Inquisitoren der Häresie … vorgehen und Untersuchungen anstellen, sie züchtigen und der verdienten Strafe zuführen, denn sie sind der Ketzerei höchst verdächtig«.

Die umfassende Verurteilung der Bruderschaft steht in einem merkwürdigen Kontrast zum gänzlichen Mangel an konkreten Vorwürfen. Die Organisationsform des Ordens allein schien dem Vatikan für seine Verdammung der Freimaurerei zu genügen: Ein Bund von Männern, die sich im Geheimen trafen, einander Verschwiegenheit gelobten, gesellschaftliche ebenso wie konfessionelle Unterschiede für unwichtig erklärten, konnte keinen anderen Zweck verfolgen als das Wühlwerk von Umsturz und Häresie.

Bemerkenswerterweise blieb diese Bulle jedoch nahezu wirkungslos. Als eine Erklärung hierfür wird häufig eine Bemerkung von Kardinal Fleury angeführt: »Die Bulle … wird möglicherweise nicht ausreichen, um diese Bruderschaft aufzulösen, wenn keine andere Strafe als die Exkommunikation zu befürchten ist. Der römische Hof verhängt diese Strafe so oft, dass sie heute niemanden mehr von irgendetwas abhält.«[90]

Schwerer wog aber wohl, dass zu diesem Zeitpunkt nicht nur

unzählige Adlige, sondern auch zahlreiche katholische Geistliche der Bruderschaft angehörten. In England ebenso wie in den romanischen Ländern erfreuten sich die Logen großer Beiebtheit. In Frankreich waren sogar »Adoptionslogen« gegründet worden, in denen bürgerliche und adlige Damen zu wohltätigen Zwecken glanzvolle Treffen veranstalteten (siehe *Sechzehnte Maurerreise*). Es waren überwiegend gesellige Zusammenkünfte, philanthropisch und harmlos unterhaltend, und wohl kaum einer der vielen Priester, die diesen Zirkeln angehörten, teilte die Ansicht des Papstes, dass es Geheimtreffen teuflischer Sektierer seien.

Doch die Wirkungslosigkeit der päpstlichen Bulle *In eminenti* bewies keineswegs, dass die Freimaurerei vom Vatikan nichts zu befürchten hatte. In gewisser Weise waren die Autoren, zu denen der Inquisitor der Toskana zählte, ihrer Zeit nur ein wenig voraus.

Inquisitorische Pirsch nach dem »Geheimnis«

In den Ländern, die von katholischen Königen regiert wurden, fand sich die Obrigkeit mit dem Fehlschlag ohnehin nicht tatenlos ab. Zwei Jahre nach der Bulle hatte der Vatikan ein Edikt erlassen, das die Freimaurerei mit weitaus härteren Strafen bedrohte und überdies bereits den flüchtigsten Kontakt mit der Bruderschaft zum Verbrechen erklärte. So sollten nun auch Wirte, die ihr Lokal als Loge zweckentfremden ließen, zur Rechenschaft gezogen werden. Und wer irgendetwas über die Freimaurer in Erfahrung brachte und seine Kenntnisse nicht unverzüglich der Obrigkeit mitteilte, musste gleichfalls mit drastischen Strafen rechnen. Der Katalog der angedrohten Strafen reichte von der Zerstörung der Räume, die als Logen gedient hatten, über Geld- und Galeerenstrafe bis hin zur Konfiszierung des Vermögens von überführten Freimaurern, die ihrerseits dem Henker übergeben werden sollten. Diese Strafen sollten bereits auf »jede menschliche Wahrscheinlichkeit, jeden Verdacht und jede Vermutung« hin vollstreckt werden.

Mehr noch als bei der Bulle *In eminenti* fällt bei diesem Edikt der Kontrast zwischen den maßlosen Drohungen und dem völligen Fehlen konkreter Beschuldigungen auf. Genannt wurde allerdings wiederum die Pflicht zur Verschwiegenheit, die nach vatikanischer Überzeugung zum Schutz eines schrecklichen Geheimnisses diente.

Folter in Florenz

Auf das Edikt hin wurde in Florenz eine Loge geschlossen, einige Brüder wurden verhaftet und von der Inquisition befragt. Unter der Folter sollten sie gestehen, was es mit dem maurerischen »Geheimnis« auf sich hatte. Die Antworten waren immer dieselben: Die Verschwiegenheitspflicht diene nur dazu, das überkommene Brauchtum vor Augen und Ohren der profanen Öffentlichkeit zu schützen. Als Freimaurer seien sie zu Toleranz und Mildtätigkeit verpflichtet, politischer oder religiöser Fanatismus sei ihnen verboten. Doch die Inquisitoren glaubten ihnen kein Wort.

Mangels Beweisen mussten sie die Florentiner Brüder schließlich wieder auf freien Fuß setzen, da der Großherzog der Toskana, der Habsburger Franz I. Stephan (1708–1765), für sie eingetreten war. Der spätere Kaiser des Heiligen Römischen Reichs Deutscher Nation war selbst Johannismaurer im Meistergrad.[91]

Meineid in Madrid

Im allerkatholischsten Spanien, dem Land, in dem länger als irgendwo sonst die Scheiterhaufen rauchten, ging man weit drastischer gegen die Freimaurerei vor. Ein Inquisitor namens Fra José Torrubia ließ sich um 1750 eigens vom Heiligen Stuhl die Erlaubnis erteilen, einen Scheineid auf die Bibel zu leisten – den Schwur, den die Freimaurer bei Aufnahme eines Neubruders verlangten. Man mag es erstaunlich finden oder auch nicht: Fra José wurde die gewünschte Genehmigung anstandslos erteilt.

Der Vorstoß des Inquisitors kam dem Vatikan wohl umso gelegener, als Papst Benedikt XIV. bereits an einer neuen Bulle zur Verdammung des Freimaurertums arbeitete. Diese Bulle *Providas Romanorum Pontificum* wurde im Mai 1751 erlassen und wiederholte im Wesentlichen die Vorwürfe und Drohungen, die der Heilige Stuhl bereits im Namen von Klemens XII. gegen die Freimaurerei vorgebracht hatte.

Mit päpstlichem Segen nahm unterdessen Fra Torrubia Verbindung mit der Madrider Loge auf. Er gab sich als Weltpriester aus, ließ sich Anfang 1751 in die Bruderschaft einführen und studierte aufmerksam ihre Rituale und sonstigen Gebräuche. Außerdem brachte er in Erfahrung, wo im Land weitere Logen bestanden und wer ihnen angehörte. Sodann fertigte er ein Dossier mit seinen sämtlichen Erkenntnissen an, das er dem obersten Gericht der spanischen Inquisition übergab.

Welcher geheimen Machenschaften hatte der doppelzüngige Fra José Torrubia die Bruderschaft bezichtigt? In seinem Dossier behauptete er, es seien »Sodomiten und Zauberer, Ketzer und Atheisten, Aufrührer und dem Staat höchst gefährlich«. Gemessen an seiner Forderung, dass die Brüder samt und sonders »zur Verherrlichung des Glaubens in einem erbaulichen Autodafé verbrannt werden«[92] sollten, fielen die tatsächlich verhängten Strafen sogar noch glimpflich aus.

Im ganzen Land wurden Freimaurer verhaftet, angeklagt und überwiegend zu Geld- oder Galeerenstrafen verurteilt. Noch im Juli des gleichen Jahres erließ König Ferdinand I. ein Edikt, das in ganz Spanien die Freimaurerei verbot.

Die USA – »von den Freimaurern gegründet«?

In den *Freimaurergesprächen* von Gottfried Ephraim Lessing fällt einmal die Bemerkung, »dass der Kongress eine Loge ist« und in Amerika »endlich die Freimaurer ihr Reich mit gewaffneter Hand gründen«.[93] Auch außerhalb der schönen Literatur wird die Abspaltung Nordamerikas vom englischen Mutterland seit mehr als zweihundert Jahren immer wieder als Werk »der« Freimaurerei hingestellt, wobei Verschwörungsphantasten eine Fülle bizarrer »Beweise« zusammengetragen haben. So sollen beispielsweise die 33 Stufen der Pyramide auf der Dollarnote nicht etwa für 33 US-Staaten stehen, sondern für ebenso viele Grade der Hochgradfreimaurerei. Und aus der Tatsache, dass die »Green Dragon«-Taverne in Boston, das inoffizielle Hauptquartier des Befreiungskampfes, zugleich Tagungsort der freimaurerischen St. Andrew's Lodge war, wird ebenso kühn gefolgert, dass der gesamte Kampf von Freimaurern geplant und durchgeführt worden sei.

Auch dieses Verschwörungsphantasma beruht, wie so viele andere, wohl hauptsächlich auf der Verwechslung von Idee und Institution. Dass die *Idee* der Gleichheit aller Menschen, von dem englischen »Aufklärer« John Locke (1632–1704) inspiriert, gerade in der Freimaurerei starken Widerhall fand, ist das eine. Etwas ganz anderes aber ist es, Pläne zur Befreiung einer Kolonie auszuhecken und politisch-militärisch umzusetzen, um dort die Lockeschen Ideale in der Praxis zu erproben. Solche Pläne mögen auch in Maurerlogen in Boston oder Philadelphia tatsächlich geschmiedet worden sein. Aber für die angebliche Steuerung des Befreiungskampfes durch »die Freimaurerei« als

Institution hat sich niemals auch nur der Schatten eines Indizes gefunden.

Tatsache ist allerdings, dass eine große Zahl von Freimaurern in maßgeblichen Positionen an der Formung des neuen Staates beteiligt war. So wurde die Unabhängigkeitserklärung von dem Freimaurer Thomas Jefferson entworfen und die endgültige Fassung unter wesentlicher Mitwirkung weiterer Freimaurer erarbeitet. Von den sechsundfünfzig Personen, die das Dokument unterzeichneten, waren fünfzig Freimaurer. Die geistige Grundlage und Kontur des neuen Staates war ohne Zweifel hauptsächlich ihr Werk. Und als der erste Präsident der USA, George Washington, von Staatskanzler Robert R. Livingston vereidigt wurde, standen sich wiederum zwei Freimaurer gegenüber.

Ein denkwürdiges Ereignis der amerikanischen ebenso wie der Ordensgeschichte ist auch die Grundsteinlegung zum Kapitol in Washington. Zu dieser Zeremonie »erschien der Präsident in maurerischer Bekleidung und nahm den feierlichen Akt nach maurerischem Ritus vor«.[94] Von James Monroe über beide Roosevelts bis hin zu Lyndon B. Johnson und Gerald Ford waren auch nach George Washington zahlreiche US-Präsidenten Freimaurer, und bis heute zählen die amerikanischen Logen zu den mitgliederstärksten und einflussreichsten weltweit.

Aber kein Zusammenschluss von Gleichheitsbefürwortern und auch keine noch so klug begründete Gleichheitsideologie könnten jemals einen Aufstand oder eine Revolution auslösen. Hierzu bedarf es realer Ungleichheit, krass ungerechter Verteilung von Vermögen, Macht und Rechten in einem Land oder Volk. Und entsprang nicht eher diese über Jahrhunderte mit allen Mitteln aufrechterhaltene Realität der sozialen Ungleichheit einem veritablen Komplott – der Verschwörung von Königen und Kirche, von Adel und Klerus gegen das »niedere Volk«?

Noch im 18. Jahrhundert entstand auch die Wahnidee einer »jüdisch-freimaurerischen Verschwörung«. Später sollte daraus etwa die Anschuldigung durch Ludendorff und die Nationalsozialisten werden, dass beide Gruppen eine »Weltdiktatur« anstrebten (siehe *Vierzehnte Maurerreise*).

Der Antisemitismus bibelfesterer Epochen kreiste dagegen meist um den Vorwurf, dass »die Juden unseren Heiland ermordet« hätten. Erstaunlich ist daher nicht, dass bereits im Jahr 1778 ein Dominikaner namens Greinemann zu Aachen wider die »jüdischen Jesusmörder« eiferte. Doch der Priester ging einen kühnen Schritt weiter und verkündete, dass die »Juden, die den Heiland kreuzigten … Freimaurer, Pilatus und Herodes die Vorsteher einer Loge« gewesen seien. Auch Judas sei, ehe er Jesus verriet, noch rasch der Bruderschaft beigetreten.[95]

Die »Sophisten des Unglaubens«

Die Wirren der Französischen Revolution waren kaum erst überwunden, da legte ein gewisser Augustin Barruel (1741 bis 1820), Abbé und Domherr zu Paris, bereits ein umfangreiches Werk vor, um die Schuldigen am Sturz des gottgewollten Königtums zu benennen und in allen Einzelheiten zu überführen: In seinen *Memoires pour servir à l'histoire du Jacobinisme* (»Erinnerungen als Beitrag zur Geschichte des Jakobinertums«) setzt er die revolutionären Jakobiner schlichtweg mit der Freimaurerei gleich, als deren »Tochter« er die Revolution bezeichnet.

Das ganze Unglück des Umsturzes geht für Barruel auf die »dreifache Sekte der Sophisten« zurück, die seit Jahrzehnten für den »Ruin der Kirche, den Ruin des Thrones und endlich den Ruin der ganzen bürgerlichen Gesellschaft« im Geheimen gewühlt hätten. Gemeint sind die Philosophen, die er »Sophisten des Unglaubens« nennt, die bürgerlichen Revolutionäre, die für Barruel »Sophisten des Aufruhrs« sind, und schließlich die »Sophisten der Anarchie«, also die Jakobiner. Und jegliche Spielart dieser sophistischen Sektiererei geht für den wackeren Abbé letztlich auf die Freimaurerei zurück.

Ein Teil dieser wahnhaften Suada, die Barruel im Londoner Exil niederschrieb, erschien im Jahr 1800 in Augsburg. Seine Anschuldigungen fanden starken Widerhall in all jenen gesellschaftlichen Kreisen, die durch die Revolution ihre vermeintlich gottgewollten Vorrechte verloren hatten – also vor allem beim französischen Adel und Klerus. In Nachbarländern wie Deutschland und Italien, wo König und Kirche ein ähnliches Schicksal fürchteten, stieß die Kampfschrift des Abbé Barruel gleichfalls auf lebhaftes Interesse – nicht zuletzt bei der Obrigkeit, die fortan, auf die Erfindungen Barruels gestützt, noch rigider und willkürlicher gegen die Bruderschaft vorging.

Doch dies war erst der Anfang einer freimauerfeindlichen Bewegung, bei der sich vor allem katholische Geistliche hervortaten. Bereits 1791 war in Paris das Buch *Lettre sur le diable* erschienen, verfasst von einem weiteren Abbé namens Jean-Baptiste Fiard. In diesem »Brief über den Teufel« kennzeichnete er die Revolution als Werk von Satanisten und Hexern, was für ihn gleichbedeutend mit der »Sekte der Freimaurer« war. »Die Sekte gibt heute im Allgemeinen zu«, behauptet der aufrechte Gottesmann,

> *»dass die Revolution von der Freimaurerei vorbereitet wurde. Sie rühmt sich dessen sogar, legt aber größten Wert darauf, die Revolution von der Schreckensherrschaft zu trennen.*
>
> *Das Buch wird allen aufrichtigen Menschen den großen*

Dienst erweisen, ihnen klarzumachen, wie falsch diese These ist und dass die Freimaurerei für die Greuel der Revolution ebenso verantwortlich ist wie für deren Grundsätze.
In Wahrheit richtete sich die Revolution weniger gegen die Monarchie als gegen die Religion. Sie griff die Monarchie nur an, weil diese katholisch war und um sich eine Handhabe für den furchtbareren Krieg gegen das Christentum zu verschaffen. Trotz aller Beteuerungen von liberaler Seite waren die Missstände unter dem Ancien Regime für die Revolution nur ein Vorwand. Sie richtete sich gegen Gott.«[96]

Gegen derlei Verleumdungen erhoben gewiss auch namhafte Katholiken Einspruch, so etwa Graf Joseph Marie de Maistre (1753 bis 1821), ein bedeutender Religionsphilosoph. Maistre stand der Freimaurerei durchaus wohlwollend gegenüber, war eine Zeitlang sogar Mitglied einer Loge gewesen und verbürgte sich in mehreren Stellungnahmen dafür, dass die Freimaurerei für die Revolution nicht verantwortlich zu machen sei. Auch er unterschied hierbei zwischen revolutionären Ideen, die zweifellos in etlichen Logen von Maurern diskutiert worden seien, und der Bruderschaft als Institution, die vollkommen unpolitisch geblieben sei.

Gegen die Behauptung, dass Freimaurer die Revolution angezettelt hätten oder gar mit den Jakobinern gleichzusetzen wären, spricht im Übrigen auch das Schicksal, das der Bruderschaft während der Schreckensherrschaft zuteil wurde: Die Logen wurden geplündert, die Mehrzahl der Brüder wurde eingekerkert oder floh ins Exil. Die »Sansculottes«, der revolutionäre Pöbel der »Ohnehosen«, »können die Freimaurer nicht dulden, denn die Mitglieder dieser Vereinigung tragen Hosen«, wie Roger Priouret, der französische Gesandte an der Kurie, 1790 sarkastisch vermerkte.[97] Ebenso wie die Kirchen blieben auch die »Tempel« der Freimaurer geschlossen, bis im Juli 1794 die Schreckensherrschaft endete.

Graf Cagliostro – Templerrächer und jakobinischer Revolutionär?

Als außenstehender Beobachter mag man sich fragen, warum Chronisten der masonischen Bewegung eine Erscheinung wie den Reichsfreiherrn von Hund und seinen Orden der »Strikten Observanz« deutlich milder beurteilen als den selbsternannten Grafen Cagliostro. Beide waren Hochstapler, beide haben die freimaurerische Abstammungslinien erfunden und sich selbst wahrheitswidrig als mächtige Persönlichkeiten innerhalb der Bruderschaft dargestellt. Doch von Hunds Erfindung des »Ritters von der roten Feder«, der ihn angeblich zum Statthalter der Templer in Deutschland ernannt hatte (siehe *Zweite Maurerreise*), wird von masonischen Kommentatoren im Allgemeinen nicht annähernd so scharf verurteilt wie das Wirken des Sizilianers Josef Balsamo. Dabei war dieser angebliche Graf Cagliostro keineswegs nur ein Blender und Scharlatan, sondern ebenso ein charismatischer Heiler, der Armenhospitale gestiftet und Scharen von mittellosen Kranken ohne Entgelt behandelt hat (siehe *Elfte Maurerreise*). Durch sein mildtätiges Wirken war er unzweifelhaft in maurerischem Geist tätig, während Reichsfreiherr von Hund durch ominöse »Finanzpläne« vor allem seinen eigenen Orden finanziell zu stärken suchte.

Eine Erklärung für diese höchst ungleiche Beurteilung zweier begnadeter Blender dürfte darin liegen, dass Graf Cagliostro von jenem Abbé Barruel als vermeintlicher Kronzeuge für seine Verschwörungstheorie missbraucht wurde. Durch Cagliostro nämlich schließt sich laut Barruel die Kette vom mittelalterlichen Templerorden bis hin zu den Jakobinern der Französischen Revolution. Wie der Abbé behauptet, habe »ein Überlebender der Templer in Schottland eine freimaurerische Untergrundbewegung ins Leben gerufen, die der Kirche ewige Rache geschworen hat«, und »Graf Cagliostro … hatte diese Mission übernommen. Seine Tempelritterlogen schlossen sich mit den antiklerikalen Salons der französischen Philosophen und den republikanischen Zellen der deutschen Illuminaten zusammen. Aus dieser giftigen Mischung entstand der Plan zu einer weltweiten Schreckensherrschaft, deren erster Erfolg die Französische Revolution war.«[98]

Die abstrusen Anschuldigungen des Abbé Barruel wären gewiss kaum der Rede wert, wenn sie nicht den Kernbestand antifreimaurerischer Verschwörungsphantasmen bildeten, die bis heute von Demagogen und Leichtgläubigen stereotyp wiederholt werden. Ebenso unermüdlich beteuern freimaurerische Fürsprecher, dass weder der falsche Graf Cagliostro und sein »ägyptischer Ritus« noch der Geheimbund der Illuminaten (siehe *Zwölfte Maurerreise*) der Freimaurerei jemals angehört hätten.

Doch für die staatlichen und insbesondere für die kirchlichen Widersacher der Bruderschaft waren dies alles nur durchsichtige Schutzbehauptungen, um das wahre Antlitz des Ordens, sein »teuflisches« Geheimnis, zu verbergen.

»Zerstörerin der Gesellschaft Jesu«?

In seinem Roman *Der Zauberberg* hat Thomas Mann Freimaurer und Jesuiten zu idealtypischen Antagonisten stilisiert: Leidenschaftlich tritt der Freimaurer Settembrini für Vernunft, Fortschritt und Humanität ein. Sein Kontrahent Naphta dagegen verficht mit kühler Eleganz die Sache der »Gesellschaft Jesu«: die gottgewollte Ordnung und vor allem die geistige und kulturelle Vorherrschaft der katholischen Kirche zu erhalten und zu stärken, notfalls auch mit Lügen und Gewalt.

Im 16. Jahrhundert als katholischer Orden von Ignatius von Loyola (1491–1556) gegründet, verstanden sich die Jesuiten anfangs vor allem als Kampfbund gegen die verderblichen Kräfte des Luthertums. Sie organisierten die Gegenreformation und waren darüber hinaus auch bei der weltweiten »Heidenmission« aktiv, unter anderem in Südamerika. Dort jedoch gerieten sie mit den spanischen und portugiesischen Kolonialinteressen in Konflikt, etwa in Paraguay, wo sie einen eigenen »Jesuitenstaat« errichteten. Nicht zuletzt auf Druck der Könige von Portugal und Spanien löste Papst Klemens XIV. die »Gesellschaft Jesu« im August 1773 auf. Und nur wenig später kam das Gerücht auf, dass der Untergang der Jesuiten ein Werk ihres erbittertsten Gegners sei – der Freimaurerei.

Es war eines der bizarrsten Verschwörungsphantasmen, die bis dahin auf die masonische Bruderschaft projiziert worden waren. Da man dem Papst selbst schwerlich unterstellen konnte, ein Werkzeug in den Händen der »teuflischen« Freimaurer zu sein, wurden an den Königshöfen in Spanien und Portugal Beweise für maurerischen Einfluss gesucht.

Als vermeintlicher Drahtzieher bot sich immerhin ein einflussreicher portugiesischer Minister an, Sebastião José de Carvalho e Mello (1699–1782), der berühmte Marquis von Pombal. Dieser bedeutende Staatsmann war in der Tat Freimaurer und ein Verfechter des aufgeklärten Absolutismus, also einer von klerikalen Einflüssen befreiten Monarchie. Dem Vatikan war der Marquis deshalb seit längerem ein Ärgernis. Nach dem Erdbeben von Lissabon im Jahr 1755 hatten die Jesuiten sogar verkündet, die nahezu vollständige Zerstörung der portugiesischen Hauptstatt sei Gottes Strafe für die frevlerischen Reformen des Marquis. Und dieser portugiesische Minister sollte nun also im

Namen der Freimaurerei »gnadenlosen Druck« auf den Papst ausgeübt haben, bis der Heilige Vater endlich nachgegeben und die Auflösung der Gesellschaft Jesu befohlen habe.

So absurd bereits diese Hypothese klingt, der Widersinn ließ sich noch weiter steigern. Gegner der Jesuiten vertraten nämlich schon um 1780 die Ansicht, dass dieser katholische Orden und die Freimaurerei in Wahrheit ein und dasselbe seien. Die Jesuiten hätten die protestantische Johannismaurerei planmäßig unter ihren Einfluss gebracht und deren dreigradiges System um die »katholische« Hochgradfreimaurerei aufgestockt, um fortan unter dem Deckmantel von Aufklärung und Philanthropie ihren gegenreformatorischen Kampf weiterzuführen.

Haben die Freimaurer also den Jesuitenbund »zerstört« – oder sind sie ihrerseits von der Gesellschaft Jesu gegründet oder zumindest zweckentfremdet worden? Seit bald 230 Jahren diskutieren Verschwörungsphantasten das Für und Wider beider Anschauungen, und auch hier entspringt die Konfusion wohl einer Verwechslung von Ideen und Institutionen.

Gewiss gab es Berührungen zwischen jesuitischen Idealen und etwa den rosenkreuzerischen wie später auch den gold- und rosenkreuzerischen Strömungen in der Freimaurerei. Ebenso steht außer Zweifel, dass nach der Auflösung der Gesellschaft Jesu etliche Jesuiten zu den Freimaurern übergewechselt sind.[99]

Mit solchen punktuellen Gemeinsamkeiten lassen sich jedoch keine Abstammungstheorien begründen. Es war wohl auch hier die tiefere, gleichsam archaische Verwandtschaft beider Orden, die Beobachter zu falschen Schlüssen verleitet hat – ebenjene männerbündische Organisationsform, die auf Gehorsam, mystischen Ritualen und Verschwiegenheit basiert. Und die womöglich auch manch einen heimatlos gewordenen Jesuiten dazu bewogen hat, lieber dem Orden der Widersacher beizutreten, als sich allein und »ungedeckt« in der Welt der »Profanen« wiederzufinden.

Das stockende Blut eines Märtyrers

Ein vorerst letztes, besonders bizarres Beispiel für antifreimaurerische Verschwörungsphantasmen mag dieses Kapitel beschließen. Die Geschichte hat sich in Neapel zugetragen, drei Jahre nach Auflösung der Gesellschaft Jesu. Sie illustriert eindrucksvoll die Rolle des universellen Sündenbocks, in die sich der Orden damals bereits gedrängt fand.

Im traditionell rückständigen und wundergläubigen Neapel herrschte zu jener Zeit König Ferdinand IV. (1751–1825), »ein schwacher, unwissender und plumper Mann«[100]. Einflussreichster Minister am neapolitanischen Hof war ein launischer, autoritärer Marchese namens Bernardo Tanucci, der mit dem Vatikan und den Jesuiten ebenso über Kreuz lag wie mit der Freimaurerei.

In der ersten Maiwoche wurde in Neapel seit langem das Fest des heiligen Januarius begangen, ein feierlicher Umzug, mit dem man der Überführung der sterblichen Überreste des christlichen Märtyrers in die Katakomben der Stadt gedachte. In zwei Ampullen wurde seit Jahrhunderten das Blut des Heiligen aufbewahrt, der im Jahr 304 während der römischen Christenverfolgung geköpft worden war. Das ortsübliche Wunder bestand nun darin, dass sich das Blut zum besagten Jahrestag (oder wahlweise auch am 19. September, dem Tag, an dem man Januarius enthauptet hatte) unter dem Jubel der Menge verflüssigte.

Im Mai 1776 aber blieb das Mirakel aus. Und während sich das Volk noch in furchtsamen Spekulationen über die himmlischen Ursachen erging, eilte Minister Tanucci zu seinem König und bewog ihn, vor der erregten Menge Folgendes zu verkünden: »Die Schuld liegt bei der Freimaurerei. Mit seinem gestockten Blut will uns der heilige Januarius kundtun, wie sehr ihm das Wühlwerk der Bruderschaft missfällt.«

Damit war der Sündenbock gefunden. Von Brandrednern weiter aufgehetzt, erging sich die Bevölkerung in Verwünschungen der teuflischen Freimaurerei, und Tanucci sandte seine Häscher aus, die zahlreiche Brüder festnahmen und in den Kerker warfen.

Neunte Maurerreise: Mana, Stierblut und der Phallus eines Gottes

So inständig gerade die »blauen« Freimaurer immer wieder beteuert haben, dass sie einzig für das »Licht« der Vernunft und ethischen Vervollkommnung einträten, so hartnäckig wurden sie mit dem genauen Gegenteil identifiziert: mit »finsteren« Praktiken wie Verschwörung, Satanismus, Zauberei.

Zu einem guten Teil erklärt sich das gewiss mit beharrlicher Verleumdung durch den Vatikan und vielerlei weltliche Obrigkeiten. Und doch wurde derlei üble Nachrede wohl nur deshalb so bereitwillig geglaubt und in vielerlei volkstümlichen Schauergeschichten weiter ausgesponnen, weil sie sich in den mysteriösen Bräuchen und archaisch anmutenden Statuten der Bruderschaft zumindest teilweise zu bewahrheiten schien.

Warum unterwarfen sich Männer, die offiziell für Gedankenfreiheit eintraten, in ihrem Bund einem rigiden Verschwiegenheitsgebot? Wieso praktizierten sie, die sich für Vernunft und Rationalismus aussprachen, mystische Zeremonien? Warum trugen Männer, die sich dem Fortschritt verschrieben hatten, bei ihren Versammlungen mittelalterliche Maurerkleidung? Weshalb schließlich hießen ihre Treffpunkte »Tempel«, und warum ging es in ihrem wichtigsten Ritual um Auferstehung und Wiedergeburt – obwohl sie doch beteuerten, dass die Freimaurerei keine Religion sei?

Eine gerade beim einfachen Volk im 18. und noch im 19. Jahrhundert weitverbreitete Antwort auf all diese Fragen lautete schlicht: weil die Freimaurer Teufelsbündner sind. Alles, was sie nach außen hin beteuern, dient nur der Tarnung ihrer eigentlichen satanischen Praktiken und Pläne.

So wurde etwa in einer pommerschen Sage erzählt: Die Freimaurer haben sich dem Teufel verschworen. Ihr Tempel ist ein schwarz ausgeschlagener Raum mit einem Sarg darin, und in dem Sarg liegt eine schwarze Katze. Dem Anschein nach ist die Katze tot, aber durch Anrufungen und Beschwörungen können die Freimaurer sie zum Leben erwecken. Die Seelen aller Freimaurer gehören dem Teufel, nachdem er ihnen eine bestimmte Zeitlang gedient hat. Aber mittlerweile gibt es so viele dieser Brüder, dass der Teufel sie jedes Jahr nur noch einmal losen lässt. Wen das Los trifft, den reißt er mit sich in die Hölle.[101]

Das faustische Grundmuster dieser Sagen ist noch klar erkennbar. Auch der Ertrag, den die Freimaurer durch den Teufelsbund gewinnen, erinnert an die mittelalterlichen Legenden von Theophil und anderen Frevlern, die ihre Seele dem Satan vermachten. So schreiben auch die jüngeren Sagen den Freimaurern Zauberkräfte zu: Durch Wände können sie gehen, als Doppelgänger umherwandeln, durch Bildzauber ihre Widersacher töten oder krank machen, und nicht zuletzt häuft der Teufel vor ihnen unermessliche Reichtümer auf. Aber der Preis ist eben, dass sie in sittlicher Verworfenheit leben und jedem erdenklichen Laster verfallen sind. Denn ihre Seele gehört dem Satan, seit sie dem Erlöser Jesus Christus abgeschworen haben.

Lässt man die christliche Ausschmückung einmal beiseite, so hat man es hier im Grunde mit weitaus älteren, vor- und außerchristlichen Vorstellungen zu tun. Männerbünde, denen Zauberkräfte nachgesagt wurden und in deren Mittelpunkt mystisch-magische Rituale standen, hat es schon in ältesten Zeiten gegeben – im Ägypten der Pharaonen und lange davor oder auch im früh- und vorchristlichen Rom. In den »primitiven« Kulturen mancher Völker aus Afrika oder dem Amazonasgebiet haben Ethnologen noch im 20. Jahrhundert Überreste archaischer Männerbünde erforscht, die in sehr ähnlicher Ausprägung wohl schon vor zehntausend Jahren bestanden.

Anders gesagt – neuzeitliche Orden wie die Jesuiten oder Freimaurer sind späte Erben, meist unbewusste Epigonen einer uralten Tradition. Um die gemeinsamen Strukturen dieser Bünde zu begreifen, sollte man weniger nach vermeintlichen Abstammungslinien als nach archetypischen Übereinstimmungen fragen – und nach den spezifischen Auswirkungen solcher Geheimbünde auf die Psyche ihrer Mitglieder und die Gesellschaft, in der sie bestehen.

An dieser Stelle können nur einige wenige dieser älteren Kulte exemplarisch herausgegriffen werden: die Suque, ein atavistischer Geheimbund von den Neuen Hebriden, die ägyptischen Isismysterien und schließlich der Mithraskult, als dessen bloße Nachahmung im antiken Rom die junge Christenreligion galt.

Das Mana der Toten

In Melanesien bestand noch im frühen 20. Jahrhundert der Geheimbund Suque, der in mancherlei Hinsicht an die Freimaurerei erinnert – obwohl in diesem Fall gewiss keine »Abstammung« anzunehmen ist.

Um der Suque beitreten zu können, musste man lediglich männlichen Geschlechts sein und die nötigen Mittel für die Eintrittsgebühr aufbringen können. Auf den unteren Stufen konnte also von einem Geheimbund kaum die Rede sein, denn nahezu jeder Mann einer Insel oder eines Stammes gehörte dem lokalen Suque-Bund an. Die Bruderschaft war aber in zahlreiche Grade strukturiert, nicht unähnlich der »schottischen« Hochgradfreimaurerei. Um einen höheren Grad zu erringen, musste man über ein reiches Erbe oder zumindest über große geschäftliche

Begabung verfügen, denn mit jedem Grad stiegen auch die materiellen Anforderungen.

Dieser Einsatz lohnte sich aber in jeglicher Hinsicht: Die Suque-Mitglieder der hohen Grade besaßen mehr politische Macht und mehr gesellschaftliches Ansehen als jeder andere Mann – auch und gerade als die demokratisch gewählten Häuptlinge. Doch auch über den Tod hinaus war es wichtig, einen möglichst hohen Rang in der Suque-Hierarchie erreicht zu haben. Denn je höher der im Leben errungene Grad, desto mächtiger war die Seele des Betreffenden. Eine mächtige Seele konnte noch lange Zeit nach dem körperlichen Ableben in dieser Welt verbleiben, und sie konnte fortan auch bei Nacht zu den Menschen zurückkehren: Sie verwandelte sich in einen machtvollen Geist.

Das Gradsystem der Suque basiert auf der Vorstellung, dass jedem Wesen und jedem Ding, auch den scheinbar leblosen Sachen, eine gewisse Menge Mana innewohnt. Je mehr Mana ein Mann auf sich vereinigte, desto mächtiger war er. Ein Krieger, der viel Mana besaß, gewann jeden Kampf. Ein Geschäftsmann, dem kein Handel missglückte, musste gleichfalls viel Mana besitzen. Und das Stufensystem der Suque war die beste und sicherste Art für einen Mann, seinen Mana-Besitz zu vergrößern.

Mana war mehr als Kraft, Schläue oder Weisheit oder all das zusammen. Wer eine gewisse Suque-Stufe erreicht hatte, befand sich in Gemeinschaft mit den lebenden Männern des gleichen Grades, aber auch mit den Toten dieser Mana-Stufe. Je höher sein Rang war, desto mächtiger waren die Krieger und Häuptlinge ebenso wie die Suque-Geister, mit denen er besonders eng verbunden war. Männer der hohen und höchsten Stufen verfügten also über eine gottähnliche Macht und ein ebenso strahlendes Ansehen.

Ein »Geheimnis« im eigentlichen Sinn besaß dieser »Geheimbund« folglich nicht, und doch übten seine höchsten Mitglieder eine Macht aus, als ob sie im Besitz einer exklusiven Zauberkraft wären. Tatsächlich galten die höchsten Suque-Mitglieder auch als die besten Zauberer, aber das lag eher daran, dass sie reich genug waren, um sich die wirksamsten Amulette und Zauberformeln zu kaufen. In der Summe vereinigten sie jedenfalls die höchste Macht, den größten Reichtum und das höchste Ansehen auf sich. Ohne ihre Zustimmung, gar gegen ihren Willen, konnte in ihrer Gesellschaft nichts geschehen.[102]

Vergleicht man nun einige Eigenschaften dieses melanesischen Geheimbundes mit der Freimaurerei, so erkennt man wesentliche Gemeinsamkeiten. Beides sind Männerbünde, die ihre Mitglieder nach Graden hierarchisieren. Auffällig ist auch die Ähnlichkeit zwischen dem Toten- und Geisterkult der Suque und der Hiramslegende der Maurerei: Die Seele des Suque-Manns hoher Grade kann nach dessen Ableben längere Zeit auf der Erde verbleiben, so, wie Meister Hiram aus dem Stand der Verwesung aufersteht. Der maurerischen »Bruderkette« entspricht die Gemeinschaft der Lebenden und Toten, die durch Mana-Besitz und Suque-Zugehörigkeit gebildet wird.

Aber damit nicht genug: Ebenso wie die Suque sind auch die Freimaurer gleichsam ein Geheimbund ohne Geheimnis – jedenfalls ohne ein Mysterium, das sich wie ein esoterischer Weisheitsschatz oder eine okkulte Zauberformel weitergeben ließe (auch wenn etwa die rosenkreuzerischen Freimaurer sich in dieser Richtung emsig versucht haben). Das Geheime beider Geheimbünde besteht letztlich in ihrer männerbündischen Verschworenheit, in der von allen Mitgliedern unbedingt geglaubten und gelebten gemeinsamen Überzeugung. Es ist hier wie dort die Gewissheit, dass *durch* ihre spezifische Ordnung, durch Verschworenheit und bestimmte Rituale eine mysteriöse, umfassend wirksame Energie generiert werden kann – sei es nun das »Mana« der Melanesier oder das »Licht« der Freimaurerei.

In den meisten »primitiven« oder »archaischen« Geheimbünden, die ähnlich strukturiert sind, unterliegen die Mitglieder auch einem rigiden Schweigegebot. »Das große Geheimnis ist ein Kennzeichen dieser Gruppen«, vermerkt auch der Volkskundler und Freimaurer-Forscher Peuckert, »fast alle primitiven Männerbünde zeigen esoterischen Charakter, und das Geheimnis gehört zu ihren wesentlichen Eigenheiten. Gemeinhin ... wird der Neueintretende verpflichtet, wie über die Kultlegende auch über alle kultischen Einzelheiten und alle besonderen Eigenheiten seines Bundes strengstes Schweigen zu bewahren.«[103]

Aber wie bei den Freimaurern geht es auch bei den Suque oder etwa beim afrikanischen Geheimbund der Purrah letzten Endes nicht darum, ein inhaltlich fassbares Geheimnis zu bewahren. Das Verschwiegenheitsgebot, das meist mit drastischen Strafen bewehrte Verbot, irgendetwas über die innerkultischen Vorgänge auszuplaudern, dient also nicht zum Schutz eines irgendwie greifbaren Geheimnisses, sondern lässt dieses Mysterium überhaupt erst entstehen. »Was sich im Kult begibt ..., ist das Ahnen der Nähe eines höheren Wesens, das im Kult erscheint«, vermerkt Peuckert, »das Wissen, im Dienste und in der Verehrung eines solchen Wesens ›anzubeten‹ ... dieses Erahnen einer nicht zu definierenden Gegenwärtigkeit muss mehr als irgendwelchen anderen den geheimen Kulten eignen ..., weil diese Kulte das Geheimnis zu bewahren fordern, deswegen und nur deswegen oder vor allem wohl deswegen wurde ihren Mitgliedern ein numinoses Erlebnis übermacht. Wahrscheinlich sind viele von ihnen sogar nur deshalb entstanden, um ihren Mitgliedern ein solches Erlebnis nahezubringen.«[104]

Auch ohne weitere Erläuterung dürfte einleuchten, dass all diese Bemerkungen sich auf die Suque ebenso wie auf die Freimaurerei beziehen lassen. Nicht nur für den Okkultismus- und Freimaurer-Kenner Hans Biederstein ergibt sich aus derlei Überlegungen, dass »auch das Freimaurertum quasireligiöse Züge nicht verleugnen kann«. Verständlich sei schon deshalb, »dass die Exponenten der etablierten Religionen einen Bund von scheinbar konkurrierender Eigenart mit Argwohn betrachten«.[105]

Man sollte hinzufügen: Vor diesem Hintergrund wirkt auch der Argwohn weltlicher Obrigkeiten nicht vollkommen unbegreiflich. Denn was auch immer in ihren Programmen stehen mag, zu welchen Idealen und Zielen auch immer sie sich bekennen mögen – ihrer Ordnung und ihrem Potenzial nach sind Geheimbünde solchen Zuschnitts »eigentlich nicht demokratisch im Sinne des Grundsatzes, dass die große Mehrheit aller Menschen, auch der im Dunkel stehenden, unbedingt den Ausschlag geben muss«, wie ein »inzwischen verstorbener prominenter Freimaurer« aus unserer Gegenwart einräumt.[106] Das gilt gewiss auch für die Templer im 14. oder die Gesellschaft Jesu im 18. Jahrhundert: Es sind elitär und esoterisch organisierte »Staaten im Staate«, hochgefährliche Waffen in den Händen entschlossener Männer, die klug genug sind, die Potenziale eines solchen Geheimbundes zu erkennen, und skrupellos genug, sie auch auszunutzen.

Es verwundert daher kaum, dass auch die Geschichte der masonischen Bruderschaft reich ist an solchen tollkühnen Freibeutern der Freimaurerei. Baphomet (siehe *Zweite Maurerreise*) ist nicht »die Wahrheit« hinter der Fassade der Templerei – aber er steht für die dunkelste und vitalste Möglichkeit jedes vergleichbar organisierten Männerbundes. Noch ein »aufgeklärter« Orden wie die Freimaurer gleicht einem archaischen

Musikinstrument, das einst kriegerisch-magischen Zwecken diente und nun im Geist der Vernunft und Menschenliebe auf wohltemperierte Klänge und einen »hohen Ton« gestimmt worden ist. Doch wenig genügt, und es verwandelt sich in die atavistische Zaubertrommel zurück, aus der wie ehedem die dunklen Töne des »Großen Männlichen« erschallen.

Auferstehung eines Zerstückelten

Im sogenannten Osirismythos geschieht dem altägyptischen Todesgott Osiris etwas sehr Ähnliches wie dem salomonischen Tempelbaumeister Hiram: Er wird in eine Falle gelockt und getötet, seine sterblichen Überreste werden verborgen. Um sicherzugehen, dass das Opfer durch keinen Zauber wiedererweckt werden kann, zerstückelt der Mörder – Seth, der Bruder des Osiris – den Leichnam und verstreut die Körperteile im Nil. Isis jedoch, die Schwester und Gemahlin des Ermordeten, begibt sich auf die Suche und findet tatsächlich alle Teile des getöteten Leichnams wieder, bis auf eines – den Phallus des Osiris. Doch auch hierfür kann Ersatz geschaffen werden, und so gelingt schließlich die triumphale Wiedererweckung des toten Osiris, der fortan auch als Fruchtbarkeitsgott verehrt wird.

In den Osirismysterien wurde dieses wundersame Geschehnis in geheimen Ritualen immer aufs Neue beschworen. Über die Rituale selbst ist zwar kaum etwas überliefert, einen gewissen Eindruck vermitteln jedoch die sogenannten Isismysterien, eine Schwundform des ursprünglichen Kultdramas, die noch zu Zeiten der römischen Herrschaft praktiziert wurde.

Urmutter und Sohn-Geliebter

Wie bereits der Mythos selbst erahnen lässt, ging es in diesen Mysterien um die elementaren Geheimnisse des Entstehens und Vergehens alles Lebendigen. Insbesondere das Mysterium der männlichen Schöpfer- oder Zeugungskraft spielte eine wesentliche Rolle, wie in so vielen Kultritualen der alten Zeit. Das Geheimnis des Untergangs und der Wiederauferstehung spiegelte sich für die alten Ägypter im Lauf der Sonne, die bei Nacht die Unterwelt durchmaß, um am nächsten Morgen aus dem Totenreich wieder aufzutauchen, und ebenso in der zyklischen Wiederkehr der Nilschwemme, die die Saat auf den Feldern gedeihen und nach Ernte und Dürre aufs Neue ergrünen ließ.

In noch älteren babylonischen Versionen dieses weitverbreiteten Mythos, von denen sich wohl auch die ägyptische Variante ableitet, sind die beiden Liebenden nicht Geschwister, sondern Mutter und Sohn. In dieser archaischen Weltsicht kommt der weiblichen Seite, der »Großen Göttin« oder »Mutter Erde«, im Zyklus von Werden und Vergehen die weitaus wichtigere Rolle zu. Der Beitrag des »Sohnes«, der Zeugungsakt, hält den Kreislauf in Gang, doch er ist sekundär gegenüber der Schöpfungskraft der Göttin. Sie ist gleichsam der Schoß, aus dem der »Sohn« geboren wird, und das Grab, in das er zurücksinkt, um zu verwesen und wiedergeboren zu werden.[107]

In der Zauberkraft von Isis, die den zerstückelten Leichnam von Osiris wieder zusammensetzt und zum Leben erweckt, kommt diese matriarchale Vormacht der alten Göttin noch immer zum Ausdruck. Sie ist es letztlich auch, die ihrem Geliebten, dem Mann, Zeugungskraft verleiht – was der Mythos im Bild des verlorenen Phallus darstellt, für den Isis Ersatz schaffen kann.

Dieses kultische Drama um Geburt, Tod und Wiederauferstehung, um das »Große Männliche« und seine Stellung gegenüber dem »Großen Weiblichen« ist uns zwar, wie gesagt, nur noch in der abgesunkenen Form der sogenannten Isismysterien überliefert. Osiris spielt hier bloß noch eine untergeordnete Rolle, während Isis als mütterliche »Große Göttin« verehrt wird – in gewisser Weise kommt diese späte Variante aber der ältesten Urform dieses Mythos sogar näher als die Osirismysterien der Pharaonenzeit.

So oder so gilt auch für den Isis-Osirismythos und die darauf fußenden Mysterien, was der Religionssoziologe Zacharias zum Baphometkult der Tempelherren angemerkt hat: Beide verweisen »in eine archaische, tiefe Schicht« menschlicher Erfahrung, die von den Archetypen des »Großen Männlichen« und des »Großen Weiblichen« geprägt ist. Die auf dem tiefsten Grund dieser Schicht wirkende Urkraft wird meist weder als männlich noch als weiblich, sondern als »androgyn (männlich-weiblich)« erfahren, denn »das Männliche und das Weibliche sind in einer letzten, ursprünglichen Schicht eines«.[108]

Um nichts Geringeres als solche Urerfahrungen ging es wohl auch in den Osiris- und Isismysterien. Letztere sind uns in den Schilderungen des römischen Schriftstellers Apulejus überliefert, der seine eigenen Erfahrungen in dem Buch *Der goldene Esel* festgehalten hat.

Die Isismysterien

Als Mysterien im strengen Sinn gelten der Wissenschaft erst die in der Antike aufgekommenen Kultformen. Diese umfassen erstens Rituale der Einweihung, zweitens dramatische Inszenierung des kultischen Geschehens, das auf übernatürliche Mächte verweist, drittens Einteilung der Mitglieder in Grade – vom Novizen bis zum Seher oder Erleuchteten – und viertens meist auch eine geheimbundartige Organisation. Denn das Mysterium wird den Mitgliedern grad- oder stufenweise enthüllt, so dass sich dem Schauenden erst auf der höchsten Stufe das »Geheimnis« gänzlich offenbart.

Als Apulejus in den ersten Grad der Isismysterien eingeweiht wird, liest ihm ein Priester zunächst »gewisse Formeln« aus Büchern vor, die er aus dem »Allerheiligsten« hervorgeholt hat. Eine Geheimschrift und die symbolische Verschlüsselung des Gemeinten sichern die kultischen Texte zusätzlich vor unberufenem Zugriff.

Zu einem vorgeschriebenen Zeitpunkt wird der Neuling sodann ins Bad geführt, um Leib und Seele durch Bad, Gebet und Besprengen mit Weihwasser zu reinigen. Außerdem muss er geloben, sich zehn Tage lang »der Werke der Venus … zu enthalten und weder Fleischspeisen zu essen noch Wein zu trinken«.[109]

Am Tag der eigentlichen Einweihung wird er bei Sonnenuntergang »mit einem groben leinenen Gewande angetan, und der Hohepriester führte mich an der Hand ins innerste Heiligtum des Tempels ein«.

> *»Zur Zeit der tiefsten Mitternacht sah ich die Sonne in ihrem hellsten Licht leuchten. Ich schaute die unteren und die oberen Götter von Angesicht zu Angesicht und betete sie in der Nähe an. Siehe, nun hast du alles gehört. Aber auch verstanden? … Erst gegen Morgen war die Einweihung vollendet … Mitten im Tempel musste ich vor der Göttin Ebenbild auf eine hölzerne Bank treten. Mein Leibrock war von Kattun, mit Blumen bemalt, und von den Schultern herab bis zu den Fersen fiel mir ein köstlicher Mantel, auf dessen beiden Seiten allerhand Tiere zu sehen waren … Drachen – Greife in Löwengestalt, aber mit Adlerkopf und Flügeln, wie sie die andere Welt hervorbringt. Bei den Eingeweihten heißt dieser Mantel die olympische Stola. Ich führte eine brennende Fackel in der rechten Hand und war mit einem Kranz von Palmblättern geziert, die so geordnet waren, dass sie gleich Strahlen um mein Haupt herumstanden. So, als Bild*

der Sonne ausgeschmückt, stand ich gleich einer Bildsäule da. Ein Vorhang öffnete sich und zeigte mich den neugierigen Blicken des Volkes.«

Die Ähnlichkeiten mit Ritualen, die in der Freimaurerei noch immer gepflegt werden, liegen wiederum auf der Hand. Hierzu gehört die symbolische Reinigung und Entblößung des Neophyten ebenso wie das »Bereisen« symbolischer Stationen, von denen der Nichteingeweihte zwar hören mag, doch ohne den tieferen Sinn zu verstehen. Am Schluss des langwierigen Rituals hat auch der Novize der Isismysterien »das Licht erhalten«, wie es in der masonischen Bruderschaft heißt – er hält »eine brennende Fackel in der rechten Hand« und ist zum »Bild der Sonne ausgeschmückt«. Mit der Initiation ist er einen symbolischen Tod gestorben und hat seine Wiedergeburt als Erleuchteter des ersten Grades erlebt.

Doch anders als bei der »aufgeklärten« Johannisbruderschaft verband sich mit den alten Mysterien noch die Verheißung, das Geheimnis realer Wiederauferstehung zu erfahren – ebenso, wie auch die göttliche Sonne allmorgendlich triumphal aus dem Totenreich zurückkehrte und wie Isis ihren brüderlichen Geliebten Osiris aus dem Schattenreich wiederkehren ließ.

Wiederauferstehung des Lichtbringers

Auch auf den römischen Mithraskult lässt sich die Freimaurerei gewiss nicht im Sinn einer direkten oder indirekten »Abstammung« zurückführen. Doch die Gemeinsamkeiten sind hier noch auffälliger und tiefgreifender als bei den bisher angeführten Beispielen.

Im Mittelpunkt des Kultes, der im zweiten und dritten Jahrhundert unserer Zeitrechnung im gesamten römischen Imperium verbreitet war, steht der Mensch gewordene Gott Mithras. Gläubig erwarteten die Kultanhänger die Wiederauferstehung und Rückkehr ihres Heilands und Erlösers, der während seiner Erdenzeit Nächstenliebe und strenge Befolgung sittlicher Gesetze gepredigt hatte. Kein Wunder also, dass die Mehrzahl der Zeitgenossen den später aufgekommenen Kult um Jesus Christus für ein Plagiat oder einen Ableger des Mithraskultes hielten. Doch da diese Religion, der nur Männer angehören durften, insbesondere unter den römischen Soldaten weitverbreitet war, riss der Untergang des römischen Imperiums auch den Mithraskult mit ins Verderben.

Erhaltene Wandbildnisse in sogenannten Mithräen, den unterirdischen Heiligtümern des Kultes, stellen die wundersame Geburt dieses Heilands der Legionäre dar: Mithras gelangt durch ein Felsloch in diese Welt, ein heroischer Erlöserknabe mit einem Messer in der einen und einer Fackel in der anderen Hand. Die Fackel kennzeichnet ihn als Lichtbringer; das Messer wird er, zum Jüngling gereift, für eine dramatische Opferhandlung benötigen, von der im zentralen Mythos dieses Kultes erzählt wird: die Tötung des Urstiers.

Das furchteinflößend starke Tier, das der junge Gott erst nach langem Kampf besiegen kann, steht für die Fruchtbarkeit und Sterblichkeit der Schöpfung, für den Kreislauf von Werden und Vergehen, den Mithras mit der Überwältigung und Opferung des Stiers überhaupt erst in Gang setzt. Kaum hat er seine Klinge in den Leib des gewaltigen Tieres gestoßen, da brechen die Keime neuen Lebens aus dem Leichnam hervor. Heilkräftige Pflanzen sprießen aus seiner Haut und verteilen sich auf der Erde. Aus dem Blut des Opfertiers wächst der Rebstock, aus seinem Rückenmark das Getreide. Aus dem Samen des Stiers schließlich erschafft Mithras alle anderen Tiere, die fortan die Erde bevölkern.

So wie nach ihnen die Christen glaubten bereits die Mithräer an die Wiederauferstehung der Toten und die Himmelfahrt der Seele. Bei seiner Initiation in die Mithrasmysterien erlebte der Novize daher in feierlichen Ritualen sein eigenes symbolisches Sterben und seine Wiederauferstehung von den Toten, woraufhin er stufenweise durch das Jenseits bis ins Himmelreich seines Gottes aufstieg.

Die Ähnlichkeiten mit den viele Jahrhunderte später geformten Weiheritualen der Freimaurer sind verblüffend. Der Neuling betrat die geschmückte und erleuchtete Krypta des Mithräums, wo er das Bild Mithras' vorfand, der mit abgewandtem Blick (zum Zeichen seines trauervollen Mitgefühls) den Stier erlegte. »Zu beiden Seiten [des Tempelraums] knieten die Eingeweihten betend auf den Bänken. Die Priester gingen in seltsamen Gewändern auf und ab. Man hatte das Licht zu bestimmten gewollten Effekten angeordnet. Maschinerien und trügerische Bilder gaukelten Gefahren vor, die er bestehen und vor denen er seinen Mut beweisen sollte; ein Rauschtrank verwirrte ihn – er flüsterte heilige Formeln nach, die seine Phantasie zu immer stärkerer Erregung trieben; er glaubte sich über die Grenzen der Welt emporgehoben.«[110]

Während des Rituals unterwarf der Priester den Novizen einem expliziten Schweigegebot: »Sehen wirst du, wie die Götter dich ins Auge fassen und gegen dich heranrücken. Du lege sogleich den Zeigefinger auf den Mund und sprich: ›Schweigen! Schweigen! Schweigen!‹, das Zeichen des lebendigen, unvergänglichen Gottes, ›Schütze mich, Schweigen!‹«

Sieben Grade gab es im Mithraskult, und auch hier enthüllte sich dem Eingeweihten das ganze »Geheimnis« erst dann, wenn er den höchsten Grad erreicht hatte. Nicht anders als später bei den Freimaurern wurden die Erfahrungen, die der Myste jeweils durchleben musste, als Reisen dramatisch inszeniert. Der erste

Grad etwa hieß »Rabe«, der dritte »Soldat«, der sechste »Sonnenläufer«, während der Meister des höchstens Grades »Vater« genannt wurde. Und nicht anders als die Freimaurer sprachen auch die Mithräer einander als Brüder an.

Mit nur geringfügiger Übertreibung lässt sich der Befund so zusammenfassen: Der Kernbestand der christlichen Glaubenslehre (Wiederkehr des Erlösers, Auferstehung von den Toten, Brüderlichkeit und Sittlichkeit der Lebenden), ins Männerbündische gewendet, ergibt entweder den Mithraismus – oder die Freimaurerei.

Zehnte Maurerreise: Das Gesellenritual

Fünf ist die Zahl des Gesellen: Sein Symbol ist der fünfzackige Stern mit dem G darin, das im Gesellengrad für die Geometrie steht. Beim Gesellenritual prangt daher im Tempel über dem Altar nicht das Dreieck des Lehrlings, sondern das Pentagramm. Und anstelle von Jachin, der rechten Säule, ist diesmal die linke Säule – Boas – mit ihrem Initial B markiert, denn nach der Hiramslegende erhielten die Gesellen an dieser Säule des salomonischen Tempels ihren Lohn.

Um der Zahlensymbolik Genüge zu tun, beträgt auch die Zahl der »Reisen«, die bei der Gesellenweihe zu absolvieren sind, entweder fünf oder zwei – letztere addiert sich mit den drei Lehrlingsreisen wiederum zur Fünf des Gesellen.

Gewöhnlich sollen die Lehrlinge nach einem Jahr zu Gesellen erhoben werden. Als Vorsteher der Lehrlingskolonne schlägt der Zweite Aufseher die Kandidaten vor, und der Meister vom Stuhl lässt die Gesellenloge über den Antrag abstimmen. Wird der Lehrling allein aufgenommen, so werden Gesellen nach Möglichkeit in der Gruppe befördert – Ausdruck ihres während der Lehrlingszeit bereits gewachsenen Gemeinschaftsgefühls, ihres freimaurerischen Bewusstseins, dass nur aus einer Vielzahl »behauener Steine« das Mauerwerk des symbolischen Tempels gefügt werden kann.

Entsprechend liegt beim Gesellenritual nicht der »rauhe Stein« des Lehrlings, sondern der »kubische Stein« auf dem Arbeitsteppich: Symbol der geglückten Arbeit am eigenen Ich, die der Kandidat während seiner Lehrzeit geleistet hat. Nun erst ist er bereit, sich als »Baustein« in das gemeinschaftliche Werk der Bruderschaft einzufügen.

Die Prüfungsfragen

Als Gruppe werden die künftigen Gesellen in die »Kammer des stillen Nachdenkens« geführt, wo sie Fragen wie diese schriftlich beantworten sollen: »Welches Symbol hat dich am meisten angesprochen und warum? Hast du schon Freunde in der Loge gewonnen, und worauf kam es dabei vornehmlich an? Was erwartest du von deiner Beförderung zum Gesellen?«

Im Dreigradsystem der Johannismaurerei ist der Gesellengrad eine Durchgangsstation zwischen Lehrzeit und Erringen der Meisterwürde. So soll aus den Antworten auf die Prüfungsfragen hervorgehen, dass sich der Geselle seiner bevorstehenden »Wiedergeburt« als künftiger Meister bewusst ist. Als Lehrling war er aufgefordert, »die Vorurteile des profanen Lebens hinter sich zu lassen, all das abzulegen, was er an falschen, konventionellen Ansichten und Einstellungen sich angewöhnt« hatte.[111] Mit der Erhebung zum Gesellen soll dieser Prozess der Glättung des »rauhen Steins« abgeschlossen sein, aber der Geselle ist noch immer bloß ein »Baustein«, da allein der Meister den ganzen Bauplan des Tempels kennt und überschaut.

Entsprechend ist das Ritual eher schmucklos, seine Symbolik entweder karg oder allzu drastisch und gewollt. Vor ihrer Rückkehr in die Loge müssen die Gesellen ihren »Rock« ablegen, ihre Brust entblößen, die Ärmel aufkrempeln und das rechte Knie freilegen. Mit den Lehrlingszeichen weisen sie sich an der Tempeltür ein letztes Mal aus, dann treten sie untergehakt in die Kolonne der Lehrlinge, um sich einer mündlichen Prüfung zu unterziehen. Auch hierbei sind Frage und Antwort streng ritualisiert.

Ältere Ritualformen sahen zuvor noch »peinliche Prozeduren« vor, bei denen »der Kandidat bis zur Erde gebeugt in die Loge eintrat oder gar durch ein Fass kriechen musste«, um »die Geburt allegorisch noch einmal zu erleben«.[112] Wohl zu Recht kennzeichnet Binder derlei als »Geschmacklosigkeiten«[113]; allerdings wirkt die bloße Allegorisierung abstrakter Begriffe oder Vorgänge notwendigerweise gekünstelt.

Erst wenn alle Kandidaten zur Zufriedenheit der Prüfenden geantwortet haben, kommt der Erste Aufseher, der Vorsteher der Gesellenkolonne, ins Spiel. Im rituellen Wortwechsel mit dem Meister vom Stuhl wird bekräftigt, dass sie würdig seien, zu Gesellen erhoben zu werden.

»Bruder Erster Aufseher, ist etwas zwischen dir und mir?
Ja, Ehrwürdiger Meister, ein Geheimnis.
Was ist es?
Maurerei.
So bist du ein Freimaurer?
Meine Brüder Meister und Gesellen erkennen mich dafür.
Bist du Geselle?
Ich habe den Flammenden Stern gesehen.
Woran soll ich erkennen, dass du es bist?
An Zeichen, Wort und Griff und der Wiederholung der besonderen Umstände meiner Beförderung.
Warum wurdest du Geselle?
Um des Buchstabens G willen.
Was bedeutet er?
Geometrie, die fünfte Wissenschaft.
Wozu dient ihre Kenntnis?
Um Höhen auszumessen und sich ihnen anzunähern.«[114]

Die Gesellenreisen

Anders als der Suchende bei seiner Aufnahme absolviert der Lehrling die Gesellenreise ohne eine Binde vor den Augen:

Die Blindheit des »Profanen« hat er bereits überwunden, auch wenn er die Weisheit des Meisters noch nicht zu schauen vermag.

Zunächst durchwandert er den Norden (des Tempels), und man bedeutet ihm, dass dies seine Reise durch »die Nacht« darstelle, der aufgehenden Sonne im Osten entgegen. Wandert er dann durch den Osten, so mahnt man ihn, er möge sich vor »Hindernissen« hüten, die ihm bei seiner »Vollendung« im Weg sein könnten. Sodann gelangt er nach Süden, wo er vor den »drei Versuchungen« gewarnt wird. In gängiger Allegorik werden diese durch Gold, Lorbeer und Schwert dargestellt, Sinnbilder des Reichtums, der Macht und des Ruhms.

Ein wahrer Freimaurer muss über derlei Verlockungen erhaben sein, so lautet also die eher realitätsferne Botschaft: Will er sich die Gunst seiner Brüder erhalten, sollte er sich wohl zumindest bei der Geringschätzung des Goldes mäßigen. Und auch bei der Verachtung von Macht und Ehre haben sich gerade die berühmtesten Maurer, auf die sich die Bruderschaft so gern beruft, nicht durchweg hervorgetan (siehe Anhang: *Berühmte Brüder*).

Der Geselleneid

Nachdem er die »Reisen« absolviert hat, kniet der Lehrling vor dem Altar nieder. Auch beim Gesellenritual liegen die drei »großen Lichter« in genau vorgeschriebener Weise auf: Die Bibel ist meist beim 133. Psalm aufgeschlagen, um auch auf diese Weise den Gemeinschaftsgedanken des Gesellengrades hervorzuheben (»Siehe, wie fein und lieblich ist es, wenn Brüder einträchtig beieinander wohnen«). Winkelmaß und Zirkel liegen »geschnitten auf dem Buch des heiligen Gesetzes, der längere Schenkel des Winkels unter, der kürzere auf dem Zirkel«.

Nun kniet der künftige Geselle vor dem Altar, das entblößte »rechte Knie gebeugt, das linke im Winkel gestellt«.[115] Der Meister vom Stuhl setzt ihm den Zirkel auf die Brust, der Lehrling legt seine rechte Hand auf die Bibel und spricht:

> *»Ich gelobe auf Maurerwort: meinen bei der Aufnahme übernommenen Pflichten mit verstärktem Eifer nachzukommen; bereitwillig neue, zusätzliche Aufgaben zu übernehmen; Selbstbeherrschung zu üben und unablässig an meiner Vervollkommnung weiterzuarbeiten; Verschwiegenheit zu bewahren über das Brauchtum der Gesellen; Freundschaft und Brüderlichkeit in unserem Bund zu wahren und zu fördern.«*[116]

Erst nach diesem abermaligen Gelöbnis der Verschwiegenheit werden dem neuen Gesellen die Geheimnisse seines Grades offenbart.

Der behauene Stein

Nach der Beeidung setzt der Meister vom Stuhl den Lehrlingen nacheinander den Zirkel auf die Brust und führt mit dem Hammer symbolisch den Gesellenschlag aus – lang, kurz, kurz. Dazu ruft er den Großen Baumeister aller Welten an und ernennt die Lehrlinge förmlich zu Gesellen.

Die frisch Beförderten begeben sich daraufhin zum »behauenen Stein«, der ebenso wie der flammende Stern den Gesellengrad symbolisiert. Sie legen ihre rechte Hand auf den Stein, und der Erste Aufseher, der Vorsteher der Gesellenkolonne, setzt die Kelle darauf. Die Kelle, das Werkzeug des Gesellen, ersetzt den Spitzhammer des Lehrlings, so, wie der kubische an die Stelle des rauhen Steines tritt. Dazu spricht der Erste Aufseher die rituelle Aufforderung:

»Wir bauen den Tempel der Menschheit. Tragt nun auch ihr zu diesem Bau euren Stein bei. Doch fortan keinen unbehauenen mehr; ihr seid nun zu höherer Arbeit berufen. Nicht jeder Stein ist gleich behauen, viele Formen werden am Bau gebraucht. Wie der Steinmetz jedem Stein sein Zeichen einmeißelt, um ihn so als seiner Hände Arbeit kenntlich zu machen, so trage jede eurer Handlungen das Zeichen eurer Eigenart. An die Stelle des Spitzhammers tritt nun die Kelle der Gesellen. Sie bindet Stein an Stein. Sie schließt die Risse, die durch unsere Unvollkommenheit am Bau entstehen, und gleicht die Gegensätze unter den Menschen aus. Lebendige Bausteine sollt ihr sein. Arbeitet weiter für Ordnung, Gerechtigkeit und Frieden.«[117]

Die Erkennungszeichen

Die nächsten Etappen des Rituals wiederholen das entsprechende Geschehen bei der Lehrlingsweihe: Die Gesellen verlassen die Loge, um in einem Nebenraum ihre Kleidung wieder in Ordnung zu bringen. Wenn sie in den Tempel zurückkehren, klopft der Zeremonienmeister für sie mit dem Gesellenschlag gegen die Tür, und der Erste Aufseher führt ihnen sodann neben dem Arbeitsteppich die Schritte des Gesellengrades vor. Die Gesellen wiederholen diese Schritte auf dem Teppich, von West nach Ost gehend, also von der Tür auf den Altar zu und mit dem rechten Fuß beginnend.

Der Meister vom Stuhl erklärt ihnen sodann die Erkennungszeichen des Gesellengrades: An die Stelle des Halszeichens, mit dem sich der Lehrling ausweist, tritt das Brustzeichen, das gleichfalls auf die drastischen Strafandrohungen des alten Eides anspielt. Das Herz sollte dem Freimaurer ausgerissen werden, wenn er gegen das Schweigegebot des Ordens verstieße, und zur Erinnerung an diese Drohung legt der Geselle Daumen und Zeigefinger, die einen rechten Winkel bilden, auf sein Herz.

Im modernen Verständnis soll die Winkelform aber vornehmlich die »geistige Ordnung« verbildlichen, das »Bewusstwerden des inneren Lebens«[118], das sich auf dieser zweiten Stufe erschließt. In dieser Weise geht es auch hier weiter mit der biederen Umdeutung von Zeichen, die in rosenkreuzerischen Zeiten weit tiefgründigere »Geheimnisse« bargen: Der Griff des zweiten Grades besteht im Gesellenschlag, der mit dem Daumen auf den Mittelhandknochen dessen geklopft wird, vor dem sich der Geselle legitimiert: »lang, kurz, kurz als Symbol des Nachdenkens und des Fleißes bei der Arbeit«.[119]

Das Wort des Gesellen, mit dem er sich an der Logentür ausweist, ist der Name der Gesellensäule, Boas. Wie das Lehrlingswort wird es nicht im Ganzen ausgesprochen, sondern buchstaben- und silbenweise in Wechselrede offenbart. Ebenso wird dem Gesellen nun das Passwort seines Grades genannt, mit dem er sich vor fremden Brüdern legitimiert – »Schibboleth«, das hebräische Wort für »Kornähre«, das schon im alttestamentarischen *Buch der Richter* (12,5f.) als Prüfzeichen erwähnt wird, um Freunde von Feinden zu unterscheiden. Da die Johannismaurerei jegliche templerische Herleitung oder auch kabbalistisch-alchimistische Ausdeutung dieser hebräischen Wörter ablehnt, bleiben sie im Ritual der blauen Maurerei allerdings bloßes Dekorum ohne tiefere Funktion oder Bedeutung.

Schließlich erhalten die Gesellen noch den sogenannten Gesellenschurz, der mit zwei Rosen geschmückt ist. Auch diese sollen gewiss nicht auf die einst so prägende und belebende Rosenkreuzertradition der Bruderschaft deuten, sondern schlichtweg »das Licht der höheren Erkenntnis«[120] symbolisieren. Ihre

Zweiheit wird überdies mit dem Duo der Säulen in Beziehung gesetzt, die ihrerseits mit Sonne und Mond korrespondieren, Symbolen einer universellen Polarität.

Auch diese Symbolik soll aber nicht mehr auf die alchimistischen Paare des Männlichen und Weiblichen, Hellen und Dunklen verweisen: Der Geselle ist im Verständnis der Johannismaurerei letztlich nichts anderes als das zum sozialen Wesen gereifte Individuum. Sein wichtigstes Werkzeug ist folglich die Kelle, mit der er den behauenen Stein – sich selbst – ins Mauerwerk der Bruderschaft und der Gesellschaft einzufügen bestrebt ist. »Die Kelle ist das verbindende Werkzeug. Menschenliebe, Toleranz und Brüderlichkeit sind der Mörtel des Tempelbaus.«[121]

Für Endres stellt der »kubische Stein« gar bloß noch »das geläuterte Gewissen« des Maurers dar:

> *»Im kubischen Steine sehen wir eines jener Sinnbilder, die den esoterischen Bund auch an seine sozialen Pflichten und Aufgaben erinnern. Denn wie ein schöner Tempel nicht aus rauhen Steinen, die übereinandergetürmt werden, entstehen kann, so kann keine soziale Gemeinschaft aus rohen, nur den eigenen Trieben lebenden Menschen entstehen. Das Behauen des Steines mit dem Spitzhammer gleicht der sozialen Selbsterziehung des Menschen, und die Harmonisierung der Steinform mit dem Maßstab erinnert an die Notwendigkeit von sittlichen Maßstäben, ohne die eine soziale Gemeinschaft nicht bestehen kann … Die Freiheit des Freimaurers besteht darin, dass ihn niemand hindern soll, nach dem Sittengesetz eines geläuterten Gewissens zu leben. Ein Symbol des geläuterten Gewissens also ist der kubische Stein.«*[122]

Entsprechend hat auch das Pentagramm, das wichtigste Symbol des Gesellengrades, in der Johannismaurerei jegliche magische oder mystische Bedeutung eingebüßt. Seit alters ist es eines der zentralen Symbole in astrologischen, kabbalistischen und alchimistischen Geheimlehren. In der Philosophie von Comenius oder Paracelsus steht das ihm eingeschriebene G für »Geometrie« als göttliche Wissenschaft (siehe *Dritte Maurerreise*). In der »blauen« Maurerei aber soll die Geometrie nur noch »als Lebenshilfe und Richtschnur für den wahren Maurer« verstanden werden.[123] Und da das einzige Geheimnis der »aufgeklärten« Maurerei eben in der Selbsterkenntnis bestehen soll, verbildlicht auch der flammende Stern hier allein noch »die eigentliche Einweihung, die Illumination, also die Erleuchtung« nach einem »Jahr der seelischen Purifikation« – im Wesentlichen also die Erweckung des sozialen Bewusstseins.

Darüber hinaus inspiriert der Glanz des Pentagramms den »aufgeklärten« Bruder allenfalls noch zu ein paar erbaulichen Phrasen: »Es bedeutet eine unbedingte Orientierung nach einem überirdischen, also transzendenten Prinzip. Es deutet dem Suchenden den Sinn des Lebens und zeigt ihm den Weg zu seiner wahren Heimat, zum Vater im Himmel, in dem wir nach Abschluss unserer irdischen Laufbahn das Fünklein göttlichen Lichtes, das er uns zur Erhellung des Weges hienieden mitgegeben hat, wieder zurückbringen.«[124]

Mit unübersehbarer Hilflosigkeit angesichts der komplexen Symbolik formulieren die Verfasser der aktuellen *Ritualkunde* der Deutschen Großloge der »Alten Freien und Angenommenen Maurer«: »Was immer es [das Pentagramm] jedoch ursprünglich gewesen sein mag, ein Buchstabe, ein alchimistisches

Zeichen oder einfach ein Bild, sicher scheint zu sein, dass dort ein Symbol der Vollkommenheit anzunehmen ist. Der Weg zum Ziel der Vollkommenheit ist weit … Der Flammende Stern gilt uns als Symbol des erwachenden und reifenden Geistes. Er leitet uns auf unseren Wege, er ist Antrieb und Führer auf unserem Weg zum Licht, er mahnt uns, unser Leben nicht in Nichtigkeit zu verlieren, sondern das Wesentliche zu betrachten.«[125]

Das ist wacker gedacht und getextet (was »sicher« bloß »scheint«, ist es ja eher nicht) – und nährt doch nur einmal mehr den Argwohn, dass eine Freimaurerei, die ihre eigene Tradition so hartnäckig missdeutet, sich ihrerseits »in Nichtigkeit zu verlieren« droht.

Elfte Maurerreise: Ein Ägypter aus Palermo

Einer der berühmtesten Freimaurer des 18. Jahrhunderts war Giuseppe Balsamo alias Graf Alexander von Cagliostro (1743 bis1795) – auch wenn die »blaue« Freimaurerei seine Zugehörigkeit zur Bruderschaft bis heute in Zweifel zieht und Cagliostro als Hochstapler brandmarkt.

Nach allem, was man heute weiß, trat Giuseppe Balsamo im Jahr 1777 in die Loge »L'Espérance« ein. Obwohl sie in Soho beheimatet war, handelte es sich um eine Adoptionsloge nach »Schottischem Ritus«, die folglich in Hochgrade hierarchisiert war und der nach französischem Muster der »androgynen Loge« auch Frauen angehören durften (siehe *Sechzehnte Maurerreise*). So trat der selbsternannte Graf Cagliostro also mitsamt seiner Gattin Serafina im Hinterraum der Taverne »King's Head« dem Orden bei.

Zu diesem Zeitpunkt war er vierunddreißig Jahre alt und hatte bereits eine beachtliche Laufbahn hinter sich. In Palermo in ärmlichen Verhältnissen aufgewachsen, hatte er seine wundersamen Begabungen bestmöglich für seinen gesellschaftlichen Aufstieg genutzt. Er verfügte über ein imponierendes Auftreten, an Zauberei grenzende Verwandlungsfähigkeit und zweifellos auch über okkultistische Talente. Er war ein Charismatiker, der magische Heilkräfte, die Gaben der Suggestion und wohl auch der Telepathie besaß.

War Cagliostro also ein Hochstapler? In den Augen weltlicher wie vatikanischer Gesetzeshüter gewiss. Doch einem Magier, der mit Geistern kommunizierte und die Seelen seiner Mitmenschen nach Belieben manipulierte, mussten auch die Gesetze der physischen und sozialen Wirklichkeit sowie der moralischen und philosophischen Wahrheit sehr viel biegsamer erscheinen als den meisten seiner Zeitgenossen.

Die Londoner Großloge erkannte die Loge »L'Espérance« zwar nicht als reguläre Gliederung innerhalb der Bruderschaft an, doch zu dieser Zeit war die Freimaurerei in zahlreiche Strömungen mit höchst unterschiedlichen Riten, Abstammungslegenden und Arbeitsschwerpunkten zerfallen. Der Anspruch der Johannismaurerei, die einzig legitime Organisation der Freimaurer zu sein, wurde nicht einmal in London selbst sonderlich ernst genommen, wo sich auch die »schottische« und die »französische« Maurerei hohen gesellschaftlichen Ansehens erfreuten. Mystische und okkultistische Tendenzen wurden also gewiss nicht erst durch Persönlichkeiten wie den Freiherrn von Hund, der die »Strikte Observanz« begründete (siehe *Zweite Maurerreise*), oder durch Balsamo in die Maurerei hineingetragen. Vielmehr verstand es der »Erzzauberer« Cagliostro, wie die Zeitgenossen ihn nannten, vorhandene Strömungen zu bündeln, zu verstärken und auf seine Person zu fixieren.

Das galt zweifellos auch für die Loge »L'Espérance«, deren Mitglieder sich esoterischen Spekulationen und alchimistischen Experimenten hingaben und den magisch begabten Neubruder voller Bewunderung in ihren Reihen begrüßten. In gewisser Weise entsprach Giuseppe Balsamo also nur den Erwartungen und Sehnsüchten eines großen Teils der Bruderschaft jener Zeit, als er um 1775 eine eigene Freimaurerei nach »ägyptischem Ritus« ins Leben rief.

Wiedergeburt durch magischen Balsam

Auch die Idee, dass der Orden letztlich auf die Mysterien des Altertums zurückgehe, war um diese Zeit innerhalb der Bruderschaft weitverbreitet (siehe *Neunte Maurerreise*). Hätte es sich anders verhalten, so wäre Cagliostros »ägyptischer« Maurerei schwerlich ein so gewaltiger Erfolg zuteil geworden. Programm und Ritus seines Ordens verschmolzen rosenkreuzerische und kabbalistische Elemente mit »ägyptischer« Ausschmückung, »schottische« oder »templerische« Hochgradrituale mit »französischen« Konzepten wie vor allem der Aufnahme von Frauen in »Adoptionslogen«. Von der »Strikten Observanz« des deutschen Reichsfreiherrn von Hund übernahm Cagliostro überdies den Gedanken eines »Unbekannten« oder »Geheimen Oberen«. Im Fall des ägyptischen Ritus sollte dies der »Groß-Cophta« sein, der unsterbliche Begründer der Magie des Altertums, den Cagliostro jedoch bei Bedarf auch selbst verkörperte – ein für Hochstapler wie für mystische Geisterseher gleichermaßen geeignetes System.

Mit der gleichen bedenkenlosen Entschlossenheit, mit der sich Reichsfreiherr von Hund als Beauftragter und »Heermeister« des Templerordens ausgegeben hatte, trat Cagliostro nun seinerseits als hoher Würdenträger der Hundschen »Strikten Observanz« auf. Er legte sich Orden und Patente von zweifelhafter Echtheit zu und reiste mit seiner Gattin Serafina jahrelang in Osteuropa umher, wo er sich den örtlichen Brüdern als »Großmeister und Rosenkreuzerfürst der Strikten Observanz« vorstellte.

Im kurländischen Mitau erzielte er ebenso wie in Riga um 1780 spektakuläre Erfolge, konnte sich jedoch nirgendwo lange halten. Sei es, dass er tatsächlich als Scharlatan entlarvt oder zum Opfer »aufklärerischer« Verleumdungen wurde, das Grundmuster wiederholte sich jedenfalls mehrfach: Anfangs lag ihm der örtliche Adel zu Füßen und lauschte seinen Verheißungen so gläubig, als ob er der wiedergekehrte Messias wäre. Mit der Stiftung von Armenhospitälern und zahlreichen Wunderheilungen mittelloser Kranker verrichtete er auch jeweils wohltätige Werke, wie es sich für einen philanthropischen Freimaurer geziemte.

Doch seine Auftritte, die überwiegend den Charakter okkultistischer Séancen hatten, riefen auch Unbehagen und Empörung hervor – insbesondere bei jenen Teilnehmern, die sich dem nüchternen Rationalismus der »blauen« Freimaurerei verpflichtet fühlten.

Cagliostro bemächtigte sich meist eines kleinen Knaben oder Mädchens, die er als Medien einsetzte, um allerlei Geister zu beschwören. Durch seine charismatischen Kräfte vermochte der Magier den Kleinen gewiss jede Antwort zu entlocken, die man vom jeweils angerufenen Geist erwarten durfte. Doch nicht viel anders verhielt es sich, wenn daraufhin »aufgeklärte« Skeptiker dieselben kleinen Medien inquisitorisch befragten: Die sensitiv begabten Kinder spürten auch hier die Erwartung des Fragenden heraus und gaben traumwandlerisch die gewünschten Antworten. Und Cagliostro musste wieder einmal, als »Betrüger« entlarvt, sein Bündel schnüren und mit seiner Gattin Serafina überstürzt die Stadt verlassen.

Wäre er jedoch ein schnöder Beutelschneider und Hochstapler gewesen, so hätte er sich gehütet, seinen Jüngern Wundertaten zu verheißen, die nach menschlichem Ermessen schlechterdings niemand vollbringen konnte. Das gilt insbesondere für seine alchimistischen Versprechungen: Die innerhalb der Freimaurerei grassierende Begeisterung für rosenkreuzerische Mirakel nutzte er nicht bloß für seine Zwecke aus – er selbst war anscheinend davon überzeugt, dass sich mit magischen Praktiken die Geheimnisse von ewiger Jugend, Wiedergeburt und Unsterblichkeit enträtseln ließen, und mehr noch, dass er bereits im Besitz des »Steins der Weisen« sei.

Anders lässt sich jedenfalls kaum erklären, dass er seinen Anhängern wiederholt eine magische Kur verordnete, die »Vollkommenheit durch physische und sittliche Wiedergeburt« bewirken sollte.

Zum Zweck der körperlichen Verjüngung musste sich der Proband zu einem vorgeschriebenen Zeitpunkt in ländliche Umgebung verfügen und vierzig Tage lang bei strenger Diät in einem verschlossenen Zimmer ausharren. Zur Prozedur gehörten regelmäßiges Blutabzapfen, der Genuss von destilliertem Wasser und die Verabreichung mysteriöser Elixiere, die Cagliostro teils alchimistisch als »prima materia«, teils antikisierend als »ägyptischen Balsam« bezeichnete. Letzterer wurde dem Wiedergeburtswilligen zum Abschluss durch den Magier selbst eingeflößt, woraufhin der Proband an Leib und Seele »vollkommen verjüngt« entlassen wurde.

Die sittliche Wiedergeburt dauerte gleichfalls vierzig Tage und fand in einem Haus statt, das angemessen eingerichtet sein musste, um auf die Seele des Betreffenden einzuwirken und vor allem die erforderlichen Geister anzuziehen. »Am 33. Tag kommen die sieben ersterschaffenen Engel und drücken eigenhändig ihre Sigille und Chiffren auf ein Stück Pergament, das vorher auf besondere Weise zubereitet worden ist. Am 40. Tag sind die Engel mit dieser Arbeit fertig und geben jedem ihrer Lieblinge ein Pentagon. Wer dieses empfängt, dessen Geist wird von göttlichem Feuer erfüllt, seine Einsichten werden unbegrenzt, seine Macht unermesslich, er strebt von nun an nur nach Ruhe und Unsterblichkeit.«[126]

Jene enttäuschten Jünger Cagliostros aber, die sich nach zweimal vierzigtägigem Ritual durchaus nicht »leiblich und sittlich wiedergeboren« fühlten, strebten wohl weniger nach Ruhe als nach Genugtuung für die erlittene Schmach. Doch auch diese Wendung sah der »Groß-Cophta« meist mit Leichtigkeit voraus und hatte infolgedessen längst das Weite gesucht, wenn die Häscher erschienen, um ihn in den Kerker abzuführen.

Der »göttliche Cagliostro«

Nach einer unglücklichen Episode in St. Petersburg, wo Katharina II. (1729–1796) ihn bald schon wieder verjagte, reiste Cagliostro im Jahr 1780 nach Frankreich. Dort feierte er seine größten Erfolge, und dort erlebte er allerdings auch einen schmerzlichen Absturz, als er – höchstwahrscheinlich zu Unrecht – 1785 als Beschuldigter in der sogenannten »Halsbandaffäre« verhaftet wurde.

Davor jedoch erfuhr er einen glanzvollen Aufstieg und genoss die Gunst höchster Kreise in Adel und Klerus. Prinz Louis de Rohan (1735–1803), Kardinal-Erzbischof von Straßburg, wurde sein mächtiger Gönner und bedingungsloser Gefolgsmann. Selbst der Großadministrator des französischen Großorient, der Herzog von Luxemburg, ließ sich von Cagliostro zum Großmeister-Protektor der ägyptischen Maurerei weihen. Diese trug nun den Namen »Hohe Ägyptische Freimaurerei« und verfügte über »Adoptions-Mutterlogen« in Lyon und Paris.

Nicht nur aus dem Blickwinkel übelwollender vatikanischer Beobachter musste die »ägyptische« Bruderschaft als legitime Gliederung der regulären Freimaurerei erscheinen: Männer, die einer »ägyptischen« Loge beitreten wollten, mussten in der Regel bereits Freimaurer im Meistergrad sein. Jedoch adaptierte Cagliostro auch die drei Grade der Johannismaurerei, die er indessen mit kabbalistischen Ritualen versah und um ein Hochgradsystem aufstockte. Je höher die Mitbrüder in der Hierarchie aufstiegen, desto mehr sollte sich ihnen von den magischen und alchimistischen Geheimnissen der »ägyptischen Weisen« enthüllen. In Scharen strömten die französischen Brüder den »ägyptischen« Logen zu, und auf dem Höhepunkt seines Ruhms wurde Giuseppe Balsamo als »göttlicher Cagliostro« verehrt.

Ironischerweise strauchelte er letztlich nicht über seine eigene Scharlatanerie, sondern über die Betrügereien eines wirklichen Hochstaplerpaars. Jeanne de la Valois und ihr Gemahl, ein selbsternannter Comte de la Motte, verstrickten Cagliostros Gönner, den Kardinal de Rohan, in eine undurchsichtige Affäre um ein millionenschweres Kollier. Als vermeintliche Drahtzieher wurden neben der falschen Comtesse auch der Kardinal und Cagliostro verhaftet, und auch wenn am Ende nur Jeanne de la Valois verurteilt wurde, erholte sich der »Erzzauberer« von diesem Sturz niemals mehr.

Schon vor seiner Inhaftierung hatte sich ein hartnäckiger Journalist, der zwischen Enthüllung und Verleumdung nicht immer gewissenhaft unterschied, an seine Fersen geheftet. Vor dessen Nachstellungen floh Cagliostro nach London, wurde jedoch auch dort durch »Enthüllungen« bald wieder vertrieben. Mehrere Jahre lang reiste er nun noch mit seiner Frau in Europa umher, vermochte aber nirgendwo mehr Fuß zu fassen. Sein Versuch, ausgerechnet im Rom des Jahres 1789 seine »ägyptische hohe Freimaurerei« zu etablieren, besiegelte schließlich sein Schicksal: Ende desselben Jahres wurde er von der heiligen römischen Inquisition verhaftet.

Vor Gericht raffte sich der gealterte und gebrochene Charismatiker zu einem letzten Akt begnadeter Scharlatanerie auf: Er behauptete, ein Opfer der »Illuminaten« zu sein. Diese kirchenfeindliche, radikal-»aufklärerische« Fraktion der Freimaurerei (siehe *Zwölfte Maurerreise*) habe ihn durch Drohungen und Blutschwur verpflichten wollen, an ihrem Wühlwerk mitzuarbeiten und alle despotischen Herrscher Europas zu töten. Ihr erstes Opfer sei der französische König (der soeben von den Revolutionären gestürzt worden war), doch zahlreiche weitere Revolutionen und Attentate sollten folgen. Hunderttausende Freimaurer in Europa und Amerika hätten schon mehrere

Millionen Louisdor zusammengetragen, die für den weltweiten Umsturz benötigt würden. Er selbst bereue zutiefst, jemals an diesem Satanswerk mitgewirkt zu haben.

»Wegen Zauberei und Freimaurerei« wurde Giuseppe Balsamo daraufhin zwar zum Tode verurteilt, aufgrund seines falschen Geständnisses jedoch zu lebenslänglichem Zuchthaus begnadigt. So schwindelerregend der Aufschwung war, zu dem sein »ägyptischer« Ritus den mystisch-magischen Strömungen der Freimaurerei verholfen hatte, so immens war freilich auch der Schaden, den die masonische Bewegung durch seine schwindlerische Beichte erlitt: Fortan konnten sich alle Feinde und Verfolger des Ordens auf das Bekenntnis dieses berühmtesten aller Freimaurer berufen, dass die Bruderschaft eine weltweite Verschwörung gegen Krone und Tiara sei.

Wie sehr und auf wie unterschiedliche Weise Cagliostro die Phantasie seiner Zeitgenossen beschäftigt hat, mögen zum Abschluss zwei Beispiele illustrieren. Während seiner italienischen Reise wandelte Goethe auf den Spuren Cagliostros und besuchte unter falschem Namen in Palermo sogar die Familie Balsamos, und auch späterhin erkundigte er sich immer wieder nach dem Wirken des Magiers. Seine Faszination schlug freilich zuletzt in Ablehnung um, die sich in dem satirischen Lustspiel »Der Großkophta« widerspiegelt.

Zeitgenossen von schlichterem Gemüt dagegen trauten dem Erzzauberer auch nach dessen Sturz noch die größten Wundertaten zu. Dabei blieb jedoch weniger der charismatische Heiler und Seher im Gedächtnis als der erotische Wüstling, den nicht nur kirchliche Sittenwächter früh schon in Cagliostro sahen. In einem Pamphlet, als dessen Urheber Cagliostros Kammerdiener gilt, »wird geschildert, wie Cagliostro nackt von der Decke der Isis-Loge herabgelassen wird und in der Hand ›eine Schlange von honetter Länge und Dicke‹ hält. So bewaffnet habe er die

Freimaurerinnen aufgefordert, zur Natur zurückzukehren, ihre Kleider abzulegen und eine Gruppenorgie zu veranstalten.«[127]

In der Londoner Großloge der »blauen« Maurerei, wo seit einem halben Jahrhundert nichts Verruchteres als reife Männerbrüste entblößt worden war, zeigte man sich über derlei Nachrichten begreiflicherweise schockiert.

Zwölfte Maurerreise: Von Erleuchteten und Dunkelmännern

Seit ihrer Neugründung im frühen 18. Jahrhundert glich die Johannismaurerei einem Gefäß, das den Inhalt, für den es seit jeher bestimmt gewesen war, nicht mehr aufnehmen durfte – jenes Elixier aus mystischen Erlebnissen, magischen Praktiken und Grenzüberschreitungen verschiedenster Art, das für Geheim- und Mysterienbünde seit dem Altertum so charakteristisch war. Nach dem Willen der Londoner Gralshüter sollte in den zauberkräftigen Kelch der verschworenen Bruderschaft bloß noch der dünne Trunk der »aufgeklärten« Vernunft einfließen. Dennoch bemächtigten sich seiner ein ums andere Mal »irrationale« Strömungen, die der Form und inneren Gestimmtheit eines in seiner tiefsten Schicht archaischen Männerbundes weit besser entsprachen.

So wurden weder die »Strikte Observanz« des Reichsfreiherrn von Hund mit ihren malerischen Templerritualen noch gar Cagliostros »ägyptischer Ritus« von der Londoner Großloge als reguläre Maurerei anerkannt. Doch derlei Bannsprüche gegen masonische Häretiker beeindruckten niemanden. Allenfalls bewiesen sie, wie sehr die »blaue« Bruderschaft auch in ihrem Herrschaftsstil von ihrem übergroßen Vor- und Gegenbild beeinflusst war – dem Vatikan.

Nahezu alle Ideen und Programme, die im 18. und 19. Jahrhundert die Freimaurerei belebten und prägten, entzweiten und mit sich rissen, verstießen gegen die ehernen Londoner Gebote der Vernunftherrschaft und politischen Enthaltsamkeit. Das jedoch bedeutet, dass die Hüter der reinen Lehre de facto nur über geringe Steuerungs- und Definitionsgewalt verfügten. Was sie mit dem unterkühlten Pathos saturierter Besserwisser von der Kanzel ihrer Freemasons Hall aus verfügten, war von der Realität der Bruderschaft in Frankreich oder Deutschland kaum weniger weit entfernt als die Mehrzahl der päpstlichen Bullen vom Alltag der Geistlichen an Seine oder Rhein.

Im Allerheiligsten der Bewegung mochte man sich noch so sehr über die angebliche Unterwanderung durch Alchimisten, Pansophiker und Rosenkreuzer, Templer und »Schotten«, ägyptische und Adoptionsmaurer, Revolutionäre und Radikaldemokraten empören – ohne all diese Strömungen hätte die Freimaurerei auf dem europäischen Festland wohl kaum jemals eine nennenswerte Rolle gespielt. Über Jahrzehnte hinweg wurden die Logen in Paris oder Madrid, Wien oder Berlin zu Ideenschmieden und Experimentierlaboren der spannendsten und kühnsten Ideen und Programme – darin lag ihre Bedeutung und ihre Faszinationskraft, nicht im »aufgeklärten« Skeptizismus der Johannismaurerei, die allerorten nur Aberglauben und verderbliche Leidenschaften walten sah.

So erstaunt es nicht, dass in der deutschen Freimaurerei auch nach dem Tod des Reichsfreiherrn von Hund und dem Zusammenbruch seiner »Strikten Observanz« (siehe *Zweite Maurerreise*) nicht etwa die »blaue« Maurerei die Oberhand gewann. Aus der tiefen Krise, in die die Bewegung hierzulande um 1780 stürzte, wurde sie vielmehr erst durch zwei kraftvolle geistige Strömungen herausgezogen, die von den Londoner Gralshütern gleichermaßen als häretisch gebrandmarkt wurden. Dabei war ein krasserer Gegensatz als der zwischen dem Bund der Illuminaten und der Bewegung der Gold- und Rosenkreuzer zumindest auf den ersten Blick kaum vorstellbar.

Durch Mystifikation zur Mündigkeit: die Illuminaten

Der Geheimbund der Illuminaten wurde im Mai 1776 von dem Philosophen und Kirchenrechtler Adam Weishaupt (1748 bis 1830) in Ingolstadt gegründet und bestand nicht einmal zehn Jahre lang: Nach Edikten des bayerischen Kurfürsten von 1784 und 1785 stellte der Orden offiziell seine Tätigkeit wieder ein. Gleichwohl ist sein Mythos bis heute lebendig geblieben, und weit stärker als Rosenkreuzer oder Neutempler hat diese Geheimgesellschaft Urteile und Vorurteile über die Freimaurerei beeinflusst.

Nicht nur in Bannschriften des Vatikans oder Hasstiraden wie den Pamphleten des Abbés Barruel (siehe *Achte Maurerreise*), sondern auch in den Erlassen des bayerischen Herrschers werden Freimaurer und Illuminaten schlichtweg gleichgesetzt: Ein weiteres Edikt von 1787 droht für bloße Zugehörigkeit zu den Orden der Maurer oder Erleuchteten gleichermaßen die Todesstrafe an.

Die Beteuerungen der »blauen« Bruderschaft, dass sie mit Programmen und Praktiken der Illuminaten nicht übereinstimme, klangen wohl in den Ohren der meisten Zeitgenossen wenig glaubwürdig. Nahezu alles, was die Feinde der Freimaurerei diesem Orden seit einem halben Jahrhundert vorwarfen, traf auf die Illuminaten zu: Ihre Mitglieder waren in einem Hochgradsystem hierarchisiert, dessen niedere Grade zur Tarnung der wahren Absichten der Oberen dienten. Ränge, Rituale und sonstiges Brauchtum hatten die Begründer einzig zum Zweck der Mystifikation erdacht oder adaptiert: Weder die Außenwelt noch die Neulinge sollten erfahren, welche Ziele der Orden tatsächlich verfolgte. Dabei griff man teils auf freimaurerische Traditionen zurück, etwa auf die Gliederung in Logen und Grade, teils auf Strukturen der »Gesellschaft Jesu«, insbesondere auf den jesuitischen Eid, der blinden Gehorsam von den Ordensmitgliedern forderte.

Anders als bei der Johannismaurerei handelte es sich bei den Illuminaten um eine echte Geheimgesellschaft, die ihre Pläne und Machtstrukturen vor den »Profanen« wie auch vor den niederen Graden des eigenen Ordens verbarg. So wurde den »Novizen« verkündet, dass man durchaus nicht beabsichtige, weltliche oder geistliche Herrschaftsstrukturen zu untergraben. Erst den hohen und höchsten Graden, die »Priester«, »Regent« oder »Magus« hießen, sollte schrittweise enthüllt werden, wofür der Orden wirklich gegründet worden war: um Despotien zu beseitigen, den Aberglauben aus Köpfen und Machtstrukturen zu vertreiben, wodurch letztlich die Herrschaft von Menschen über andere Menschen überflüssig werden solle. Ein radikal-»aufklärerisches«, anarcho-utopisches Programm also, das eine grundlegende Veränderung der gesellschaftlichen Verhältnisse zum Ziel hatte, allerdings keinerlei Gewaltanwendung – wie etwa bei der Französischen Revolution – vorsah.

Ein Anarchist mit Etikette: Freiherr Adolf von Knigge

Drei Jahre nach ihrer Gründung verzeichnete die Gesellschaft der Illuminaten bereits regen Zulauf aus den Kreisen bürgerlicher und adliger Beamter, Offiziere und Lehrer. Anfangs war der Orden nur in Süddeutschland und Österreich aktiv, doch im Jahr 1780 konnte eine Persönlichkeit gewonnen werden, die den Illuminaten bis hinauf nach Norddeutschland Geltung verschaffen sollte: Freiherr Adolf von Knigge (1751–1796), heutzutage meist nur noch durch seine Benimmregeln bekannt, seinerzeit jedoch ein einflussreicher Verfasser von »aufklärerischen« Schriften verschiedenster Art.

Knigge war Freimaurer nach dem Ritus der »Strikten Observanz«. Als diese templerisch-maurerische Richtung nach dem Tod ihres Begründers Auflösungserscheinungen zeigte, gehörte der Freiherr zu den Ersten, der im Geist des Illuminaten ein mögliches neues Lebenselixier für die darbende masonische Bewegung erkannte. Die Verschmelzung des radikalpolitischen Programms der Männer um Weishaupt mit dem malerischen Brauchtum der Freimaurer geht wesentlich auf Knigge zurück. Und als die Maurer der »Strikten Observanz« 1782 auf dem Kongress in Hanau um das künftige Schicksal ihres Ordens stritten, da war es hauptsächlich der wortgewaltige Freiherr von Knigge, der die Anwesenden von den Ideen der Illuminaten überzeugte.

»Illuminatenfreimaurerei«

Nach außen hin blieben Freimaurer und Illuminaten zwar getrennt. Tatsächlich aber ließ sich ein großer Teil der deutschen und österreichischen Maurer, insbesondere aus den Logen der »Strikten Observanz«, zusätzlich in die Geheimgesellschaft der Illuminaten aufnehmen. Selbst nach vorsichtigen Schätzungen gehörten Anfang der 1780er Jahre im deutschsprachigen Raum zwischen einem Viertel und einem Drittel aller Freimaurer zugleich dem geheimen Kampfbund der »Erleuchteten« an.[128]

Auch für Knigge selbst, der eigens eine »Maurerklasse« innerhalb der Illuminatengrade schuf, bestand zwischen beiden Orden bloß insofern ein Unterschied, als der eine dem anderen als »Maske« dienen sollte. Das geheime Programm dieser »Illuminatenfreimaurerei« sah im Wesentlichen vor, weltliche und geistliche Machtstrukturen mit Angehörigen des Ordens zu unterwandern. Die einzelnen Mitglieder sollten einer ehrgeizigen Schulung unterzogen werden und durch ihr Beispiel und ihren Einfluss Staat und Gesellschaft gemäß den »aufklärerischen« Idealen der Vernunft und Sittlichkeit nach und nach umgestalten. Dabei sollte jeder nur an seinem Ort wirken, der einzelne Bruder über den Gesamtplan gänzlich im Unklaren bleiben. Bezeichnenderweise war anfangs vorgesehen, die Geheimgesellschaft »Bienenorden« zu nennen – so, wie jedes einzelne Insekt zur Verwirklichung eines perfekten Gesamtbaus beiträgt, ohne dessen komplexe Strukturen auch nur annähernd zu durchschauen, so sollten auch die Illuminaten bienenfleißig und in blindem Gehorsam an der idealen Zukunft einer »aufgeklärten« Menschheit arbeiten.

Ob sich der Geheimbund der »Erleuchteten« nach dem kurfürstlichen Verbot 1785/86 wirklich aufgelöst hat oder im Untergrund weiter tätig war, wird bis heute von Freunden wie Feinden der Illuminaten leidenschaftlich diskutiert. Jedoch hatte sich die Idee einer solchen »aufklärerischen« Geheimgesellschaft zu dieser Zeit wohl bereits überlebt. Bedeutende Illuminaten wie Goethe und Herder, Herzog Ferdinand von Braunschweig oder Karl August von Sachsen-Weimar und auch Freiherr von Knigge selbst begannen sich von dem Orden wieder abzuwenden, bevor dieser – wohl auf Betreiben seiner gold- und rosenkreuzerischen Widersacher – den Todesstoß erhielt.

Denn das Bildungs- und Unterwanderungsprogramm der Illuminaten wird zwar meist umstandslos als »aufklärerisch« und »fortschrittlich« bezeichnet – im Unterschied zu den »irrationalen« und »reaktionären« Absichten der Gold- und Rosenkreuzer. Jedoch barg der Plan, mit autoritären Mitteln und esoterischen Strukturen für die Herrschaft der Vernunft und die Mündigkeit der Bürger zu kämpfen, von vornherein einen grundlegenden Widerspruch, der wohl auch das Scheitern der Illuminaten zumindest teilweise erklärt.

Auch die Vorstellung ihres Begründers Weishaupt, alles Wissen der Menschheit in einer »illuminatischen Wissenschaftsorganisation« zusammenzuführen, »die Physik, Mathematik, Medizin, Politik, schöne Künste und Geheimwissenschaften«[129] umfassen sollte, ähnelt verblüffend den Plänen ihrer »reaktionären« Widersacher, die ihrerseits von einer »romantischen« oder »pansophischen« Akademie des menschheitlichen Gesamtwissens phantasierten.

Mit Bibel und Magie: der »Orden des Gülden- und Rosen Creutzes«

In ihren Anfängen war die Gold- und Rosenkreuzerbewegung der Versuch einer Wiederbelebung der pansophischen und rosenkreuzerischen Strömungen – allerdings wohl auf geistig und spirituell bescheidenerem Niveau.

Bereits im Jahr 1710 war ein Werk des schlesischen Predigers und Alchimisten Samuel Richter erschienen, dem der Orden anscheinend seinen Namen verdankte: *Die Wahrhaffte und Vollkommene Bereitung des philosophischen Steines der Bruderschaft aus dem Orden des Gülden- und Rosen Creutzes*. Möglicherweise ging die Geheimgesellschaft auch aus einem Bergleute-Bund namens »Orden der Unzertrennlichen« hervor, unter dem Namen »Gold- und Rosenkreuzer« trat sie jedenfalls erst ab Mitte des 18. Jahrhunderts in Erscheinung. Anfängliche räumliche Schwerpunkte lagen im süddeutschen Raum.

Die Maurerei als »Pflanzschule«

Im Zentrum der Bemühungen des Ordens stand eine Synthese von biblischen Offenbarungen und alchimistisch-kabbalistischem Geheimwissen. Entsprechend war die Gesellschaft esoterisch strukturiert: Es gab neun Gradstufen vom »Junior« bis zum »Magus«, wobei die Identität der Oberen auch den Brüdern der niederen Grade verborgen blieb – nicht anders als bei ihren Widersachern, den Illuminaten.

Zum Verdruss der Johannismaurer wie auch, späterhin, des Illuminatenbundes betrachteten sich die Gold- und Rosenkreuzer als die »wahren« Freimaurer. Zu ihrem Brauchtum gehörte der Maurerschurz ebenso wie die – alchimistisch gedeutete – Hiramslegende. Ihre wichtigsten Leitfiguren waren nicht Kant oder Locke, sondern Paracelsus und der Mystiker Jakob Böhme (1575–1624).

Ähnlich den ursprünglichen Rosenkreuzern des 17. Jahrhunderts trachteten auch diese selbsternannten Nachfahren, in paracelsischem Geist »die Worte des Schöpfers im Buch der Natur« zu entziffern. Statt auf wissenschaftliche Erkenntnis im »aufklärerischen« Sinn setzten sie auf die Heilige Schrift und auf seherisch gewonnene Offenbarungen, und dem Rationalismus der sich formierenden Naturwissenschaften stellten sie einmal mehr die alten Konzepte kabbalistischer Magie und Alchimie entgegen.

Nach ihrer – mit dem »zweiten Hauptplan« 1777 offiziell verkündeten – Ansicht war die Freimaurerei ohnehin von Rosenkreuzern begründet worden. Sie griffen die Templerthese der »Strikten Observanz« auf und erklärten, dass drei »ägyptische Lichtweisen« Anfang des 12. Jahrhunderts nach Schottland ausgewandert seien und dort den »Orden der Bauleute des Ostens« gestiftet hätten. Die Bezeichnung »Freimaurerei« war nach ihrer Ansicht Irrtum oder Mystifikation. Nur ihre eigenen Eingeweihten der höchsten Grade seien imstande, die Symbolik der Maurerrituale zutreffend zu entschlüsseln. Hieraus leitete sich für sie das Recht ab, die Johannismaurerei als »Pflanzschule zu höheren Wissenschaften« anzusehen, also in den Logen ihren eigenen Nachwuchs anzuwerben.

Allem Anschein nach versuchten sich Gold- und Rosenkreuzer noch im späten 18. Jahrhundert mit großem Eifer an der alchimistischen Herstellung von Gold und an der Gewinnung des Steins der Weisen. Auch wenn diesen Experimenten wohl nur wenig Erfolg beschieden war, wuchs die Anziehungskraft des Ordens in der zweiten Jahrhunderthälfte immer weiter an. Der seichten Weisheiten der »Aufklärer« überdrüssig, begannen sich gerade die Gebildeten in Adel und Bürgertum wieder für Mysterien und okkulte Gegenstände zu begeistern, die lange Zeit als Mummenschanz verunglimpft worden waren.

Von Wien und Böhmen aus breiteten sich die Gold- und Rosenkreuzer vor allem nach Preußen und Sachsen, aber auch nach Russland oder Polen aus. Allerorten öffneten sich die Freimaurerlogen für die »alchimistische Rosenkreuzerei«. Mochte ein Drittel der masonischen Bruderschaft in Deutschland seinerzeit den Illuminaten angehören, so war der maurerische Zuspruch zu den okkulten Bestrebungen der neuen Rosenkreuzer gewiss noch weitaus stärker.

Das neue Zentrum der »alchimistischen Freimaurerei« wurde um 1780 die preußische Hauptstadt Berlin. Dort allerdings geriet diese Bewegung christlicher Mystiker und kabbalistischer Phantasten unter den Einfluss eines reaktionären Dunkelmannes, der den Orden kurzerhand als Kampftrupp gegen die Illuminaten instrumentalisierte: Johann Christoph von Wöllner (1732–1800).

Ein »intriganter Pfaffe«

Mit Friedrich dem Großen hatte sich der preußische Pastor und spätere Staatsmann Wöllner aus persönlichen Gründen überworfen: Als er, obwohl von bürgerlichem Stand, die Gräfin von Itzenplitz heiratete, ließ der König die »Frau Wöllner« enteignen und verbannte sie in die Berliner Hausvogtei. Wöllners Begehren, ihn in den Adelsstand zu erheben, lehnte der Monarch beharrlich ab, da er den ehrgeizigen Theologen und Schriftsteller für einen »intriganten Pfaffen« hielt.

Wöllner verstand es jedoch, den preußischen Kronprinzen, den späteren König Friedrich Wilhelm II., unter seinen Einfluss zu bringen. Unter dessen Regentschaft wurde er geadelt, zum Geheimen Oberfinanzrat ernannt und wirkte unter anderem als Justizminister. Vor allem in diesem Amt erwies er sich als rücksichtsloser Kämpfer gegen Illuminaten, »Aufklärer«, Lutheraner, was für ihn alles ein und dieselbe Teufelsbrut war.

Häufig wird Johann Christoph von Wöllner als »Totengräber des alten Preußen«[130] bezeichnet, doch auch der Bewegung der Gold- und Rosenkreuzer erwies er einen üblen Dienst. Wie Friedrich der Große und Kronprinz Friedrich Wilhelm gehörte auch Wöllner der Freimaurerei an. 1766 trat er in die Berliner Loge »Zur Eintracht« ein, und im Ritus der »Strikten Observanz« besaß er gar den Rang des »Präfekten der Präfektur Templin« (Berlin). 1791 wurde er überdies Großmeister der National-Mutterloge »Zu den drei Weltkugeln«. Damit war er eine der maßgeblichen Persönlichkeiten der preußischen Freimaurerei seiner Zeit.

Die Bruderschaft war hauptsächlich in die Fraktionen der Illuminaten sowie der Gold- und Rosenkreuzer zerfallen, die einander erbittert bekämpften. Wöllner ergriff Partei für die mystisch-alchimistische Strömung, doch sein Interesse galt nicht der paracelsischen Entzifferung göttlicher Geheimnisse, sondern den Betrugs- und Täuschungsmöglichkeiten, welche die Gold- und Rosenkreuzerei ohne Zweifel in reichem Maße bot.

Zu jener Zeit zogen Scharen von Scharlatanen über die Märkte und verkauften Leichtgläubigen allerlei »rosenkreuzerische« Wundermittel. Der angebliche magische Balsam in Tiegeln und Phiolen sollte Blei in Gold, Alter in Jugend, Siechtum in blühende Gesundheit verwandeln – und Wöllner reihte sich an vorderster Spitze in diese Reihe pseudo-rosenkreuzerischer Betrüger ein.

Im Schloss zu Charlottenburg weihte er zusammen mit dem General von Bischofswerder, einem ebenso bedenkenlosen Dunkelmann und Intriganten, den Kronprinzen in die Mysterien eines betrügerischen Rosenkreuzertums ein. Mit Hilfe eines sinnreich erdachten Apparates und eines leidlich begabten Bauchredners ließen sie Geister erscheinen, die Friedrich Wilhelm auf die Pläne des Gaunerpaars einschworen. Der gutgläubige Prinz war zutiefst beeindruckt – und nachdem die Séancen ein paarmal wiederholt worden waren, verlieh er Wöllner und dessen Gefolgsleuten alle gewünschten Ämter und Vollmachten.

Die Folge waren unter anderem das Religionsedikt von 1788, das die Entfaltung der lutherischen Kirche einschränkte, und die bereits erwähnten bayerischen Edikte gegen die Illuminaten, die gleichfalls von Wöllner souffliert wurden. Aus heutiger Sicht steht außer Zweifel, dass Wöllner ein Betrüger und Scharlatan war, der sowohl die Freimaurerei als auch die Ideen und Praktiken der Gold- und Rosenkreuzer für seine verbrecherischen Absichten ausnutzte. Tatsache ist jedoch auch, dass die masonische Bruderschaft ihn über einen langen Zeitraum als ihren hohen Würdenträger gewähren ließ, obwohl er offensichtlich gegen die wesentlichen Regeln und Grundsätze der Johannismaurerei wie auch der »Strikten Observanz« verstieß.

»Missbrauch« und »Missverständnis« der Maurerei?

Nach Ansicht von Forschern wie Dieter A. Binder, die der »blauen« Bruderschaft zuneigen, haben die Illuminaten das maurerische Geheimnis »missbraucht«, während die Gold- und Rosenkreuzer das gleiche Geheimnis »missverstanden« hätten.[131]

Der ersteren Behauptung könnte man mit einigen Einschränkungen immerhin zustimmen – wobei man jedoch hinzufügen müsste, dass dieser »Missbrauch« mit Duldung und aktiver Teilnahme eines großen Teils der Freimaurer selbst erfolgte. Die zweite Behauptung aber, dass die maurerische Gold- und Rosenkreuzerei auf einem »Missverständnis« masonischer Traditionen und Absichten beruhe, träfe allenfalls dann zu, wenn man die Grundsätze und das Geschichtsbild der Londoner Großloge als alleinverbindlich akzeptieren und die historische Wirklichkeit der Bruderschaft gerade im Deutschland des 18. Jahrhunderts weitestgehend ignorieren wollte.

Ebenso wenig lässt sich die übliche stereotype Gleichsetzung der Illuminaten mit »Fortschritt« und »Aufklärung« sowie der Gold- und Rosenkreuzer mit »Reaktion« und »Konservatismus« aufrechterhalten. Die Ordensstruktur der Illuminaten war esoterisch, ihr Brauchtum absichtlich mystifizierend. Ihre Strategien der Machtausübung waren so autoritär und manipulativ wie die der Jesuiten, und ihre »erleuchtete« Utopie einer herrschaftslosen Gesellschaft umfassend gebildeter Individuen war zumindest teilweise eher rückwärtsgewandt und illusionär als »fortschrittlich« oder gar strikt rational.

Umgekehrt wurden die Gold- und Rosenkreuzer von betrügerischen Akteuren wie Wöllner zwar als antiaufklärerisches Kampfinstrument missbraucht. »Doch beweist dies meines Erachtens noch nicht«, wie Horst Möller mit Recht hervorhebt, »dass der Orden Teil des zu dieser Zeit entstehenden politischen Konservativismus gewesen ist, wenn er ihn auch zweifellos begünstigt hat.«[132] Die Begeisterung für mystische Erfahrungen und magische Praktiken, die damals weite Teile gerade der Gebildeten in Europa erfasste, zeugte zwar gewiss von einer »Krise der Aufklärung«. Aber deren Ursachen lagen sehr viel eher im Programm der »Aufklärer« selbst, die wesentliche Bereiche menschlicher

Bedürfnisse und Erfahrungsweisen schlichtweg ausblendeten oder allenfalls in rationalistischer Verzerrung zur Kenntnis nahmen. Letztlich war die Gold- und Rosenkreuzerei wohl nur ein verworrener Aufguss älterer Weisheitslehren. Doch der paracelsische Pansophismus, den die Alchimisten des 18. Jahrhunderts wiederzubeleben suchten, war eben nicht einfach das »irrationale« Gegenstück zum Rationalismus der »Aufklärer«. Sein Ziel war es vielmehr, Geist, Sinne und Seele in einer höheren Wissenschaft zu versöhnen, durch die das »Buch der Schöpfung« überhaupt erst umfassend lesbar werden sollte.

Erst in dem Maß, wie die Gold- und Rosenkreuzer unter den Einfluss rückwärtsgewandter Kräfte wie des Zirkels um Wöllner und die Jesuiten gerieten, wandelten sie sich in der Tat zu einem Kampftrupp der katholischen Reaktion. Ebenso wie ihre Widersacher, die Illuminaten, versuchten auch die Neurosenkreuzer zumindest in Preußen durch gezielte Unterwanderung Einfluss auf staatliche Schaltstellen zu erlangen.

So erbittert sie einander auch bekämpften, aus heutiger Sicht stechen jedoch die Gemeinsamkeiten beider Orden beinahe mehr noch als ihre Gegensätze hervor. Beides waren Geheimgesellschaften mit strikter Verschwiegenheitspflicht und rigidem Gehorsamseid, mit esoterischer Struktur und »unbekannten Oberen« an ihrer Spitze. Gegenüber der dominanten Form des in seinem Kern archaischen Männerbundes ist der jeweils einfließende Inhalt offenbar sekundär. Auffällig ist jedoch auch, dass sich die Mysterienform an »irrationale« Inhalte wie die Gold- und Rosenkreuzerei zwanglos anzuschmiegen schien. Dagegen wurde das »aufklärerische« Programm der Illuminaten, ein der geheimbündischen Ordensstruktur letztlich konträrer Inhalt, durch diese ins Esoterische verzerrt.

Woraus sich einmal mehr folgern lässt, dass auch der Rationalismus der »blauen« Bruderschaft dem ganz anderen Traditionen entstammenden Freimaurerorden bloß nachträglich aufgepfropft worden ist. Den eklatantesten »Missbrauch« der masonischen Bewegung haben allem Anschein nach die Londoner Gralshüter selbst vor bald drei Jahrhunderten begangen, als sie die neubegründete Bruderschaft von ihren vermeintlich »irrationalistischen« Quellen abzuschneiden versuchten.

Dreizehnte Maurerreise: Die Bibliothek des Hasses

Im 19. und frühen 20. Jahrhundert wurden die Rituale, Zeichen und sonstigen »Geheimnisse« der Freimaurerei durch Verräter und Abtrünnige unzählige Male offenbart. Eine »Bibliographie der freimaurerischen Literatur«, zwischen 1911 und 1913 erschienen, nennt nahezu 44 000 Titel, und ein weiterer Band aus dem Jahr 1926 listet nochmals etwa 11 000 Werke auf. »Bis 1926 konnten also fast 55 000 Werke erfasst werden, doch die Arbeit war damit nicht beendet, da neue Schriften folgten. Man kann daher ruhigen Gewissens von 60 000 Enthüllungsschriften sprechen, von denen 99 % antifreimaurerische Werke sind.«[133]

Die frühesten Verräterschriften über die Johannismaurerei erschienen bereits wenige Jahre nach Gründung der Londoner Großloge, so etwa »The Secret History of the Free Mason« im Jahre 1724. Aber selbst hunderttausendfache Offenbarung hätte den Argwohn der Feinde und Verfolger der Bruderschaft nicht beschwichtigen können: Je einfältiger die »verratenen« Rituale und je großherziger die offiziell verkündeten Ziele der Maurerei, desto gewisser schien, dass dies alles nur Fassade sei, um die eigentlichen Absichten des Ordens zu verbergen.

Insbesondere in der katholischen Kirche erreichte der Freimaurerhass im späten 19. Jahrhundert unrühmliche neue Höhepunkte. Unter diesen sind vor allem die Bulle *Humanum genus* und der sogenannte Taxil-Schwindel in die Geschichte vatikanischer Verirrungen eingegangen. In ihrem Kirchenhass standen freilich viele Freimaurer – zumal in den romanischen Ländern – zu jener Zeit der Feindseligkeit ihrer Widersacher nur wenig nach.

»Bittere Früchte der Maurersekte« – die päpstliche Bulle *Humanum genus*

Papst Leo XIII. (1810–1903) wurde auch der »Arbeiterpapst« genannt, da er mit seiner Sozialenzyklika für eine Stärkung der Rechte der Arbeiterschaft eintrat. Zugleich war er ein fanatischer Gegner der »ungeheuerlichen Systeme der Sozialisten und der Kommunisten«, wie es in seiner Bulle *Humanum genus* vom April 1884 heißt. Das eigentliche Angriffsziel dieser Kampf- und Hassschrift aber ist die Freimaurerei, deren »Macht zum Bösen« der Papst »auf das deutlichste hervorzuheben« bemüht ist, um »das Fortschreiten der Ansteckung durch diese Geißel zu beenden«.[134]

Wie zu erwarten war, hält Leo XIII. die offiziell verkündeten philanthropischen Ziele der Bruderschaft für bloße Maskerade: Selbst »vorausgesetzt, dass das ihre ernsten Absichten wären, so sind sie doch weit entfernt, erschöpfend über ihre Ziele Auskunft zu geben«. Denn warum sonst »müssen diejenigen, die sich ihnen anschließen, versprechen, blind und ohne Diskussion den Anordnungen der Oberen zu gehorchen«? Die Antwort der Bruderschaft, dass das Gebot des Gehorsams nur der Herzensbildung des einzelnen Maurers dienen solle, überzeugt den Papst ersichtlich nicht.

Auch die beharrlich wiederholten Erklärungen der Freimaurer, dass etwa die italienischen Carbonari (siehe *Siebte Maurerreise*) oder die bayerischen Illuminaten (siehe *Zwölfte Maurerreise*) dem Orden nicht angehörten, tut der Heilige Vater als durchsichtige Lügen ab. »Es gibt auf der Welt eine gewisse Anzahl von Sekten«, so führt er aus, »die, obwohl sie sich voneinander durch den Namen, die Riten, die Form, den Ursprung unterscheiden, dennoch untereinander ähnlich und einig sind, durch die gleichen Ziele und die gleichen wesentlichen Grundsätze. In der Tat sind sie identisch mit der Freimaurerei, die für alle anderen wie ein zentraler Punkt ist, aus dem sie hervorgehen und in den sie münden.«

Wie bereits seine Vorgänger hält sich auch Leo XIII. mit konkreten Vorwürfen oder gar Indizien nicht weiter auf. »Beweise von großer Klarheit« werden erwähnt, aber nicht näher ausgeführt. Wiederum scheint das Urteil schon im Voraus festzustehen: »Die Freimaurer erstreben ... eine vollständige Zerstörung jeder religiösen und gesellschaftlichen Ordnung, die aus den christlichen Institutionen hervorgegangen ist, und wollen sie durch eine neue, nach ihren Vorstellungen gestaltete ersetzen«, bei der »in allen Dingen die Natur oder die menschliche Vernunft die Herrin und Gebieterin sein muss«.

Der Vatikan »unter dem Hammer« der Bruderschaft

Die Behauptung, dass »die« Freimaurerei als Institution den Katholizismus zerstören wolle, ließ sich zwar wiederum gewiss nicht belegen – die Londoner Großloge wahrte ihre Zurückhaltung und rief weder zum Sturz des Papstes noch zu seiner Unterstützung auf. Doch ohnehin ging es bei diesem Konflikt nicht um Kirche kontra »Naturalismus« in einem grundsätzlichen Sinn, wie Leo XIII. in seiner Bulle behauptete, sondern vornehmlich um den inneritalienischen Einigungskampf. Der Papst eiferte wider »die« Freimaurerei und meinte vor allem die romanischen Zweige der Bruderschaft – und innerhalb dieser wohl insbesondere den italienischen Großmeister Andriano Lemmi (1822–1906).

Lemmi war ein fanatischer Papsthasser und wortgewaltiger Streiter gegen den Vatikan. Diesen schmähte er als »letzten Zufluchtsort des Aberglaubens« und rief dazu auf, den maurerischen »Meißel« an die Mauern des Katholizismus anzulegen. Der Revolutionär und Staatsmann Francesco Crispi (1819 bis

1901), 1893–1896 Ministerpräsident des geeinigten Italien, gehörte der Hochgradfreimaurerei an, was Lemmi als Gewähr dafür bejubelte, »dass der Vatikan unter unserem belebenden Hammer stürzen wird. Der Großorient ruft den Geist der Menschheit auf, damit alle Freimaurer mit allen Kräften daran arbeiten, die Steine des Vatikans zu zerstreuen, um daraus den Tempel der befreiten Nation aufzubauen.«[135]

Papst Leo XIII. hatte aus seiner Sicht also durchaus gute Gründe, die romanische Freimaurerei als Zentrum des antipapistischen Kampfes anzusehen. Zu einem ähnlichen Schluss kommt noch in unserer Zeit Oskar Köhler im *Handbuch der Kirchengeschichte*: »Auch wenn man kritisch ist gegen alle Behauptungen von ›Weltverschwörungen‹ und man den Großmeister der italienischen Freimaurer, Andriano Lemmi, mit seinem pathologischen Kirchenhass nicht als repräsentativ für alle Logen betrachtet und insgesamt die romanischen Organisationen von den anderen unterscheidet, so bleibt doch festzuhalten, dass man es hier mit der damaligen intellektuellen Führung in einem rücksichtslosen Kampf gegen die katholische Kirche zu tun hat, wie immer auch die menschheitlichen Ideale dieser Bewegung einzuschätzen sind.«[136]

Vorkämpfer für Demokratie, Ehescheidung – und Satanismus

Aus heutiger Sicht nimmt sich der Katalog verwerflicher Ziele, die der Papst den Freimaurern zuschreibt, wenig spektakulär aus: Die Bruderschaft kämpfe für die Trennung von Kirche und Staat, eifert der Heilige Vater, und sie fordere, dass alle Macht vom Volk ausgehen solle. Auch für Ehescheidung und andere Greuel trete die »maurerische Sekte« ein, was aus Sicht des Papstes beweist, dass es Vorkämpfer für »das Reich des Satans« seien.

Diese mittelalterlich anmutende Schlussfolgerung war bereits im europäischen Klerus jener Zeit keineswegs mehr unumstritten. In den Vereinigten Staaten von Amerika aber, auch unter den dortigen Katholiken, wurde die Bulle *Humanum genus* mit Unverständnis und Empörung aufgenommen. »Die Amerikaner betrachteten diese Bulle nicht nur als einen direkten Angriff auf die Prinzipien und Ideale, auf denen ihre Verfassung, ihre Gesellschaft und ihre Institutionen beruhten. Die Behauptung, dass Johanna, die Wahnsinnige von Kastilien, Ferdinand und Isabella von Spanien oder Richard III. von England ›Diener Gottes‹ waren, während George Washington oder Abraham Lincoln ihr Amt widerrechtlich ausübten, war so kühn und widersprach der Mentalität der Amerikaner in solchem Maße, dass sie sie weder ignorieren noch stillschweigend übergehen konnten.«[137]

Um die haarsträubende Rückständigkeit des Vatikans zu dokumentieren, fertigten die amerikanischen Freimaurer selbst eine Übersetzung der Bulle an und brachten sie unter dem Titel »Die Enzyklika *Humanum genus* des Papstes Leo XIII. gegen die Freimaurerei und den Geist des Jahrhunderts« in Umlauf. Eine von der Großloge von Südcarolina verfasste Entgegnung erhob »im Namen der Menschheit« gegen die Vorwürfe des Papstes Einspruch.

Doch der Vatikan zeigte sich wenig beeindruckt. Falls Leo XIII. die amerikanischen Reaktionen überhaupt zur Kenntnis nahm, so schenkte er offenbar Autoren wie dem Bischof von Grenoble, Armand-Joseph Fava, erheblich mehr Glauben. Dieser hatte in einer Hetzschrift, die ein Jahr vor der päpstlichen Bulle erschienen war, die »freimaurerische Sekte« des Satanismus und der Sodomie beschuldigt.

Doch es sollte noch ärger kommen – für die Freimaurer, aber in der Folge auch für den Vatikan. Im Jahr 1885 erschien das Buch *Les Frères trois-points* (»Die Dreipunktebrüder«), in dem die Behauptung, dass die Freimaurer Teufelsjünger seien, bekräftigt und in abstoßenden Einzelheiten ausgemalt wurde. Der Autor des Machwerks: ein Hochstapler namens Leo Taxil.

Krokodile und Orgien – der Taxil-Schwindel

Als Gabriel Jogand-Pagès (1854–1907) wurde er in Marseille geboren, doch unter dem Namen Leo Taxil ging er in die Geschichte der Betrügerei und Hochstapelei ein. Im Paris der 1880er Jahre verfasste er kirchenkritische Artikel und ein Buch mit dem Titel *Les Amours secrètes de Pie IX.* (»Die geheimen Liebschaften von Pius IX.«). Der Vatikan prangerte ihn daraufhin als »Atheisten« an, wodurch er als Provokateur und Freidenker nur noch bekannter wurde.

Im Jahr 1881 wurde G. Jogand-Pagès in eine Pariser Loge aufgenommen. Doch die Freimaurer schlossen ihn bereits nach seinem dritten Besuch wegen »unsauberer Geschäfte« wieder aus. Wenig später vollführte der geschmeidige Mann eine spektakuläre Kehrtwende: Er behauptete, die im Jahr 1885 publizierte Bulle *Humanum genus* habe ihm die Augen über das verderbliche Wesen der Bruderschaft geöffnet, und bat den Nuntius der Apostolischen Kirche in Paris um Erlaubnis, »die Wahrheit über die Freimaurerei« zu publizieren.

Die Genehmigung wurde gern erteilt, und so begab sich der Geläuterte unter dem Pseudonym Leo Taxil ans Werk. Während seiner Besuche in der Loge hatte er nur wenig über Rituale und Brauchtum der Freimaurer erfahren, doch desto großzügiger machte Taxil von seiner Phantasie Gebrauch, die von unstillbarem Rachedurst befeuert wurde. Rache nehmen wollte er, der ehemalige Zögling der Jesuiten, offenbar nicht nur an den Freimaurern, die ihn ausgeschlossen hatten, sondern weiterhin auch an der katholischen Kirche.

Die Dreipunktebrüder

Die Bezeichnung des Ordens als »Dreipunktebrüder« ist besonders bei Gegnern der Bruderschaft beliebt. Sie geht auf den freimaurerischen Brauch zurück, Abkürzungen in Schriftstücken mit nachfolgenden drei Punkten zu kennzeichnen, die zur Dreiecks- oder Pyramidenform angeordnet sind. Wie um nahezu jedes maurerische Symbol ranken sich auch um dieses die phantastischsten Spekulationen.

Ursprünglich handelt es sich um einen alten Setzerbrauch, doch wie dieser bei den Freimaurern Eingang fand, ist umstritten. Nachweislich hat Jan Amos Comenius, der Begründer der pansophischen Schule (siehe *Dritte Maurerreise*), in seinen Schriften diese drei Punkte verwendet, ebenso wie viele Schreiber aus dem Templerorden (siehe *Zweite Maurerreise*). In der Gewohnheit, Abkürzungen durch die im Dreieck angeordneten Punkte zu markieren oder auf diese Weise einfach Leerräume im Druckbild aufzufüllen, sehen daher manche Autoren – und keineswegs nur Gegner der Bruderschaft – ein Indiz dafür, dass die Freimaurerei möglicherweise doch aus magisch-alchimistischen Traditionen entstanden sei. Auch mit dem Dreieck, das im Tempel das Gottesauge umrahmt, werden die Punkte häufig in Verbindung gebracht – woraus dann wieder abgeleitet wird, dass auch das dreieckige Winkelmaß nur eine Chiffre für magische Geheimnisse sei.

Auch wenn sich nichts von alledem belegen lässt – den Widersachern der Bruderschaft war jegliche Spekulation und Nachrede willkommen, wenn sie die Freimaurerei nur in irgendeiner Weise mit »satanischen« Praktiken in Verbindung zu bringen schien. Schon der Titel *Les Frères trois-points* stimmte also die erwartungsfrohe Leserschaft auf »teuflische« Enthüllungen ein.

Leo Taxil enttäuschte die Erwartungen auch keineswegs. Im ersten Band seiner Bibliothek des Hasses behauptete er, dass die Freimaurer Satanisten seien und ihr »Geheimnis« eben die Anbetung des Teufels in templerischer Tradition sei. Vom Erfolg des Werkes ermutigt, ließ er 1886 und 1890 zwei weitere Bände mit angeblichen Enthüllungen über *Les Sœurs maçonnes* (»Die Freimaurerschwestern«) folgen. Tatsächlich gab es in der französischen Freimaurerei sogenannte Adoptions- und androgyne Logen, denen auch Frauen angehörten (*siehe Sechzehnte Maurerreise*). In der Folge brachte er immer phantastischere Enthüllungsbücher heraus, in denen er unter anderem von satanistischen Orgien fabulierte, denen sich die Freimaurer-Brüder und -Schwestern hingäben. Illustrationen zeigten, wie der Teufel im maurerischen Tempel erschien und Tische in klavierspielende Krokodile verwandelte. »Von einem weiteren Buch, in dem er alle Freimaurer beschuldigte, geistige Mörder zu sein, wurden innerhalb weniger Monate 200 000 Exemplare verkauft.«[138]

So viel geschäftstüchtige Reue beeindruckte offenbar auch Leo XIII., der den vermeintlich bekehrten Exatheisten und Exsatanisten gar zu einer Privataudienz empfing – eine Ehre, mit der Taxil sich sogleich öffentlich brüstete: »Allerheiligster Vater«, schrieb er in einem offenen Brief an den Unfehlbaren, »als Sie am 24. Juni 1887 dem bekehrten Freidenker die unsägliche Ehre erwiesen, ihm eine Sonderaudienz zu gewähren, die dank Ihrer Güte beinahe drei viertel Stunden dauerte, sagten Sie ihm neben anderen Worten der Ermutigung, dass seine Bekehrung ›eine der größten Freuden Ihres Pontifikates‹ gewesen sei. Diese tröstlichen Worte bewahrt Ihr demütiger Sohn in seinem Herzen.«[139]

Hätte Taxil es hierbei belassen, so hätte er gewiss noch längere Zeit die Früchte seiner schamlosen Verleumdungen genießen können. Doch wichtiger als Erfolg und Anerkennung war es ihm offenbar noch immer, seinen Rachedurst zu stillen. Und so schlüpfte G. Jogand-Pagès alias Leo Taxil in ein weiteres Pseudonym und eine noch weitaus bizarrere Identität: Unter dem Namen »Diana Vaughan« verfasste er die Bekenntnisse einer angeblichen freimaurerischen Satanspriesterin, die er selbst zum Katholizismus bekehrt habe.

Die Teufelstochter und der Bischofskongress

Glaubte man der reuigen Miss Vaughan, so war sie im Jahr 1874 als Tochter eines Teufels namens Bitru zur Welt gekommen. Als zehnjähriges Mädchen war sie mit Asmodeus vermählt worden, einem weiteren Teufel, und zwar in einer US-amerikanischen Palladistenloge. Palladisten waren dem Teufelskult ergebene Freimaurer, die in den »Synagogen Satans« abscheulichste Unzucht trieben und schlangengestaltige Höllenfürsten anbeteten. Die Bekenntnisse der Miss Vaughan trugen denn auch den Titel *Mémoires d'une Expalladiste*.

Begreiflicherweise wusste man sich im Vatikan vor Begeisterung kaum zu fassen. Als die Bekehrte dem Heiligen Stuhl durch Taxil auch noch eine Spende zukommen ließ, übermittelte der Papst ihr den apostolischen Segen. Die Spende kam der Organisation eines »Antifreimaurerkongresses« zugute, der auf Anregung von Leo XIII. mit großem Aufwand vorbereitet wurde. So blieb längere Zeit anscheinend unbemerkt, dass niemand außer Taxil jene Diana Vaughan je zu Gesicht bekommen hatte.

So wahnwitzig die von Taxil alias Vaughan vorgebrachten Anschuldigungen gegen die Freimaurerei auch waren – sie entbehrten gleichwohl nicht einiger Körnchen Glaubwürdigkeit, die bei einer wirksamen Verleumdung nun einmal nicht fehlen dürfen. So behauptete Taxil unter anderem, dass die Bruderschaft jenen Götzen Baphomet anbete, der bereits bei den Templerprozessen ein halbes Jahrtausend vorher eine zwielichtige Rolle gespielt hatte. Auch im Ritual des XXX. Grades der schottischen Hochgradfreimaurerei, des sogenannten Ritter-Kadosch-Grades, taucht bekanntlich Baphomet auf (siehe *Zweite Maurerreise*), und nicht einmal der Erzengel Gabriel hätte Papst Leo XIII. davon überzeugen können, dass der grimmige Heidengötze dort nur harmlose allegorische Dienste leiste. In den Ausschmückungen des Gabriel Jogand-Pagès hatte sich Baphomet freilich zu einem »infamen Götzenbild mit Bocksfüßen, Frauenbrüsten und Fledermausflügeln«[140] gewandelt.

Den Höhe- und zugleich Endpunkt des ganzen ungeheuerlichen Schwindels bildete besagter Antifreimaurerkongress, der im September 1896 in Trient begann. Auf Bitten des Papstes hatten die Jesuiten (nach ihrem zwischenzeitlichen Verbot längst wieder zugelassen) die »Union antimaçonnique universelle« gegründet, eine Weltunion der Gegner der Freimaurerei. Diese hatte den Kongress einberufen, zu dem Dutzende Bischöfe und bischöfliche Delegierte sowie siebenhundert Interessenten aus ganz Europa strömten. Kronzeuge und Protagonist der Veranstaltung war natürlich Leo Taxil.

Die Delegierten redeten sich die Köpfe heiß über die Enthüllungen der Miss Vaughan. Einige Delegierte, vor allem die deutsche Geistlichkeit, zweifelten die Behauptungen der bekehrten Halbteufelin an, die französischen Bischöfe dagegen hielten jedes einzelne Wort für wahr. Schließlich beschloss man, Miss Vaughan zum Kongress einzuladen, damit sie ihre Anwürfe nochmals erläuterte und den Abgesandten Rede und Antwort stand.

Ob Gabriel Jogand-Pagès diesem Augenblick entgegengebangt oder -gefiebert hat, muss wohl unentschieden bleiben. Vermutlich war von beidem ein wenig dabei, als er sich am 19. April 1897 in den Saal der Geographischen Gesellschaft in Paris begab. Denn an diesem Tag sollte zwar seine florierende antifreimaurerische Bestseller-Fabrik in sich zusammenbrechen. Doch neben seinen beiden offenkundigen Zielen – die Freimaurerei vernichtend zu schädigen und ein Vermögen zu ergaunern – hatte er wohl insgeheim noch ein drittes Ziel verfolgt, für das er nun die Maske fallen ließ.

Anstelle von Miss Vaughan erschien Leo Taxil höchstselbst auf der Tribüne. Den erstaunten Zuhörern erklärte er ohne Umschweife, dass er nicht nur die Tochter des Teufels Bitru und Braut des Teufels Asmodeus, sondern auch alle anderen angeblichen Enthüllungen über die Freimaurerei frei erfunden habe. Eigentlich habe er nur »die abergläubischen Spitzen der katholischen Hierarchie hinters Licht führen« wollen[141], und bloß durch die Leichtgläubigkeit seines Publikums sei die Angelegenheit mehr und mehr eskaliert.

Die Zuhörer saßen wie vom Donner gerührt. Taxil aber neigte grüßend sein Büßerhaupt und floh aus dem Saal. Der Plan des einstigen Jesuitenzöglings, den Vatikan in nie gekanntem Ausmaß zu blamieren, war über alle Erwartungen aufgegangen. Doch wer nun geglaubt hatte, dass die Freimaurerei durch die Aufdeckung des Schwindels glänzend rehabilitiert worden wäre, der sah sich bald schon eines Ärgeren belehrt: Die angeblichen Enthüllungen von Gabriel Jogand-Pagès wurden weiterhin verbreitet – und werden im Übrigen bis heute von den Feinden der Freimaurerei wiederholt und immer weiter ausgeschmückt.

Der Vatikan aber, durch diesen Fehlschlag nur kurzzeitig entmutigt, berief einen weiteren Antifreimaurerkongress ein. Der fand auch tatsächlich ein Jahr darauf in Wien statt, der Hauptstadt des katholischen Habsburger-Reichs. Vorsichtshalber wurde diesmal die Öffentlichkeit gar nicht erst zugelassen, so dass man sich ohne äußere Störungen über eine angebliche »jüdisch-freimaurerische Weltverschwörung« austauschen konnte. So jedenfalls – *Le peril judéo-maçonnique* – lautete der Titel eines Werkes von Monsignore Anselme Tilloy, das pünktlich zum zweiten Antifreimaurerkongress erschien.

»Die Freimaurerei ist ohne Zweifel ein Haupthindernis einer gedeihlichen und friedlichen Entwicklung«, so erläuterte einer der Redner unter dem Beifall der Delegierten, »eine wahre Plage fast aller katholischen Staaten der Gegenwart. Möge Gott … die durch Prüfungen aller Art oft schwer heimgesuchte Monarchie des erhabenen Herrscherhauses Habsburg vor den Gefahren des freimaurerischen Geheimbundes gnädig bewahren – heute und immerdar!«[142]

Vierzehnte Maurerreise: »Jüdisch-jesuitisch-freimaurerische Weltverschwörung«

Im frühen zwanzigsten Jahrhundert gelang einem bis dahin angesehenen Mann ein durchaus erstaunliches, wenn auch unrühmliches Kunststück. Die antifreimaurerischen Verleumdungen und Hasstiraden des Abbé Augustin Barruel vom Ende des 18. und Leo Taxils vom Ende des 19. Jahrhunderts zu überbieten, schien kaum mehr möglich. Doch der hochdekorierte Weltkriegsgeneral Erich Ludendorff (1865–1937) stellte alles in den Schatten, was auf diesem Gebiet bis dahin geleistet worden war: Nach seiner Ansicht gingen die wesentlichen geschichtlichen Umbrüche seit der Französischen Revolution ausnahmslos auf das schändliche Wühlwerk einer »jüdisch-jesuitisch-freimaurerischen Weltverschwörung« zurück.

»Jüdische Nutzniesser des maurerischen Wühlwerks«

Die einzelnen Elemente dieses Komplott-Phantasmas hatte Ludendorff keineswegs selbst erfunden – bereits um 1780 war von Widersachern der Gesellschaft Jesu kolportiert worden, dass dieser katholische Orden und die Freimaurerei in Wahrheit ein und dasselbe seien (siehe *Achte Maurerreise*). Und wenig später, im Jahr 1816, warnte erstmals »eine deutsche Publikation vor einer Weltrevolution der Freimaurer, da diesen durch die Beteiligung der Juden genügend Bestechungskapital zur Verfügung stünde«.[143]

Der Freimaurer und Ordenschronist Charles de Bokor führt ein weiteres frühes Beispiel für die These von der »jüdisch-freimaurerischen Verschwörung« an: Ein gewisser C. C. de Saint-André brachte bereits 1880 das Werk *Francs-maçons et juifs. Sixième Age de l'Eglise d'après l'Apocalypse* (»Freimaurer und Juden. Das sechste Zeitalter der Kirche nach der Apokalypse«) heraus. Auf mehr als achthundert Seiten erläutert er seine Idee, dass sich die Kirche Christi gegenwärtig im »sechsten Zeitalter« befinde, der »zweiten Entfesselung Satans« durch die jüdisch gesteuerte Bruderschaft. »Die Freimaurerei verfolgte dem Autor zufolge ein dreifaches Ziel: die Zerstörung der Religion und der katholischen Kirche; die Zerstörung der christlichen Gesellschaftsordnung; und die absolute Herrschaft der Kinder Israels über die ganze Welt.«[144]

Gegen derlei Wahnideen sprach zwar von Anfang an schon der schiere Augenschein: Nicht nur war die Feindseligkeit der Jesuiten gegenüber der Freimaurerei vielfach bezeugt, weshalb wohl allenfalls Demagogen und fanatische Wirrköpfe an der Idee einer »jesuitisch-freimaurerischen Verschwörung« Gefallen finden konnten. Überdies war die masonische Bruderschaft insbesondere im 19. Jahrhundert gewiss kein Hort projüdischer Toleranz. »Die antisemitischen Tendenzen in den Logen des 19. Jahrhunderts waren zweifellos ausschlaggebend für die Gründung von B'nai B'rith, da in den seltensten Fällen Juden der Zutritt zu den Logen gewährt wurde«, wie das *Internationale Freimaurerlexikon* im Eintrag über den 1843 in New York gegründeten jüdischen Männerbund vermerkt.[145]

Aber aus der Sicht von Verschwörungsphantasten verdankt sich äußerer Anschein ohnehin nur dem Bestreben, eine täuschende Fassade zu errichten, hinter der man ungestört Komplotte schmieden kann. Und für die These, dass Juden und Freimaurer sich spätestens seit der Französischen Revolution gegen »Thron und Altar« verschworen hätten, schien immerhin ein gewisser Gleichklang der Interessen zu sprechen.

Während des Mittelalters waren die Juden in ganz Europa in Ghettos verbannt und auf verachtete Gewerbe wie Geldverleih und Wechselgeschäfte eingeschränkt. Der »christliche Antisemitismus«, der sich seit Anbeginn aus der Anschuldigung nährte, »die Juden« hätten den neutestamentarischen Heiland ermordet, wurde so im Lauf der Zeit durch einen »ökonomisch-sozialen Antisemitismus« ergänzt, der »den Juden« als »Blutsauger und Wucherer« schmähte. »Da die in der Freimaurerei entwickelten naturrechtlich aufklärerischen Ideen die soziale und politische Emanzipation der Juden vorbereitet haben, wurden diese nach 1789 aus christlich-konservativer Sicht als Nutznießer und auch als Förderer des Emanzipationsprozesses misstrauisch betrachtet«, wie der Freimaurer Helmut Reinalter ausführt. Bereits Ende des 18. Jahrhunderts wurden Juden als »›nützliche Werkzeuge‹ der Sekten der Illuminaten und Jakobiner« gebrandmarkt, die »den Hass der Juden gegen die Regierungen Europas skrupellos ausnützen«.[146]

Vom verderblichen »Wirken überstaatlicher Mächte«

Der Verfolgungswahn von General Ludendorff, ausgelöst wohl durch die deutsche Niederlage im Ersten Weltkrieg, erreichte bereits in den 1920er Jahren pathologische Grade. Doch in weiten Teilen der Bevölkerung stand der kaiserzeitliche Held weiter in hohem Ansehen, so dass die Behörden selbst seine Teilnahme an »völkischen« Verschwörungen wie dem Kapp-Putsch (1920) und dem Hitler-Putsch (1923) nicht zu ahnden wagten.

Gleichsam als Stellvertreter Hitlers, der nach dem niedergeschlagenen Münchner Putsch in Landsberg am Lech inhaftiert war, kandidierte Ludendorff 1925 für das Amt des Reichspräsidenten – und scheiterte mit desaströsen 1,1 Prozent der abgegebenen Stimmen. Diese neuerliche schmachvolle Niederlage scheint seiner Paranoia noch stärkere Flügel verliehen zu haben.

Zusammen mit seiner zweiten Frau Mathilde entwickelte er eine »Theorie« vom zerstörerischen »Wirken überstaatlicher Mächte«, worunter neben Freimaurern, Jesuiten und Juden auch die Kommunistische Internationale zu verstehen war. Schließlich war auch Karl Marx von jüdischem Geblüt, und die kommunistischen Arbeiterbünde waren folglich nichts anderes als Logen der »jüdischen Freimaurerei«. Die Weltverschwörung »freimaurerischer Zionisten« war laut Ludendorff für die Russische Revolution und die Morde von Sarajevo verantwortlich, die den Ersten Weltkrieg auslösten, für den Kriegseintritt der Vereinigten Staaten von Amerika und natürlich auch für den »Schandfrieden von Versailles«.

Obwohl Hitler und Ludendorff lange Zeit enge Kampfgefährten waren und in ihrem Hass auf die »zionistische Freimaurerei« gänzlich übereinstimmten, wurden die Wahnvorstellungen des Weltkriegshelden selbst dem obersten Nazi-Führer bald zu abstrus. Ludendorff selbst betrieb mit dem »Tannenbergbund« eine Art Soldatenorden, der zunächst nur militärisch-»völkisch« ausgerichtet war. Unter Mathilde Ludendorffs Einfluss aber mutierte diese Organisation versprengter Weltkriegsveteranen zu einem antichristlichen Kampfbund, dessen Ideologie die Verschwörungsphantasmen des Generals mit den rassistischen Religionsideen seiner Gattin vermengte.

Glaubte man den Ludendorffs, so offenbarten sich die göttlichen Mächte jeder Menschenrasse in der ihr gemäßen Form, weshalb jegliche Vermengung nicht nur der Rassen, sondern auch der Religionen von Übel sei. »Überstaatliche Mächte« wie Juden, Jesuiten und Freimaurer schickten unablässig ihre

Agenten aus, die durch Intrigen und Ränke verhindern sollten, dass die Deutschen der ihrer Rasse gemäßen Gotteserkenntnis teilhaftig würden. Für Ludendorff war die Parole »Freiheit, Gleichheit, Brüderlichkeit« ein »jüdischfreimaurerisches Schlagwort«, und die Freimaurer in Deutschland verfolgten kein anderes Ziel, als die Deutschen zu »künstlichen Juden abzurichten«.[147]

Der »Tannenbergbund« und die wahnhaften Verlautbarungen der Ludendorffs verloren im sich formierenden Hitler-Reich rasch an politischer Bedeutung. Doch ihre Überzeugung, dass eine umfassende Verschwörung im Gange sei, um das deutsche Volk niederzuhalten, wurde vom nationalsozialistischen Regime und von großen Teilen der Bevölkerung im Grundsatz geteilt. Und die Ludendorffs waren auch keineswegs die Einzigen, die unermüdlich gegen die »jüdisch-jesuitisch-freimaurerischen Weltverschwörer« hetzten.

Die »Protokolle der Weisen von Zion«

Das wohl berüchtigste Dokument der jüngeren weltweiten Verschwörungsliteratur sind die sogenannten »Protokolle der Weisen von Zion«. Ende des 19. Jahrhunderts erstmals in Umlauf gebracht, bilden sie bis heute eines der wichtigsten Fundamente antisemitischer Propaganda und Wahnideen. Zwar gilt seit längerem als gesichert, dass es sich um eine Fälschung handelt, die vermutlich aus der Feder mehrerer Agenten der zaristischen Geheimpolizei stammt. Dennoch greifen Antisemiten noch immer auf die »Protokolle« zurück, um ihre Vorstellungen vom angeblichen Wühlwerk des »Weltjudentums« zu untermauern.

Der Fiktion nach sind die »Weisen von Zion« jüdische Führer, die nach Art eines Geheimbundes organisiert sind und sich in geheimen Treffen über ihre weltverschwörerischen Pläne verständigen. In jeder »Sitzung« legt ein anderer »Weiser« Einzelheiten ihres verderblichen Wirkens dar. So wird etwa erläutert, dass sie »Demokratie« oder »Liberalismus« ersonnen und verbreitet hätten, um Monarchie und Katholizismus zu zerstören. Auch zum Schüren von Wirtschaftskrisen, Revolutionen und Kriegen bekennen sich die jüdischen Weisen, da dies alles Etappen auf ihrem Weg zur »Weltherrschaft« seien.

Für die Nazi-Ideologen waren die »Protokolle« natürlich ein gefundenes Fressen. Alfred Rosenberg, »Beauftragter des Führers für die Überwachung der gesamten geistigen und weltanschaulichen Schulung und Erziehung der NSDAP«, griff in seinen eigenen antifreimaurerischen Pamphleten immer wieder auf vermeintliche Selbstbezichtigungen der »jüdischen Führer« zurück. Er selbst brachte bereits 1923 eine deutsche Ausgabe von Auszügen der »Protokolle der Weisen von Zion« heraus, die er mit Kommentaren in nationalsozialistischem Geist versah. Darin hob er nicht zuletzt die Rolle der Freimaurerei bei der jüdischen »Weltrevolution« hervor, wobei er den jüdischen Orden B'nai B'rith schlichtweg mit den Freimaurern gleichsetzte. So zitierte er etwa diese Ankündigung der »Weisen«, die Logen weltweit als Kommandostellen für Umsturz und Überwachung zu nutzen:

> *»Haben wir endlich die volle Herrschaft erlangt, so werden wir dafür zu sorgen wissen, dass gegen uns keinerlei Verschwörungen stattfinden können. Wir werden jeden unbarmherzig hinrichten lassen, der sich mit der Waffe in der Hand gegen uns und unsere Herrschaft auflehnt. Wir werden den Einfluss der Logen dadurch verstärken, dass wir ihnen alle Persönlichkeiten zuführen, die in der Öffentlichkeit eine hervorragende Rolle spielen oder spielen können; denn*

diese Logen werden eine Hauptauskunftsstelle bilden, und von ihnen wird ein großer Einfluss ausströmen. Alle Logen fassen wir unter einer Hauptleitung zusammen, die nur uns bekannt ist, den anderen aber verborgen bleibt … In diesen Logen werden die Fäden aller umstürzlerischen und freisinnigen Bestrebungen zusammenlaufen.«[148]

So phantasievoll die »Protokolle« auch erdichtet waren, in der schnöden Realität konnte eine Organisation wie der Bund der »Weisen von Zion« niemals aufgefunden werden. Etliche der in den »Protokollen« aufgestellten Behauptungen sind auch so offensichtlich abstrus, dass sogar schon satirische Absichten hinter diesem Machwerk vermutet wurden. So erklären die »Weisen« unter anderem, sie hätten den U-Bahn-Bau in London und Paris finanziert, um notfalls unterirdische Sprengsätze anbringen und beide Hauptstädte in die Luft jagen zu können.

Ungeachtet der Absurdität solcher Selbstbeschuldigungen hielt auch Adolf Hitler sie für die lautere Wahrheit. »Ich habe mit wahrer Erschütterung die Protokolle der Weisen von Zion gelesen«, bekennt der »Führer«. »Die gefährliche Verborgenheit des Feindes, seine Allgegenwärtigkeit.«[149] Bis heute eifern antisemitische Verschwörungsphantasten gegen das »Weltjudentum«, das in den »Protokollen« seine ungeheuerlichen Pläne offenbart habe – und nebenher auch seine Organisation in den Logen der internationalen Freimaurerei.

»Entlarvte Freimaurerei«

Aus der Heerschar der »völkischen« Freimaurerhasser seien hier nur noch drei weitere Akteure herausgegriffen, die sich durch besonders maßlose Hetztiraden hervortaten.

In seinem außerordentlich erfolgreichen Werk *Weltfreimau-*

rerei, Weltrevolution, Weltrepublik stellte der österreichische Politiker Friedrich Wichtl (1872–1921) im Jahr 1919 alle – aus konservativer und speziell deutschnationaler Sicht – katastrophalen Ereignisse der jüngeren Vergangenheit als Ergebnisse freimaurerischer Verschwörung dar. Das Ziel der Bruderschaft sei es, Monarchien zu stürzen, Kirchen zu untergraben und letztlich eine »freimaurerische Weltrepublik« zu errichten. Die so schlichte wie wahnhafte Komplotttheorie scheint den jungen Heinrich Himmler zutiefst beeindruckt zu haben. Nach Lektüre des Pamphlets schrieb er, damals neunzehnjährig, in sein Tagebuch: »Ein Buch, das über alles aufklärt und uns sagt, gegen wen wir zu kämpfen haben.«

In seiner Buchreihe *Entlarvte Freimaurerei* brachte Friedrich Hasselbacher ab 1934 sogenannte Enthüllungsschriften heraus, deren Titel den im Innern waltenden Geist hinlänglich kennzeichnen: *Das enthüllte Geheimnis der Freimaurerei in Deutschland* sowie *Auf den Pfaden der internationalen Freimaurerei* oder *Der große Generalstabsplan der jüdisch-freimaurerischen Weltverschwörer*. Weitere Bände aus seiner Feder hießen *Volksverrat der Feldlogen im Weltkriege* oder schlicht *Verfluchte Freimaurerei*.

Auch ein gewisser Felix Franz Lützeler tat sich mit seinem Werk *Hinter den Kulissen der Weltgeschichte* unrühmlich hervor. Darin hieß es unter anderem: »Oh, diese deutschen Freimaurerlogen waren gewiss ›unpolitisch‹! – So unpolitisch, dass sie die ganze Politik, samt Volk und Vaterland, vertrauensvoll ihren international-kosmopolitischen Bärenführern im Wolkenkuckucksheim des maurerischen Hochgradhimmels überließen.« Längst sei »die Freimaurerei bereits der fruchtbare Nährboden für das üppig wuchernde Parasitentum jener wurzellosen Rasse und Geißel der Menschheit, des skrupellosen Judentums, geworden«. Die gesamte Bruderschaft sei nichts anderes als ein »vom internationalen Judentum durchsetzter und am Gängelband geführter Geheimbund mit dem blutig flackernden Zionstern im Wappen, der in seiner unsichtbaren Hexenküche schon für fast alle Völker unserer Erde so unsägliches Unheil gebraut und heraufgeführt« habe.[150]

Freimaurer-Verfolgung im Nazireich

Ein so gefährlicher und mächtiger Gegner, wie die Freimaurer scheinbar waren, musste nach nationalsozialistischer Ansicht mit rücksichtsloser Härte bekämpft und vernichtet werden. Nach der ordenskritischen Einschätzung von Helmut Reinalter

> *»kann man nicht leugnen, dass einige Richtungen innerhalb der Freimaurerei … bei der Emanzipation des Judentums eine wichtige Rolle gespielt haben, und dass es zwischen Freimaurerei und Liberalismus – wie vorher zwischen Freimaurerei und Aufklärung – intensive Querverbindungen und Wechselwirkungen gab. Darüber hinaus ist es für mich keine Frage, dass die Freimaurerei auch als Organisation viel politischer war, als vielfach angenommen wurde … Die Freimaurerei verurteilte zwar gewaltsame Veränderungen der bestehenden staatlichen und gesellschaftlichen Ordnung, sie akzeptierte aber gleichzeitig nicht jedes bestehende politische System, vor allem dann nicht, wenn es im Gegensatz zu den freimaurerischen Zielen und Bestrebungen stand.«*[151]

Das bedeutet zwar gewiss nicht, dass die brutalen Maßnahmen des Nazireichs gegen die Freimaurerei gerechtfertigt gewesen wären – das teilweise unrealistische Selbstbild der Bruderschaft erklärt jedoch, weshalb die deutsche Freimaurerei erst vergleichsweise spät die Gefahr erkannte, in die sie unter nationalsozialistischer Herrschaft geriet.

Nach seiner »Machtergreifung« ließ Hitler die Logen durchsuchen und alles brauchbare Material beschlagnahmen. Wie sich herausstellte, hatte es die Bruderschaft versäumt, auch nur die einfachsten Maßnahmen zum Schutz ihrer Mitglieder zu ergreifen. In den Logen fanden sich Listen aller Mitbrüder, die sogleich den nationalsozialistischen Machtapparat zu spüren bekamen. Freimaurer verloren ihre Posten in Behörden und Industrie, viele von ihnen wurden verhaftet, gefoltert und verschleppt.

Bei auch nur ein wenig realistischerer Selbsteinschätzung hätten die deutschen Freimaurer voraussehen müssen, dass ihre unermüdlich beteuerte »unpolitische« Position sie vor diesem Gegner nicht wirksam schützen konnte. Bereits im Jahr 1934 wurde innerhalb der SS eine eigene Abteilung zur Bekämpfung der Freimaurerei eingerichtet. Und schon im Jahr darauf gab es im ganzen Deutschen Reich keine einzige Loge mehr. »Die Bilanz der Verfolgung war erschütternd: Ungefähr sechzig Freimaurer wurden ermordet, die doppelte Anzahl gilt als ›vermisst‹, die genaue Anzahl der deportierten und in den Konzentrationslagern Internierten ist nicht bekannt.«[152]

Fünfzehnte Maurerreise: Das Meisterritual

Nach der gültigen Ritualkunde der Deutschen Großloge der »Alten Freien und Angenommenen Maurer« bildet die Hiramslegende noch immer den Mittelpunkt des Meisterrituals. Diese Legende handelt von einem mythischen Baumeister beim Tempelbau Salomons, der von ungetreuen Gesellen ermordet wird, jedoch dank übernatürlicher Kräfte aus seinem Grab wiederaufersteht (siehe *Dritte Maurerreise*) – ein maurerischer Messias-Mythos, der von der katholischen Kirche seit jeher als häretische Variation der christlichen Verheißung beargwöhnt worden ist.

Die rosenkreuzerische Freimaurerei, jahrhundertelang eine vorherrschende Strömung innerhalb der Bruderschaft (siehe *Dritte* und *Zwölfte Maurerreise*), hat die Hiramslegende als komplexe alchimistische und pansophische Chiffre interpretiert. In der »aufgeklärten« Maurerei aber wird auch diese tiefgründige Erzählung von Tod und Wiedergeburt des zauberkräftigen Meisters zu einem Sammelsurium moralischer Ermahnungen und erbaulicher Betrachtungen ohne inneren Zusammenhang umgedeutet.

So soll der plötzliche Tod des mythischen Baumeisters die Brüder lehren, dass auch sie sterblich sind und jederzeit dahingerafft werden können. Wenn der junge Meister heute bei seiner Weihe den Tod Hirams nacherlebt, soll dies überdies seine siegreiche Bekämpfung der Leidenschaften versinnbildlichen, die Befreiung seines Geistes aus den Fesseln von Trieb und Emotion. Auch des »unsterblichen« Anteils in seinem Innern soll er bei diesem Ritual gedenken und damit des »Göttlichen Weltbaumeisters«, der den »Tempel« des Universums und auch ihn selbst erschaffen hat.

Sieben ist die Zahl des Meisters, doch sein Zeichen, das in der Meisterloge über dem Altar prangt, ist wie seit Jahrhunderten das Hexagramm, eines der wichtigsten Symbole der jüdischen Hermetik und der alchimistischen Elementelehre. Die »aufgeklärte« Maurerei allerdings will unter diesem einstigen »Siegel Salomons« bloß noch den Widerstreit von »Leidenschaften aller Art« und der Ratio entziffern, den der Freimaurer »täglich und stündlich ... mit sich selbst ... siegreich auszufechten hat«.[153]

Der Buchstabe G, der dem Hexagramm des Meisters ebenso eingeschrieben ist wie dem Pentagramm des Gesellen (siehe *Zehnte Maurerreise*), steht so zwar noch immer für »Gott«. Dies aber nicht mehr im Sinn der pansophischen göttlichen Wissenschaften, sondern im protestantischen Geist der Selbsterforschung und Selbstüberwindung – ein »aufklärerisches« G, das sich angemessener wohl als »Gewissen« dechiffrieren ließe.

Entsprechend ist der Tempel beim Meisterritual wie bei einer Totenmesse dekoriert. Der Altar ist mit schwarzem Tuch bedeckt, auf dem Arbeitsteppich steht aufgebockt ein Sarg mit einem Totenschädel auf dem Deckel. Der Sarg weist mit dem Kopfende zur Tür, also gen Westen. Dort liegt das Winkelmaß, am Fußende der rechtwinklig geöffnete Zirkel. Der Sargdeckel ist zwar auch mit einem Akazienzweig geschmückt, doch anders als in der Hiramslegende verweist er kaum mehr auf ein übernatürliches »Geheimnis« im Sinn der alten Mysterien. Vielmehr verbildlicht er die vage Hoffnung, »dass allem Lebendigen Unsterbliches innewohnt«.

So scheint es einigermaßen kühn, wenn Binder den Meistergrad auch im Ritual der »blauen« Maurerei noch als »Durchbruch zum Transzendenten«[154] deutet. »Der Lehrling und der Geselle«, so heißt es in der maurerischen *Ritualkunde*, »haben die irdische Materie bearbeitet. In Wahrheit jedoch liegt der

Tempel der Maurerei auf der geistigen Ebene, ist immateriell und unsichtbar.«[155] Diese »geistige Ebene« hat aber mit »Transzendenz« gewiss sehr viel weniger zu tun als mit rationalistischer Abstraktion: Der unsichtbare Tempel der »aufgeklärten« Maurer ist aus Begriffen und Prinzipien, Lehrsätzen und Moralformeln erbaut.

Die Prüfungsfragen

Die drei Gradrituale der Johannismaurerei sind im Großen und Ganzen gleichförmig aufgebaut. Es genügt hier also, summarisch auf die Wiederkehr bekannter Formeln und Strukturen hinzuweisen und ausführlicher nur auf Abweichungen von den Lehrlings- und Gesellenprüfungen einzugehen.

Auch die Gesellenzeit soll in der Regel ein Jahr umfassen, ehe der Kandidat in den Meisterstand erhoben wird. In Analogie zum alten Handwerkerbrauch, dass der Geselle sich vor der Meisterprüfung auf Wanderschaft begibt, soll auch der Freimaurergeselle in diesem Jahr wenigstens in drei anderen Logen »Tempelarbeiten« verrichtet haben.

Auch vor dieser Erhebung bedarf der Kandidat der Zustimmung der Loge, die durch Kugelung erfragt wird, und wenn diese positiv ausfällt, muss der Prüfling wiederum drei Fragen schriftlich beantworten. Ein letztes Mal wird er also von seinem Bürgen auf die Prüfung vorbereitet und sodann in die Kammer des stillen Nachdenkens geleitet, wo er sich in die Fragen vertiefen soll. Um seine Besinnung in die rechte Spur zu lenken, findet er dort die Bibel vor, an passender Stelle aufgeschlagen: »Gedenke deines Schöpfers« (Buch Prediger 12,1). Auch im Tempel wird er nachher die Heilige Schrift an dieser oder einer ähnlich hilfreichen Stelle auf dem Altar aufgeblättert finden.

Bevor der Geselle zu meditieren beginnt, weist man ihn noch auf die Requisiten hin, die neben der Bibel bereitliegen: »Betrachte diese Sanduhr, mein Bruder. So, wie Sand verrinnt, läuft auch die Zeit deines Lebens ab – unaufhaltsam. Schaue auf diesen Schädel, dein lebendiges Antlitz wird ihm einst ähnlich sein. Blicke auf diese Kerzen, gleich ihnen wird dein irdisches Leben erlöschen.«[156]

Auch in den Mysterien des Altertums (siehe *Neunte Maurerreise*) musste der Myste seinen eigenen irdischen Tod durchleben – um sodann aber im Ritual den Aufflug seiner Seele in die Sphären der Götter und Geister zu erfahren. Das Erlebnis der eigenen Unsterblichkeit fiel also mit der (gradspezifischen) »Erleuchtung« des Geweihten zusammen. Mit dem symbolischen Tod ließ er sein Leben als Profaner hinter sich, um als »Erweckter«, durch das esoterische »Geheimnis« seines Ordens erleuchtet, wiederaufzuerstehen.

In der »blauen« Maurerei bleibt von diesem Prozess der Verwandlung nicht sehr viel mehr übrig als die erste Etappe: die simulierte Erfahrung des irdischen Todes. Der »aufgeklärte« Meisterkandidat wird nicht mehr metaphysischer Erfahrungen teilhaftig, sondern hauptsächlich an physische Gesetzmäßigkeiten erinnert: Im Meisterritual geht es der Johannismaurerei »um die Erhebung der Todesgewissheit ins Bewusstsein, anstelle der sonst üblichen Verdrängung. Darum muss offen ausgesprochen werden, dass der Meistergrad der Maurerei eine Schule des Sterbens ist. Von einem Meister der Königlichen Kunst wird rechtes Sterben als persönliche Leistung gefordert. Er muss bewusst und ohne zu zögern aus einem Seinsbereich in einen anderen übergehen können.«[157] Über diesen »anderen Seinsbereich« aber vermag die Johannismaurerei nichts mehr zu offenbaren. An die Stelle des »Geheimnisses« treten psychologische Ratschläge der schlichteren Art.

Dieser Geist prägt folglich auch die Prüfungsfragen, die der werdende Meister beantworten soll: Welche Erkenntnisse für die Gestaltung deines Lebens hast du durch deine Lehrlings- und Gesellenarbeit gewonnen? Was erwartest du dir von deiner Erhebung in den Meistergrad? Was verstehst du unter der Unvergänglichkeit des Geistigen?

Die Antworten werden den Brüdern in der Meisterloge vorgelegt, die wiederum durch Beifallszeichen ihre Zustimmung erklären – erst dann wird der Kandidat aus der »Kammer des stillen Nachdenkens« geholt.

Die Meisterreisen

Abermals muss der werdende Meister sich nun seines »Rocks« (der Jacke) entledigen. Zusätzlich hat er diesmal beide Ärmel aufzurollen und sein Hemd über der Brust zu öffnen. So schreitet er also seinem allegorischen Tod entgegen – wehrlos, aber mehr noch furchtlos, ein »souveräner Herrscher über sich selbst«.[158] Rückwärts tritt er durch die Tür und bleibt nach Westen blickend zwischen den beiden Aufsehern stehen. Neuerlich muss er einige Fragen – aus den Katechismen der Lehrlings- und Gesellengrade – beantworten, bevor der Meister das rituelle Zeichen zum Beginn der Meisterprüfung gibt:

> *»Bruder Erster Aufseher, warum brennen die Lichter so schwach?*
> *Wir befinden uns in der Nähe des Todes, Ehrwürdiger Meister.*
> *Wie können wir Meister dieser Kunst werden?*
> *Wenn wir an unser vergängliches Leben den Maßstab des Ewigen anlegen.*
> *Es geschehe also.«*[159]

Der Meister vom Stuhl wendet sich nun an den Kandidaten und erläutert ihm, wie das Ritual aufzufassen sei. Seinen Tod und seine Wiedergeburt soll der Geselle hier vornehmlich als Sinnbild seiner endgültigen Aufnahme in die Bruderschaft verstehen – alles, was an ihm »profan« war, wird dann erstorben sein, so dass er als würdiger Nachfahr des mythischen Meisters Hiram in die Bruderkette treten kann. »Erst heute weihst du dich uns ganz für Leben und Tod«, heißt es da etwa. »Stille des Todes ist in den Tempel eingekehrt. Du befindest dich in dem Raum, in dem die Meister arbeiten. Schau in dich, schau um dich, schau über dich … einsam den Tod zu bestehen, das ist die Kunst des Meisters … Nicht ›werde und stirb‹, sondern ›stirb und werde‹!«[160]

Die symbolischen Reisen, zu denen der Meister sodann aufbrechen muss, ähneln den Reisen der niederen Grade. Nur wird den einzelnen Stationen wiederum ein anderer Sinn unterlegt, kenntlich bereits an dem Requisit, das der Kandidat währenddessen in der Hand hält – einem Totenschädel. »Der, dessen Schädel du trägst, mein Bruder, war einst ein Mensch wie du!« Entsprechend wird dem »Reisenden« im Norden bedeutet, dass alles Irdische vergänglich sei, während er im Osten Hoffnung schöpfen soll, da jedes Geschöpf auch einen unvergänglichen Funken in sich trage. Im Süden folgt abermals eine moralische Ermahnung: »Führe dein Leben immer so, dass du mit ruhigem Gewissen deinem Tod entgegensehen kannst.« Und wenn er schließlich wieder im Westen eintrifft, fasst der Meister vom Stuhl die karge Botschaft nochmals zusammen: »Der Tod ist eine Herausforderung an das Leben.«

Wanderung mit »Todtenköpfen«

Bereits im Meisterritual des 18. Jahrhunderts ist das bestgehütete »Geheimnis« der Bruderschaft zu einer derartigen Rundreise durch erbauliche Plattitüden verflacht.

»Dann gehen die drei Reisen so für sich: dass man den Gesellen die Südseite hinauf um den Altar herum, die Nordseite hinunter bis zum westlichen Rand der Tafel zurückführt, bey jedem der drei Todtenköpfe: in Süden, hinter dem Altar, und in Norden mit ihm still haltet, auch nach einer jeden Reise bey der Zurückkunft in Westen eine Pause macht. Bey den gleichfolgenden Reden ist zu merken: dass der zweite Aufseher nur den Sinn; der Meister vom Stuhl aber auch die Ausdrücke beyzuhalten hat.

Während der ersten Reise.
Zweiter Aufseher: Beym Todtenkopf in Süden: *Unser ganzes Leben ist nur eine Reise zum Tode.*
Meister vom Stuhl: Indem hinter dem Altar inngehalten wird und er einen starken Hammerschlag thut: *Gedenke an den Tod!*
Zweiter Aufseher: Bey dem Todtenkopf in Norden: *Nur der Thor waffnet sich wider die Schrecken des Todes durch Vergessenheit. Unvorgesehen kommt er fürchterlicher.*
Während der zweyten.
Zweiter Aufseher: In Süden: *Frühe Bekanntschaft mit dem Tode ist die beste Schule des Lebens.*
Meister vom Stuhl: *Wie oben: Gedenke an den Tod, er ist unausbleiblich.*
Zweiter Aufseher: In Norden: *Der Gedanke an den Tod ist dem Leidenden Trost, dem Glücklichen ersprießliche Warnung.*
Während der dritten.
Zweiter Aufseher: In Süden: *Die Reise zum Tode ist eine Reise zum Ziel unserer Vollkommenheit.*
Meister vom Stuhl: *Wie oben: Gedenke an den Tod! vielleicht ist er dir nahe.*

Zweiter Aufseher: In Norden: *Vor dem Tode mag der schadenfrohe Menschenfeind zittern; denn er ist ihm der Scherge, der ihn zum Richtplatz schleppt. Dem Freunde der leidenden Menschheit ist er ein Glücksbothe, der ihn einladet, die Früchte seines Edelmuths ewig zu genießen.*

Nach vollendeten Reisen drehen die beyden Aufseher den Gesellen plötzlich so, dass er Sarg und Altar vor Augen hat.«[161]

Rationalismus statt »Lichtkult eines höheren Lebens«

Eher notdürftig wird der erste Teil des Rituals nun mit der Hiramslegende verknüpft, die ja von ungetreuen Gesellen, vor allem aber vom Sieg des mythischen Meisters über Verrat und Tod handelt. »Warum sind wir in Trauer versammelt?«, fragt der Meister vom Stuhl die anwesenden Brüder. »Wir haben durch den Verrat unwissender und verblendeter Gesellen unseren Meister verloren und mit ihm das Meisterwort. Darum sind wir misstrauisch gegen Gesellen, die zum Meistertempel kommen. Ihre unbeherrschten Leidenschaften können das große Werk gefährden.«[162]

In lehrhafter Dramatik wird der Kandidat hier mit den verräterischen Gesellen der Hiramslegende identifiziert, um ihn ein letztes Mal zu Treue und Verschwiegenheit zu mahnen. Der Gesellenschurz wird ihm »brutal heruntergerissen und in die nordwestliche Ecke des Tempels geschleudert«. Die Aufseher ziehen ihn um hundertachtzig Grad herum, so dass er erstmals direkt auf den Sarg schaut. Er soll die Einsamkeit des aus der Bruderschaft verstoßenen Verräters spüren. Eine Uhrglocke schlägt zwölfmal zum Zeichen, dass sich das Erdenleben des ungetreuen Gesellen dem Ende zuneigt. Zugleich sollen die Stundenschläge aber anzeigen, dass auch das »profane« Leben des Prüflings vor der Meisterweihe nun endet.

Der Kandidat muss nun über den Sarg gen Norden hinwegschreiten, und hier versuchen die masonischen Ritualdeuter abermals, die zum Moralstück verflachte Inszenierung mit der tiefgründigen Symbolik der alten Mysterienspiele zu versöhnen. So soll das Überschreiten des Sarges »von Westen nach Norden ... den Abstieg zu den Müttern im Schoß der Erde« symbolisieren, »Aussaat zu künftigem Leben. Der zweite Schritt von Norden nach Süden ist der Wiederaufstieg, das Streben nach Licht, zur Sonne empor ... Mit dem dritten Schritt vom Süden in den Osten erfolgt die Wandlung vom Irdisch-Sterblichen zum Lichtkult eines höheren Lebens. Dieser Schritt stellt die Überwindung der Materie ... dar.«

Doch der »Lichtkult eines höheren Lebens« ist in der Johannismaurerei eben zur »aufgeklärten« Vergötzung des Verstandes verflacht, und so führt auch die vermeintliche »Überwindung der Materie« selbst in Gedanken oder Meditation kaum mehr über den irdischen Kreis hinaus: Das Ritual gemahnt den Meister nur noch daran, dass jede seiner Handlungen »die letzte in diesem Leben sein« kann.[163]

Der Meistereid

»Ich gelobe auf Maurerwort«, so spricht der Geprüfte schließlich, während er auf beiden Knien vor dem Altar kauert, mit der linken Hand den rechtwinklig geöffneten Altarzirkel mit beiden Spitzen auf seine entblößte Brust hält und seine rechte Hand auf der Bibel ruht: »Ich gelobe auf Maurerwort, mich der Bruderschaft in unauflöslicher Gemeinschaft zu verbinden, verschwiegen zu sein wie der Tod, an mein vergängliches Leben fortan den Maßstab des Ewigen anzulegen.«

Der Meistergrad soll die niederen Grade und die von diesen versinnbildlichten Polaritäten in sich aufheben. Lehrling und

Geselle waren jeweils eine Tempelsäule zugeordnet, und bei ihren Ritualen wurden jeweils ein Arm, eine Brustseite und ein Knie entblößt. Der Meister aber soll Materie und Geist, Tod und Leben, Nacht und Tag in seiner Person und seinem Werk zum Ausgleich bringen, weshalb im Meisterritual beide Arme, beide Knie, beide Brustseiten einbezogen werden.

»Die Meister haben dein Gelöbnis vernommen«, spricht nun der Meister vom Stuhl. »Möge dir die Kraft gegeben sein, es zu halten bis ans Ende deiner Tage.«[164]

Zum Abschluss des Rituals spielen die anwesenden Brüder Meister die Hiramslegende nach (siehe *Dritte Maurerreise*). Diese wird damit zum bloßen Dekorum der Meisterweihe und ihrer einstigen magisch-mystischen Bedeutung fast vollständig beraubt. An die Stelle der Wiederauferstehung des wundertätigen Maurer-Messias Hiram tritt dessen allegorisches Weiterleben im neugeweihten Meister, der sich in die »Bruderkette« eingliedert.

Der »Sohn der Verwesung«

Bei diesem »Mysterienspiel«[165] stellt der Meister vom Stuhl König Salomo dar, während der Zeremonienmeister und die beiden Aufseher die drei Mordgesellen spielen. Für die restlichen Brüder Meister bleiben die Rollen der reuigen Gesellen, die von dem Mordkomplott Abstand genommen hatten. Der zu erhebende Geselle aber hat den ermordeten Meister Hiram zu mimen.

Folglich erhält er jene drei Schläge, unter denen Hiram einst tödlich getroffen zusammenbrach – mit der Messlatte schlägt ihm der Zweite Aufseher »quer über die Gurgel«, worauf der Erste Aufseher ihm mit dem Winkel auf die linke Brustseite schlägt. Schließlich schwingt der Zeremonienmeister den Spitzhammer und zertrümmert – glücklicherweise nur symbolisch – den Kopf des Kandidaten. Im Ritual der Meisterweihe soll diese Mordtat nun jedoch bedeuten, dass der junge Meister »Lehrling und Geselle« in sich überwunden hat.

Nun liegt er jedenfalls am Boden, und die beiden Aufseher decken ihn mit einem Tuch zu, das den Grabhügel darstellen soll. Ein Akazienzweig wird daraufgelegt, doch anders als bei einem tatsächlichen Leichnam bleibt das rechte Bein des Liegenden angewinkelt, als ob er im Begriff wäre, sich wieder zu erheben.

Nachdem Salomo drei der reuigen Gesellen ausgesandt hat und die Grabstätte gefunden worden ist, erfährt auch die »Wiederauferstehung« des mythischen Meisters Hiram eine eigentümliche Umdeutung. Die drei Brüder, wiederum dargestellt vom Zeremonienmeister und den beiden Aufsehern, versuchen den »Toten« als Erstes wiederzuerwecken, indem sie ihm das Lehrlingswort zurufen – Jachin – und den Liegenden mit Lehrlingszeichen und Lehrlingsgriff traktieren. Dieser Erweckungsversuch scheitert jedoch, was der Zweite Aufseher dem Meister vom Stuhl mit der Formel aus der Hiramslegende meldet: »Die Haut löst sich vom Fleisch.«

Nun wird die gleiche Prozedur mit dem Gesellenwort – Boas – sowie mit Zeichen und Griff des Gesellen wiederholt. Auch dieser Versuch der Wiederbelebung misslingt, und der Erste Aufseher meldet dem Meister vom Stuhl: »Das Fleisch löst sich vom Bein.«

Daraufhin rufen die drei: »Zu Hilfe, Ihr Söhne der Witwe!« – das Notzeichen der Meister, das sämtliche Brüder herbeiruft. Sie stehen um den Toten herum, vollführen das Zeichen des Schreckens und rufen ein ums andere Mal »Mach-benak« oder »Moabon«. Auch der Meister vom Stuhl ist nun herbeigekommen und weist sie an, eine Kette um den Liegenden zu bilden.

Sie gehorchen und rufen unterdessen immer wieder »Moabon« – »Sohn der Verwesung« oder, nach einer anderen Übersetzung, auch »Sohn der Witwe«.

Dieses neue Meisterwort jedenfalls erfüllt schließlich den gewünschten Zweck. Der »Tote« wird mit einem bizarren Ritual wieder zum Leben erweckt. Selbst in der abgeschwächten Form des Johannismeisterrituals kann es seine magisch-kabbalistische Herkunft bis heute nicht verleugnen: Der Meister »erhebt« den Erwachenden, steht Brust an Brust mit ihm, Fuß an Fuß, Knie an Knie, Hand in Hand, die linke Hand um den Nacken des Erweckten geschlungen. So flüstert er ihm das magische Meisterwort ins Ohr: »Moabon«.

Dies alles soll freilich nur noch »Zeichen einer totalen Gemeinsamkeit« sein, die die Brüder im Meistergrad verbindet.[166] Während eine »jubelnde Musik« erklingt, wird der neugeweihte Meister zum Meistertisch geführt.

Die Meisterzeichen

Nun erst werden dem jungen Meister auch die Meisterzeichen offiziell mitgeteilt, die er freilich schon während des »Mysterienspiels« vernehmen konnte. Bei den Erkennungszeichen des Meisters wird zwischen dem eigentlichen Meisterzeichen und dem Notzeichen unterschieden, zu dem als drittes noch das »Schreckenszeichen« kommt, das die Meister beim Nachspielen der Hiramslegende vollführen.

Auch das Meisterzeichen bezieht sich auf drastische ältere Versionen des Maurereides, die den Eidbrüchigen mit Durchschneiden der Gurgel, Herausreißen des Herzens oder Aufschlitzen des Bauches bedrohten. Entsprechend weist der Meister sich durch das »Bauchzeichen« aus. Im Notfall ruft er »Zu Hilfe, ihr Söhne der Witwe« aus, wobei er »in den Winkel tritt, während die verschlungenen Hände über den Kopf gehoben werden«.[167]

Der Meisterschlag ist mit dem Lehrlingsschlag – kurz, kurz, lang – identisch, wobei der lange Schlag am stärksten ausgeführt wird, so, wie auch Meister Hiram durch den dritten Schlag tödlich getroffen wurde. Auch das Passwort des Meistergrades gleicht dem des Lehrlings: Es lautet »Tubalkain« und erinnert wiederum an den zauberkräftigen Ahnherrn, der Meister Hiram der Legende nach beim ersten Anschlag der ungetreuen Gesellen zu Hilfe eilte (siehe *Dritte Maurerreise*).

Der junge Meister verlässt nun die Loge und bringt seine Kleidung in Ordnung. In den Tempel zurückgekehrt, empfängt er seinen Meisterschurz, der bei den Johannismaurern mit drei Rosen verziert oder mit einer blauen Klappe versehen ist. »Deinen Lehrlingsschurz haben wir dir abgenommen«, spricht der Meister vom Stuhl, »deinen Gesellenschurz hat dir der Zeremonienmeister vom Leib gerissen. Den Meisterschurz, den ich dir jetzt angelegt habe, lass dir von niemandem in der Welt entreißen, trage ihn in Ehren, bis ihn dir einst in hoffentlich recht ferner Zeit der ›Große Bauherr aller Welten‹ selbst abnehmen wird. Gehe nun deinen Weg!«

Sechzehnte Maurerreise: Wenn die Meisterin den Hammer führt

Die Frage, ob sich die Bruderschaft für eine reguläre Mitgliedschaft von Frauen öffnen sollte, ist so alt wie die »blaue« Maurerei selbst. In den *Alten Landmarken* heißt es hierzu rigoros: »Die Anwärter für die Aufnahme müssen Männer sein … Frauen, Krüppel und Sklaven können nicht beitreten.«

Berichte und Anekdoten von Frauen, die sich in Logen eingeschlichen haben sollen, sind so bizarr wie bei den meisten anderen Männerbünden – ja, in vielen Fällen handelt es sich um ein und dieselbe Wanderlegende, die seit alten Zeiten immer wieder aufgefrischt und den jeweils im Schwange befindlichen Orden angeheftet wird. So wird meist von Frauen fabuliert, die sich gewaltsam oder listig Zutritt zu einer Loge verschafft haben und daraufhin notgedrungen vereidigt worden sein sollen, damit sie das »Geheimnis« nicht verraten konnten.

Warum aber beharrten die Begründer der Johannismaurerei überhaupt darauf, die halbe Menschheit aus einem Bund auszuschließen, der sich doch die Vervollkommnung des »Tempels der Humanität« zum Ziel gesetzt hat?

Die Antwort müsste ehrlicherweise wohl lauten: Weil es sich bei der Maurerei nach wie vor um einen zuinnerst »archaischen« Männerbund handelte. Dessen »aufklärerische« und philanthropische Zielsetzung war zwar gewiss nicht nur Fassade, wie seine Widersacher unermüdlich verbreiteten. Aber für die Mehrzahl der Maurer waren Mildtätigkeit und ethische Besserung eben keineswegs der einzige oder auch nur der wichtigste Beweggrund für ihren Beitritt zur Bruderschaft. Sehr viel bedeutsamer waren wohl für die meisten noch immer die Überreste mystischer Ritualistik, die sie in dieser Weise nirgendwo sonst mehr in der »aufgeklärten« westlichen Welt vorfanden – weder in der Kirche noch in weltlichen Organisationen, die sich allein der Wohltätigkeit, der Karriere ihrer Mitglieder oder philosophisch-politischen Debatten widmeten.

Der Tiefenpsychologe Erich Neumann spricht in diesem Zusammenhang von Ritualen der »patriarchalen Einweihung unter der Devise: durch Nacht zum Licht. Das heißt, die Richtung des Geschehens ist durch eine Symbolik bestimmt, die wir von der Nachtmeerfahrt des Helden her als die der Sonne kennen. Abendlich-nächtlich im Westen sterbend, muss sie die Fahrt durch das Nachtmeer des Dunkels der Unterwelt und des Todes bestehen, um – gewandelt und wiedergeboren – als neue Sonne im Osten aufzuerstehen … Der ›Gewinn‹ der Einweihung, ihr Sinn und Ziel, liegt in der Erweiterung der Persönlichkeit, die als Erleuchtung auch immer die Erweiterung des Bewusstseins mit einschließt.«[168]

Wenn es sich hierbei jedoch um ein patriarchales Initiationsritual handelt, so sind in der Tat Zweifel angebracht, ob derlei Weihefeiern für weibliche »Lichtsuchende« geeignet wären. Aber das gilt dann entsprechend wohl auch für das begleitende Brauchtum, die gewaltige Traditionslast, die spezielle Bekleidung und Dekoration der Brüder, die steife Feierlichkeit, die Ritualen und »Tempelarbeit« generell anhaftet – letztlich für die gesamte Struktur der Bruderschaft, die sich teils direkt aus Männerbündischem herleitet, teils nachträglich Komponenten aus diversen, durchweg rein männlich geprägten Orden und Mysterien in ihr Brauchtum eingefügt hat.

»Die Vorstellung, eine Damenrunde bei einer gleichartigen Initiation zu erleben, wirkt zumindest befremdlich«, schreibt Hans Biedermann mit einigem Recht.[169] Dagegen scheint Skepsis angebracht, wenn der reformfreudige österreichische Freimaurer Rainer Hubert[170] erklärt: »Die in Symbol und Ritual entworfenen Inhalte sind allgemeinmenschlicher Natur und nicht geschlechtsspezifisch.« Derlei kann man wohl nur behaupten, wenn man von den tieferen Dimensionen der männerbündischen Ritualistik gänzlich absieht. »Die Umsetzung der maurerischen Ideen lässt sich sowohl in reinen Männer- wie Frauen- und gemischten Gruppen denken«, fährt Hubert fort – und auch dieser Aussage kann man nur so weit zustimmen, wie sie sich auf das philanthropische Programm der »blauen« Maurerei bezieht.

Sofern aber unter »maurerischen Ideen« eben auch und nach wie vor das Erlebnis der verschworenen Männergemeinschaft und die Formung des »männlichen Helden« im symbolischen Prozess der Bewährung und Reifung verstanden werden, muss man zu einem ganz anderen Schluss kommen. Dann nämlich gibt es für weibliche »Lichtsuchende« gewiss geeignetere Orte als die lokale Niederlassung eines Männerbundes, der Rituale und Selbstverständnis teils aus dem Brauchtum mittelalterlicher Steinmetzen, teils von kriegerischen Ahnherren wie den ritterlichen Kreuzfahrern bezieht.

Die Londoner »Gralshüter« der Johannismaurerei hatten also in gewisser Weise durchaus recht, wenn sie auf der Ausschließung von Frauen beharrten – auch wenn sich dieses Dogma mit ihren »aufklärerischen« Grundsätzen kaum mehr begründen und noch weniger rechtfertigen ließ.

»Adoptionslogen« im Rokoko

Im späten 18. Jahrhundert war die adlige französische Gesellschaft weit weniger an strengen Grundsätzen als an raffinierter und galanter Unterhaltung interessiert. Die Voltairianer ihrerseits verachteten zwar höfische Vergnügungssucht, doch die *Alten Landmarken* der britischen Bruderschaft schienen ihnen gleichfalls in einigen Punkten überholt.

Das Resultat so unterschiedlicher Interessen und Perspektiven war jedoch hier wie dort das gleiche: Im vorrevolutionären Frankreich drängten die Frauen in die Freimaurerei. Und wie laut auch aus London gegen derlei sittenlose Häresie gewettert wurde – bereits 1774, nur ein Jahr nach Gründung des französischen Großorient, entstand in Paris die erste Frauenloge. Diese wurde als »Adoptionsloge« bezeichnet und war einer regulären Männerloge angeschlossen, die offiziell als »Wächter« des weiblichen Ablegers galt. Auch alle Ämter in der Adoptionsloge wurden der Form halber doppelt besetzt, so dass neben der Meisterin vom Stuhl auch ein Meister der Frauenloge vorstand, den Aufseherinnen männliche Aufseher über die Schulter schauten und so fort.

Diese Manöver beeindruckten die obersten Aufseher in der Großloge zu London jedoch keineswegs. An sämtliche Logen, die es wagten, auf dem Umweg über Adoptionslogen Frauen aufzunehmen, erging umgehend die Anweisung, zur reinen Lehre zurückzukehren. Auch die Zugehörigkeit von Brüdern zu Frauenlogen war aus britischer Sicht eine inakzeptable Abirrung vom maurerischen Weg.

Die erste Großmeisterin der Pariser Adoptionslogen war die Herzogin von Bourbon. »Tout le monde en est«, schrieb Marie Antoinette 1781 über die Frauenlogen[171], »alle Welt gehört ihnen an«. Der Zustrom edelblütiger Frauen vom Königshof war in der Tat überwältigend. Die Damen »wetteiferten mit ihren Brüdern, um zu beweisen, dass Frauen den Armen ebenso gut zu Hilfe kommen können wie Männer«.[172] Auch die Loge der »Aufklärer« und Enzyklopädisten um den Philosophen Voltaire, genannt »Les Neuf Sœurs«, hatte bald schon eine Adoptionsloge, in der die Gattin Voltaires als hammerführende Meisterin fungierte.

Flammendes Herz und weibliche Tugend

Unter der Führung herzoglicher Großmeisterinnen entwickelten die Adoptionslogen der französischen Maurerei ein eigenes Ritual, das sich mehr oder minder stark an das Brauchtum der männlichen Freimaurerei anlehnte. Analog zu den drei Graden Lehrling, Geselle und Meister gab es die weiblichen Ränge Apprentie, Compagnonne und Maîtresse. Die Großmeisterin hieß entsprechend »La Grande Maîtresse«.

Statt nach Himmelsrichtungen wurde der »weibliche« Tempel nach »Klimazonen« gegliedert: Der Eingang befand sich im »Klima von Europa«, der Sitz der Meisterin vom Stuhl im »Klima von Asien«. Die beiden Längsseiten, wo die Schwestern aufgereiht saßen, nannte man »Klima von Amerika« und von »Afrika«.

Auch bei der Bekleidung lehnten sich die Maurerinnen an die brüderlichen Vorbilder an. Sie übernahmen den Schurz ebenso wie die weißen Handschuhe und selbst das Bijou, das einen Apfel, umschlossen von einem flammenden Herzen, darstellte.

Bei den Weiheritualen versuchte man offenbar auf »weibliche« Besonderheiten einzugehen. So standen beim Ritual der »Apprentie« die »weiblichen Haupttugenden« im Mittelpunkt, während das Ritual der »Compagnonne« um die Symbolik von Schlange und Baum der Erkenntnis im Paradiesgarten, also um das Drama des Sündenfalls und Evas Rolle im Garten Eden kreiste. Beim Ritual der »Maîtresse« schließlich galt es, eine symbolische Leiter zu erklimmen, deren höchste Sprosse die sittliche Vervollkommnung symbolisieren sollte.

Es scheint mehr als zweifelhaft, ob es überhaupt gelingen kann, quasi aus der hohlen Hand Rituale zu erschaffen, die nicht nur dem Nachahmungs- und Unterhaltungsbedürfnis genügen, sondern nach Struktur, Symbolik und Dynamik den tiefenpsychologischen Prozessen der Bewährung und Reifung entsprechen. Doch bevor die Meisterinnen auch nur geringfügige Verbesserungen anbringen konnten, brach ohnehin die Revolution aus und machte den Adoptionslogen ebenso wie einer Vielzahl der edelblütigen Schwestern den Garaus.

Küsse für den Mops

Die »Adoptionslogen« waren reine Frauenlogen, auch wenn die Ämter doppelt besetzt wurden, also jeder »Beamtin« symbolisch ein Mann zur Seite stand. Daneben entstanden im vorrevolutionären Frankreich auch gemischte Logen, in denen Männer und Frauen gemeinsam »arbeiteten« oder sich unterhaltsamen Ritualen nach dem Geschmack des späten Rokoko unterzogen.

Diese »androgynen Logen«, wie man sie auch nannte, wurden von den Londoner Hütern der reinen Lehre natürlich ebenso wenig anerkannt wie die Adoptionslogen. Meist entstanden sie in eigens gegründeten Orden, die Namen wie »Chevaliers et Chevalières de la Rose« oder »Ordre de la Félicité« trugen. Eine Variante dieser galanten Pseudo-Maurerei, die sich auch an deutschen Fürstenhöfen jener Zeit großer Beliebtheit erfreute, war der sogenannte »Mopsorden«, eine dekadente Persiflage der feierlichen masonischen Rituale.

Wie Hans Biedermann spekuliert, trachtete man seit alters her auch deshalb gemischtgeschlechtliche Geheimbünde zu vermeiden, »um sich nicht dem … Vorwurf der sexuellen Zügellosigkeit auszusetzen«.[173] Ob dieser Punkt für männerbündische Organisationen nach dem Muster der Suque, der Mysterien oder der Rosenkreuzer von Bedeutung war, muss bezweifelt werden – zumal ja gerade reine Männerorden fast unweigerlich den Verdacht geheimer homosexueller Praktiken auf sich ziehen. Tatsache ist jedoch, dass man in den »gemischten« Logen nach freimaurerischem Vorbild, die im 18. Jahrhundert entstanden, »galanten« oder auch eindeutig erotischen Lustbarkeiten keineswegs abgeneigt war.

Das gilt zweifellos für die sogenannte Feigenbruderschaft, die um 1750 in Wien begründet wurde und einer hedonistisch erweiterten Gütergemeinschaft huldigte. Entgegen dem Namen gehörten der geheimen Gesellschaft Frauen so gut wie Männer an, und alle Mitglieder hatten die programmatische Besitzgemeinschaft »auch auf ihre eigene Person auszudehnen«.[174] Die sogenannten »Schwestern von der Schwarzen Feige« trafen sich mit den »Brüdern vom Schwarzen Hut« mehrmals pro Woche, »um ihren Lüsten zu frönen«. Bereits im Jahr 1751 machte die österreichische »Keuschheitskommission« dem frivolen Treiben ein Ende.

Harmloser, wenngleich auch einigermaßen dekadent ging es im erwähnten Mopsorden zu. Auch diese androgyne, also gemischte Geheimgesellschaft entstand bereits Mitte des 18. Jahrhunderts, wenige Jahrzehnte nach Neugründung der Johannismaurerei. Der Bezug auf die reguläre Maurerei war unübersehbar: Das Ritual der Mopsbrüder und -schwestern war von Anfang bis Ende eine – eher laszive als geistreiche – Parodie des masonischen Vorbilds.

Im Mittelpunkt stand eine Mopsfigur aus Keramik oder Wachs, die auf dem Tisch des Meisters vom Stuhl thronte, zwischen Degen und Spiegel. An die Stelle der »großen Lichter« der Maurerei, Bibel, Winkelmaß und Zirkel, traten hier also Mops, Degen und Spiegel. Der Eid wurde geleistet, indem Frauen ihre Hand auf den Spiegel, Männer die Rechte auf den Degen legten und Verschwiegenheit gelobten. Zuvor mussten Brüder wie Schwestern den »Hintern des Mopses« küssen –

eine unverkennbare Anspielung auf jene hartnäckigen Gerüchte, die die Freimaurerei mit Teufelsanbetung in Verbindung brachten.

Doch die dekadente Adelsgesellschaft des 18. Jahrhunderts glaubte weder an Gott noch Teufel, sondern einzig an den Götzen der Vergnügung. Im Mopsorden, resümiert der Logenforscher Beyer, habe man »sicherlich an Ethik überhaupt nicht gedacht, sondern lediglich das Amüsement geschätzt, das den Mitgliedern durch die Aufnahme-Posse bereitet wurde«.[175]

Gemischte und rein weibliche Logen seit dem 19. Jahrhundert

Ebenso wie die regulären Freimaurerlogen wurden auch viele Adoptionslogen nach der »Schreckensherrschaft« in Frankreich wiedereröffnet. Dort entstand im 20. Jahrhundert zusätzlich ein rein weiblicher Orden nach maurerischem Muster, die »Grande Loge Feminine de France«. Ähnliche Organisationen konstituierten sich auch in anderen Ländern, so etwa der »Eastern Star« in Nordamerika oder die »Odd Fellows« in Großbritannien. Selbstverständlich wurden und werden auch alle diese Logen von der Londoner Großloge nicht anerkannt.

Bereits Ende des 19. Jahrhunderts wurde – wiederum in Frankreich – eine weitere »gemischte« Maurerloge ins Leben gerufen, deren Mitbegründerin, Marie Deraismes (1828–1894), eine bekannte Feministin war. Auch diese Organisation namens »Le Droit Humain« oder »Das Menschenrecht« wurde von den britischen Gralshütern als häretisch gebrandmarkt – und in der Tat kann man sich fragen, ob eine feministische Maurerloge nicht einen Widerspruch in sich selbst darstellt.

Ist das Menschenrecht für alle, Frauen wie Männer, erst dann verwirklicht, wenn alle Individuen zu ausnahmslos allen gesellschaftlichen Orten Zutritt erhalten? Oder gibt es eben doch geschlechtsspezifische Unterschiede, die nicht in der Sozialisation begründet liegen? In diesem Fall wäre es gewiss sinnvoller, nicht im Namen der Gleichberechtigung Männerbünde zu zerstören, sondern eigene »Frauenorden« nach spezifisch weiblichen Interessen und Bedürfnissen zu schaffen.

Auch diese Diskussion wird bereits seit über zweihundert Jahren geführt. Seit den Zeiten von Mme. Deraismes hat sie jedoch stark an Bedeutung verloren – nicht, weil die weibliche Gleichberechtigung unterdessen gänzlich verwirklicht worden wäre, sondern weil die Freimaurerei in den (kontinental-)europäischen Gesellschaften seit dem Zweiten Weltkrieg nur noch eine marginale Rolle spielt.

Unter dem Namen »Frauen-Großloge von Deutschland« besteht auch in Deutschland seit 1949 eine rein weibliche Freimaurerei. Ihrem Selbstverständnis nach knüpfen diese maurerischen Schwestern einzig an die »aufgeklärte« Johannisbruderschaft an. Aus ihrer Sicht ist der Ausschluss von Frauen aus der masonischen Bewegung daher heute nicht mehr gerechtfertigt. »Auch engagierte Frauen« seien »zur Mitarbeit am großen Bauwerk der Menschlichkeit aufgefordert«, heißt es auf ihrer Homepage (www.freimaurerinnen.de).

Dem ist gewiss zuzustimmen – dahingestellt bleibt allerdings, ob diese Mitarbeit ausgerechnet in den Ruinen eines männerbündischen Tempels stattfinden muss, der unter der parteiischen Obhut der Londoner Tempelwächter in den zurückliegenden knapp dreihundert Jahren seine ursprüngliche Funktion und Faszination ohnehin schon weitgehend eingebüßt hat.

Nachwort: Die Endzeit der Bruderschaft?

Seit dem Ende des Zweiten Weltkriegs gehen von der Freimaurerei in Europa keine nennenswerten geistigen Impulse mehr aus. Die Bruderschaft ist überaltert; ihre Bräuche und Anschauungen gelten weithin als kauzig und verstaubt.

In den Vereinigten Staaten von Amerika erfreuen sich die Freimaurer dagegen noch immer großer Beliebtheit. Allerdings haben sich die US-Großlogen von ihrer britischen Mutterloge weitgehend gelöst und »sich der Mentalität ihrer Mitglieder und deren Forderungen angepasst«, wie Charles de Bokor diesen Prozess diplomatisch umschreibt. Tatsächlich sind die amerikanischen Freimaurer heute reicher, häupterstärker und einflussreicher als alle anderen Brüder in der restlichen Welt zusammen.

Indessen handelt es sich bei ihnen längst um eine »Massenorganisation«[176], deren Brauchtum und Selbstverständnis weder mit der englischen noch mit der französischen Freimaurerei noch sehr viel gemein haben. Die US-Maurer vom Orden der »Shriners« oder der »Knight Templars« kleiden sich in malerische Fantasy-Kostüme, veranstalten Paraden im Disney-Stil und betreiben einen eigenen Zirkus. Von der steifen Korrektheit der »blauen« Maurerei sind sie so weit entfernt wie von den rosenkreuzerischen und Templertraditionen, an die ihre grotesken Kostüme augenscheinlich erinnern sollen. Positiv ist hervorzuheben, dass die amerikanischen Freimaurer alljährlich mit Rekordsummen wohltätige Organisationen und Projekte unterstützen. Doch als Labors für neue Philosophien, politische Programme oder spirituelle Spekulation sind auch die US-Logen seit langem bedeutungslos.

Die britische Maurerei spielt noch immer eine Sonderrolle, auch begünstigt durch die hohe Akzeptanz, die Herrenclubs in Großbritannien bis heute generell genießen. Auf dem europäischen Festland aber sieht es für die Freimaurerei einigermaßen trostlos aus – Überalterung und Mitgliederschwund gehen Hand in Hand mit geistiger und spiritueller Auszehrung.

In der sogenannten »Lichtenauer Erklärung« der deutschen Freimaurerei von 1970 heißt es: »In Ehrfurcht vor dem ›Großen Baumeister des Universums‹ erklären wir: Die Freimaurer haben keine gemeinsame Gottesvorstellung. Denn die Freimaurerei ist keine Religion und lehrt keine Religion. Freimaurerei verlangt dogmenlos eine ethische Lebenshaltung und erzieht dazu durch Symbole und Rituale. Die Freimaurer arbeiten brüderlich gebunden in ihren selbständigen Bauhütten (Logen) unter souveränen Großlogen im Glauben an die Bruderkette, die die Erde umspannt. Die Freimaurer huldigen dem Grundsatz der Gewissens-, Glaubens- und Geistesfreiheit und verwerfen jeden Zwang, der diese Freiheit bedroht. Sie achten jedes aufrichtige Bekenntnis und jede ehrliche Überzeugung. Sie verwerfen jegliche Diskriminierung Andersdenkender. Die Gesetze der Großlogen der Welt untersagen den Logen die Einmischung in politische und konfessionelle Streitfragen.«[177]

Dieses Programm hat zumindest in der Alten Welt seine Anziehungskraft weitgehend verloren. Aus welchem Grund sollte ein Mann in gesetztem Alter und gesicherten wirtschaftlichen Verhältnissen heute noch einer Loge beitreten? Selbst ein hoher Würdenträger der Bruderschaft wie Michael Kraus, Großmeister der Großloge von Österreich, vermag hierauf nur noch eine matte, wenig überzeugende Antwort zu geben: »Im 18. Jahrhundert waren es primär Anliegen der Aufklärung, denen sich die Brüder in ihren Logenarbeiten widmeten und die sie dann sehr erfolgreich draußen umsetzten. Daher war es ihnen wichtig, möglichst viele Mitglieder zu haben, die unmittelbar an den Schaltstellen der Regierung und der Politik saßen … Heute befassen sich viele Brüder mit den Umständen des Werteverfalles und der geistigen und emotionellen Leere, die durch den Materialismus, Egoismus und viele andere schädliche -ismen hervorgerufen werden. Die Freimaurerei will hier helfen, dass die Menschen in ihrem eigenen, in Vergessenheit oder Unwichtigkeit geratenen Wertekosmos wieder Halt und Haltung finden.«[178]

Ein Programm, das so oder sehr ähnlich auch die beharrlichste Widersacherin der Freimaurerei formulieren könnte – die katholische Kirche. Ironischerweise hält aber der Vatikan wie vor zweihundert Jahren oder auch vor einem halben Jahrtausend an seiner scharfen Verurteilung der masonischen Bruderschaft fest. »Das negative Urteil der Kirche über die freimaurerischen Vereinigungen bleibt also unverändert, weil ihre Prinzipien immer als unvereinbar mit der Kirche betrachtet wurden und deshalb ein Beitritt zu ihnen verboten bleibt. Die Gläubigen, die freimaurerischen Vereinigungen angehören, befinden sich also im Stand der schweren Sünde und können nicht die heilige Kommunion empfangen.«[179]

Diese *Declaratio de associationibus massonicis*, die jeden Katholiken für bloße Mitgliedschaft in einer Loge mit der Exkommunikation bedroht, stammt nicht etwa aus dem 18. oder 19. Jahrhundert, sondern aus dem Jahr 1983. Ihr Verfasser: der einstige Kardinal Ratzinger, seinerzeit Präfekt der vatikanischen Kongregation für die Glaubenslehre und seit 2005 als Papst Benedikt XVI. allerhöchster Hirte der römisch-katholischen Christenheit.

»Warum allerdings der Beitritt zu einer Loge eine schwere Sünde darstelle, wird von Ratzinger nicht einmal ansatzweise erklärt.«[180] Allem Anschein nach wird sich der Heilige Vater aber auch nicht mehr um eine solche Erklärung bemühen müssen: Aus vatikanischer Sicht hat sich auch dieses häretische Ärgernis – wie so viele in den letzten zwei Jahrtausenden – zumindest in Europa wohl weitgehend erledigt.

So lässt sich die Frage, die uns in diesem Buch wie ein Leitstern auf allen Maurerreisen begleitet hat, letztlich nur noch auf die fernere Vergangenheit der Bruderschaft beziehen: Waren die Freimaurer Weltverschwörer oder Menschenfreunde?

Die Bilanz fällt recht gemischt aus. Betrachten wir zuerst die »Weltverschwörer«: Gewiss gab es niemals eine internationale oder auch nur nationale Freimaurerei, in der »geheime« oder namentlich bekannte »Obere« ihre Mitbrüder zum Sturz von Königen und Päpsten aufriefen – trotz intensivster Nachforschung konnte der tausendfach geäußerte Verdacht nie auch nur mit dem Hauch eines Beweises untermauert werden. Doch ebenso gewiss gab es in politisch bewegten Zeiten und Ländern höchst einflussreiche Logen und Brüder, von denen maßgebliche revolutionäre Impulse oder fortschrittliche Ideen und Programme ausgingen.

Und die »Menschenfreunde«? Über die Frage, ob die energische Verfolgung liberaler und rationalistischer Programme »der Menschheit« tatsächlich und durchweg zum Vorteil gereicht hat, lässt sich ohne Zweifel streiten. Doch wer einer Organisation beitritt, die zwei Prozent des Einkommens als Mitgliedsgebühr erhebt und darüber hinaus beträchtliche regelmäßige Spenden für karitative Zwecke erwartet, darf ebenso unzweifelhaft als Philanthrop gelten, der Nächstenliebe nicht nur im Mund führt, sondern auch praktiziert. Schon simple Redlichkeit verbietet die pauschale Unterstellung, dass solche menschenfreundliche Gesinnung bloß vorgetäuscht sei. Und bereits schlichte Menschenkenntnis verbietet allerdings ebenso, Nächstenliebe mit Selbstlosigkeit gleichzusetzen:

Was die einzelnen Freimaurer an klingender Münze gaben, erhielten sie jahrhundertelang in immaterieller Währung zurück – nicht zuletzt durch männerbündische Grenz- und Gemeinschaftserlebnisse magischen und mystischen Charakters, die seit jeher den innersten Kern des Ordens ausmachten, auch wenn sie im »aufgeklärten« Programm keinen Platz mehr fanden. Doch nach einer Serie von »häretischen« Abspaltungen und Konkurrenzgründungen, Säuberungen und Ausschließungen im 18. und 19. Jahrhundert zeigt sich die europäische Maurerei heute von geistiger und spiritueller Erstarrung befallen und mehr mit der Musealisierung ihrer eigenen Vergangenheit als mit den Problemen der Gegenwart beschäftigt – allerhöchste Zeit für eine neue, vitalisierende Häresie …

BERÜHMTE BRÜDER

Beaumarchais, Pierre-Augustin Caron de (1732–1799), franz. Dramatiker, verfasste u.a. den *Barbier von Sevilla* und die *Hochzeit des Figaro* und setzte sich während der Revolution für den Dritten Stand ein.

Blücher, Gebhard Leberecht von (1742–1819), Fürst von Wahlstadt, preuß. Generalfeldmarschall, wurde 1782 Mitglied der Loge »Augusta zur goldenen Krone« in Pommern, gehörte ab 1799 der Loge »Zum hellen Licht« in Hanau an, war 1802–1806 Stuhlmeister der Loge »Zu den drei Balken« in Münster.

Böhm, Karlheinz (geb. 1928), österr. Schauspieler (»Sissy«, »Peeping Tom«), begründete die Aktion »Menschen für Menschen«, die in der afrik. Sahelzone durch Brunnenbau, Kliniken, Schulen, Pflanzungen usw. Not und Armut zu lindern versucht. Der Freimaurer Böhm, u.a. Träger des »Humanitären Preises der Freimaurer« (1986), ist in vierter Ehe mit einer Äthiopierin verheiratet, seine Aktion »Menschen für Menschen« wird von der Freimaurerei durch Spenden massiv unterstützt.

Bolivar, Simon (1783–1830), General und Vorkämpfer südamerikanischer Unabhängigkeit von Spanien, Präsident von Kolumbien (1813) und Peru (1827); Freimaurer seit 1807, Gründer der Logen »Protection des Vertus« in Venezuela und »Ordre et Liberté« in Peru.

Bordet, Jules (1870–1961), belg. Mediziner und Bakteriologe, Nobelpreisträger für Medizin (1919), ab 1908 Mitglied der Brüsseler Loge »Les Amis Philanthropes No. 2«.

Bourgeois, Leon Victor Auguste (1851–1925), franz. Schriftsteller, Pazifist und Staatsmann in verschiedenen Funktionen, u.a. Ministerpräsident (1895/96), Erster Vorsitzender des Völkerbundrates (1919). Friedensnobelpreisträger (1920), Mitglied der Loge »Sincérité« in Reims.

Burns, Robert (1759–1796), schott. Dichter, u. a. (ab 1781) Mitglied der Loge »St. David No. 174« in Tarbolton, widmete der Freimaurerei diverse Gedichte.

Byrd, Richard E. (1888–1957), US-Admiral, überflog den Nord- und den Südpol, begründete die »First Antarctic Lodge No. 177« und warf die Fahne seiner Bruderschaft über beiden Polen ab. Sechzig der 82 Mitglieder seiner Südpolexpedition waren Freimaurer.

Carducci, Giosuè (1835–1907), bedeutender italienischer Dichter, Nobelpreisträger für Literatur (1906), gehörte ab 1862 der Loge »Galvani« in Bologna an, später auch der Loge »Propaganda Massonica« in Rom.

Chenier, André de (1762–1794), bedeutender franz. Lyriker, während der Revolution Verfechter gemäßigter Positionen, Mitglied der Enzyklopädistenloge »Les Neuf Sœurs«, wurde während der »Schreckensherrschaft« guillotiniert.

Churchill, Sir Winston Leonard Spencer (1874–1965), brit. Publizist, Schriftsteller und Politiker mit zahlreichen Funktionen, 1940–45 und 1951–55 Premierminister. Literaturnobelpreisträger (1953), Freimaurer seit 1901, langjähriges Mitglied der »Rosemary Lodge No. 2851« in London.

Desmoulins, Camille (1760–1794), franz. Publizist und Jurist, Führer des Sturms auf die Bastille, wurde zusammen mit Danton während der »Schreckensherrschaft« hingerichtet.

Doyle, Sir Conan Arthur (1859–1930), engl. Schriftsteller, Erfinder des Sherlock Holmes und in späteren Jahren Spiritist, errang 1893 in der Loge »Phoenix No. 257« in Portsmouth den Meistergrad.

Ducommun, Elie (1833–1906), der bedeutende Schweizer Friedensnobelpreisträger (1902), u. a. tätig als Lehrer, Redakteur, Kanzler des Staates Genf und Generalsekretär einer Eisenbahngesellschaft, leitete in seinen letzten Lebensjahren das 1891 gegründete »Internationale Friedensbüro«

in Bern. Ducommun war Mitglied der Berner Loge »Zur Hoffnung« und Großmeister der schweizerischen Großloge »Alpina«.

Dumas, Alexandre, der Vater (1802–1870), franz. Schriftsteller, gehörte ab 1862 der Loge »Fede Italica« in Neapel an, schrieb in seinen Romanen der Freimaurerei u.a. bei der Französischen Revolution eine aktive Rolle zu – sehr zum Leidwesen der stets auf unpolitische Neutralität bedachten Bruderschaft.

Eduard VIII. (1894–1972), kurzzeitig König von England (reg. 20.1. bis 11.12.1936), im selben Jahr zum Großmeister der Großloge von England gewählt.

Fichte, Johann Gottlieb (1762–1814), dt. Philosoph, 1794 Mitglied der Loge »Günther zum stehenden Löwen« in Rudolstadt, 1800 kurzzeitig in der Loge »Royal York« in Berlin, aus der er jedoch nach einem Streit mit dem Theologen und Freimaurer Ignaz Feßler im selben Jahr wieder austrat. Im Freimaurerbund sah Fichte, ähnlich wie Lessing (s.d.), ein wichtiges Instrument, um »die Nachteile der Bildungsweise in der größeren Gesellschaft wieder aufzuheben und die einseitige Bildung für den besonderen Stand in die gemeine menschliche Bildung zu verschmelzen«, so Fichte in seinen »Briefen an Constant«, die auf Vorträgen basieren, welche er 1800 vor Freimaurern in Berlin gehalten hat.

Fleming, Sir Alexander (1881–1955), brit. Mediziner, Nobelpreisträger für Medizin (1945), u.a. 1925 Stuhlmeister der »Santa Maria Lodge No. 2692« und 1948 Großaufseher der »United Grand Lodge of London«; Mitglied der »London Scottish Rifles Lodge No. 2319«, wo er den XXX. Grad des »Alten und Angenommenen Schottischen Ritus« errang, den berühmten Ritter-Kadosch-Grad.

Ford, Henry (1863–1947), amerik. Großindustrieller, Besitzer der seinerzeit weltgrößten Autofabrik in Detroit und Erfinder der Fließbandproduktion, gehörte ab 1894 der »Palestine Lodge« in Detroit an.

Franklin, Benjamin (1706–1790), Buchdrucker, Schriftsteller, Erfinder des Blitzableiters, amerik. Unabhängigkeitskämpfer und Staatsmann. Ab 1731 Mitglied der Loge »St John's Lodge« in London, 1734 Provinzial-Großmeister. Nach siegreichem Unabhängigkeitskampf ging Franklin als Gesandter der 13 US-Gründungsstaaten nach Paris, wo er Mitglied der Pariser Loge »Les Neuf Sœurs« wurde und von 1779 bis 1782 deren Stuhlmeister war.

Fried, Hermann (1864–1921), österr. Schriftsteller, Publizist und Pazifist, Friedensnobelpreisträger (1911), gehörte der Wiener Loge »Sokrates« an.

Friedrich II., der Große (1712–1786), preußischer König, wurde bereits als Kronprinz 1738 in Braunschweig in die Bruderschaft aufgenommen, befahl 1740 die Gründung der Großen National-Mutterloge »Zu den drei Weltkugeln« in Berlin.

Gable, Clark (1901–1960), amerik. Filmschauspieler (»Vom Winde verweht«), Oscar-Preisträger (1939), gehörte ab 1933 der Loge »Beverly Hills Lodge No. 528« in Kalifornien an.

Georg VI. (1895–1952), König von England, wurde 1919 in die »Navy Lodge No. 2612« zu London aufgenommen und 1936 Grand Master Mason of Scotland.

Goethe, Johann Wolfgang von (1749–1832), dt. Dichterfürst, Geheimrat und Minister am Hof des Weimarer Herzogs Karl August, wurde 1780 in die Weimarer Loge »Amalia« aufgenommen, 1781 zum Gesellen befördert und im Jahr darauf zum Meister erhoben. Kurz darauf stellte die Loge ihre Arbeit ein, wie so viele andere zu jener Zeit, da die Bruderschaft durch den »Systemstreit« zwischen Johannis- und Hochgradmaurerei, Alten und Modernen usw. zunehmend gespalten war. Auch auf Goethes Betreiben hin wurde die Loge »Amalia« 1808 wiedereröffnet, jedoch nahm er überwiegend nur noch aus der Ferne Anteil an den maurerischen Arbeiten. 1812 ließ er sich förmlich beurlauben. Zu den Werken, in denen sich Goethe mit freimaurerischen Ideen und Symbolen auseinandersetzt, zählen u. a. die Gedichte *Symbolum*, das mit den Versen »Des Maurers Handeln/Es gleicht dem Leben« beginnt, und *Trauerloge*, sodann *Wilhelm Meisters Lehrjahre* (insbes. das Motiv der »Turmgesellschaft«) und das Bühnenstück *Der Großkophta*, eine Satire auf den Grafen Cagliostro und seine »ägyptische Maurerei«. Neben der regulären Freimaurerei gehörte Goethe auch anderen Orden nach mehr oder minder maurerischem Muster an, so der »Rittertafel« und zeitweise auch den Illuminaten.

Haydn, Franz Josef (1732–1809), österr. Komponist, ab 1785 Mitglied der Wiener Logen »Zur wahren Eintracht« und »Zur Wahrheit«, der auch Mozart (s. d.) angehörte.

Helvetius, Claude Adrien (1715–1771), franz. Philosoph aus der Schule der Enzyklopädisten, Freimaurer. Auf ihn geht die Idee einer »Philosophenloge« zurück, wie sie mit der Pariser Loge »Les Neuf Soeurs« fünf Jahre nach seinem Tod verwirklicht wurde.

Kean, Edmund (1787–1833), der berühmte engl. Shakespeare-Darsteller, ab 1817 Mitglied der »St. Mark's Lodge No. 102« in Glasgow, befand sich in seinem Leben öfters in lebensbedrohlichen Notlagen, aus denen ihn der Überlieferung nach seine Freimaurerbrüder befreiten.

Kipling, Joseph Rudyard (1865–1936), engl. Schriftsteller und Nobelpreisträger für Literatur (1907), war bereits ab 1886 Freimaurer, Mitglied und Gründer mehrerer Logen u. a. der »Author's Lodge No. 3456« in London. In seinen Werken finden sich zahlreiche Spuren freimaurerischer Einflüsse, so bspw. in seinem Roman *Kim*, dessen Protagonist Sohn eines Freimaurers ist und nach maurerischen Gesichtspunkten erzogen wird.

Lacèpède, Etienne de, Graf (1756–1825), franz. Naturwissenschaftler, Großkonservator des »Grand Orient« und Gründungsmitglied des Obersten Rates des Schottischen Ritus.

La Fayette, Marie Josef, Marquis de (1757–1834), franz. General und Politiker, kämpfte ab 1777 in Amerika für die Unabhängigkeitsbewegung und nahm ab 1789 in Frankreich als liberaler Monarchist an der Revolution teil. In Amerika ab 1777 Mitglied einer Militärloge, in Frankreich Angehöriger der Loge »Contrat Social« und des Suprême Conseil des »Alten und Angenommenen Schottischen Ritus«.

Lalande, Joseph-Jêrome Lefrançais (1732–1807), franz. Astronom und Enzyklopädist, Gründer und erster Meister vom Stuhl der Loge »Les Neuf Sœurs«, zuvor bereits Begründer und Leiter der »Loge des Sciences«, Würdenträger des »Grand Orient«, Verfasser des Artikels über Freimaurerei in der *Großen Enzyklopädie*.

La Rochefoucauld, François Alexandre Frédéric de (1747–1827), Herzog von Liancourt und Mitglied der Nationalversammlung (1789–1791): Der franz. »Aufklärer« und politische Reformer übersetzte u. a. die US-Verfassung ins Französische und gehörte der Enzyklopädistenloge »Les Neuf Soeurs« in Paris an.

Lessing, Gotthold Ephraim (1729–1781), dt. Schriftsteller und »Aufklärer«, setzte sich schon frühzeitig intensiv mit der Freimaurerei auseinander und wurde 1771 in der Hamburger Wohnung des preußischen Hauptmanns Georg Johann Freiherr von Rosenberg, Begründer der Loge »Zu den drei Rosen«, in einem irregulären Ritual aufgenommen und sogleich in alle drei Grade eingeweiht. Lessing soll von dem Zeremoniell wenig beeindruckt gewesen sein. Wenige Tage darauf erhielt er von Großmeister Zinnendorf einen umfangreichen Brief, in dem er aufgefordert wurde, ihm eine von Lessing geplante Schrift über die Freimaurerei vorher zur Zensur vorzulegen. Die Antwort des scharfzüngigen Lessing ist nicht bekannt, jedoch scheint er nie wieder eine Loge besucht zu haben. Geistig aber blieb er der Freimaurerei verbunden, wie aus seinen Freimaurergesprächen *Ernst und Falk* oder auch aus der berühmten Parabel von den drei Ringen hervorgeht. Ohne als Freimaurer aktiv geworden zu sein, gilt Lessing als »der eigentliche Begründer der freimaurerischen Humanitätslehre«[181] in Deutschland.

Lindbergh, August Charles (1972–1974), amerik. Offizier, überflog 1927 als Erster nonstop den Atlantischen Ozean. 1926 wurde er Mitglied, im selben Jahr auch bereits Geselle und Meister der Loge »Keystone

Lodge No. 243« in St. Louis, deren Insignien sein Flugzeug »Spirit of St. Louis« zierten. Ein privater Grund für seine entschiedene Ablehnung des US-Kriegseintritts wurde erst Jahrzehnte später bekannt: Lindbergh führte ein Doppelleben und hatte sowohl in Amerika wie in Deutschland Frau und Kinder.

Littré, Emile (1801–1881), franz. Philosoph und Schriftsteller, Übersetzer, Schöpfer des *Dictionnaire*, 1871 Abgeordneter der Nationalversammlung, ab 1875 Mitglied der Pariser Loge »La Clémente Amitié«.

Lothringen, Franz Stephan von (1706–1765), als Franz I. ab 1745 Kaiser des Heiligen Römischen Reichs, 1731 in Haag als Freimaurer aufgenommen, im selben Jahr im engl. Norfolk zum Meister erhoben. Der Legende nach hat er sich wiederholt persönlich für Freimaurer eingesetzt, die aufgrund von Erlassen seiner Gemahlin, Kaiserin Maria Theresia, verhaftet wurden.

de Maîstre, Joseph Marie, Graf (1754–1821), franz. Staats- und Religionsphilosoph, Mystiker und Vertreter des kirchlichen Absolutismus, der eine Rückkehr zum mittelalterlichen Gottesstaat unter päpstlicher Herrschaft anstrebte. 1774 Beitritt zur Loge »Trois Mortiers« in Chambéry, wechselte kurz darauf in die Lyoner Loge des Rektifizierten Schottischen Ritus. Sprach sich gegen den Ritus der »Strikten Observanz« des Reichsfreiherrn von Hund (siehe *Zweite Maurerreise*) aus, insbesondere gegen dessen Behauptung eines »Unbekannten Oberen«; verteidigte die Freimaurerei entschieden gegen die Angriffe des Abbé Barruel (siehe *Achte Maurerreise*), während er die Illuminaten als antichristliche und antimonarchische Kampforganisation ablehnte.

Marshall, George Catlett (1888–1959), amerik. General und Politiker, Friedensnobelpreisträger (1953), entwarf den »Marshall-Plan« für den wirtschaftlichen und politischen Wiederaufbau des kriegszerstörten Westeuropa; ab 1941 als Freimaurer tätig.

Mayo, Charles Horace (1865–1939), amerik. Chirurg und Philanthrop, Leiter des St. Mary's Hospitals in Rochester, begründete mit seinem Bruder die Mayo-Stiftung, der die weltweit angesehene Klinik seit 1915 angehört. Mayo war ab 1890 Mitglied der »Rochester Lodge No. 2«.

Michelson, Albert Abraham (1852–1931), amerik. Nobelpreisträger für Physik (1907), ab 1874 Mitglied der New Yorker Loge »Washington No. 21«.

Montgolfier, Jacques Etienne (1745–1799), erfand zusammen mit seinem Bruder den Heißluftballon, die »Montgolfière«, ab 1784 Mitglied der Pariser Enzyklopädistenloge »Les Neuf Sœurs«.

de Montesquieu, Charles de Secondat, Baron (1689–1755), franz. Geschichtsphilosoph und Staatstheoretiker, war Mitbegründer einer der ersten französischen Logen (1735) und seit 1730 Mitglied der Londoner Loge in St. Horn's Tavern.

Mozart, Wolfgang Amadeus (1756–1791), österr. Komponist, wurde 1784 Mitglied der Wiener Loge »Zur Wohltätigkeit«, besuchte häufig auch die Loge »Zur Wahren Eintracht«; dort 1785 zum Gesellen befördert. Maurerische Einflüsse in Mozarts Werk sind zahlreich, insbesondere in seiner Oper *Die Zauberflöte*, aber auch in der *Maurerischen Trauermusik* oder in den Kantaten *Zur Eröffnung der Loge*, *Zum Schlusse der Loge* und *Die Gesellenreise*. Das Libretto der *Zauberflöte* verfasste Emanuel Schikaneder (1751–1812), der gleichfalls Freimaurer war, assistiert von dem Freimaurer Karl Ludwig Gieseke (1761–1833). Als Vorbild der Operngestalt Sarastro gilt der Freiherr Ignaz von Born (1742–1791), Autor des Aufsatzes »Über die Mysterien der Ägypter«, erschienen im *Wienerjournal für Freymaurer*, und Stuhlmeister in Mozarts Wiener Loge, der auch Haydn (s. d.) angehörte.

Ossietzky, Carl von (1889–1938), dt. Redakteur, Publizist und Pazifist, 1934 im KZ Moorlager Papenberg-Esterwegen interniert, zwei Jahre später an den Folgen der KZ-Haft verstorben. Friedensnobelpreisträger von 1936, bereits ab 1919 Mitglied der Loge »Menschentum« in Hamburg.

Ostwald, Wilhelm (1853–1932), dt. Chemiker und Naturphilosoph, Nobelpreisträger für Chemie (1909), ab 1911 Mitglied der Leipziger Loge »Zu den drei Ringen«, Großmeister des Freimaurerbundes »Zur aufgehenden Sonne«.

Pastoret, Claude Emanuel Joseph (1756–1840), franz. Politiker und Gelehrter, gehörte der Enzyklopädistenloge »Les Neuf Soeurs« in Paris an.

Pershing, John Joseph (1860–1948), amerik. General, Heerführer in Frankreich im Ersten Weltkrieg, wurde 1888 in die Loge »Lincoln« in Lincoln, Nebraska, aufgenommen. Der General, dessen Name heute als Bezeichnung für einen Raketentyp dient, war auch Ehrenmitglied der Großloge von Missouri.

Proudhon, Pierre-Joseph (1809–1865), franz. Sozialist und Schriftsteller (»Eigentum ist Diebstahl!«), Mitglied der Loge »Sincérité, Parfaite Union et Constante Amitié« in Besançon.

Puschkin, Alexander Sergejewitsch, Graf (1799–1837), russ. Dichter, ab 1822 Mitglied der Loge »Ovid« in Kischinew, die wenig später – wie die russ. Freimaurerei insgesamt – verboten wurde.

Richet, Charles (1850–1935), franz. Physiologe und Pazifist, Nobelpreisträger für Medizin (1913), trat 1876 der Pariser Loge »Cosmos« bei.

Roosevelt, Franklin D. (1882–1945), amerik. Präsident 1936–1948, Wirtschaftsreformer (»New Deal«), gehörte der Loge »Holland Lodge No. 8« in New York an.

Roosevelt, Theodore (1858–1919), amerik. Präsident 1901–1909, Friedensnobelpreisträger (1906), ab 1901 Mitglied der »Matinecoock Lodge No. 806« in Long Island.

Salten, Felix (1869–1945), österr. Schriftsteller und Kritiker, war Mitglied der Wiener Loge »Zur Wahrheit« sowie des jüdischen Ordens B'nai B'rith.

Scott, Walter L. (1771–1832), engl. Dichter und Historiker, gehörte ab 1801 der »St. David Lodge No. 36« in Edinburgh an.

Scott, Robert Falcon (1868–1912), engl. Südpolforscher und Entdecker der King-Edward-Inseln, gehörte ab 1901 der »Drury Lane Lodge No. 2127« in London an.

Sibelius, Jean (1865–1957), finn. Komponist, errang in der »Suomi Lodge No. 1« in Reykjavik den Meistergrad und komponierte mehrere Musikstücke eigens für die Rituale der finnischen Maurerei.

Sieyès, Emmanuel Joseph (1748–1836), Abbé, franz. katholischer Geistlicher, Anwalt des »Dritten Standes« während der Revolution und Mitglied der Enzyklopädistenloge »Les Neuf Sœurs« in Paris.

Springer, Axel Cäsar (1912–1985), dt. Verleger aufklärerischer Presseorgane (»Bild«, »Welt«), Vorkämpfer deutsch-israelischer Aussöhnung, gehörte ab 1958 der Loge »Die Brückenbauer« an.

Stendhal, eigentlich Henri Beyle (1783–1842), franz. Schriftsteller, nach eigener Aussage (Tagebucheintrag von August 1806) am 3. August 1806 der Freimaurerei beigetreten, vermutlich der Loge »Sainte-Caroline« in Paris.

Stresemann, Gustav (1878–1929), dt. Staatsmann in diversen Funktionen, u.a. Außenminister und Kanzler des Deutschen Reichs, Friedensnobelpreisträger (1926), gehörte ab 1923 der Berliner Loge »Friedrich der Große« an. Anlässlich der Aufnahme Deutschlands in den Völkerbund hielt er eine Rede in freimaurerischem Geist: »Der Göttliche Baumeister der Erde hat die Menschheit nicht geschaffen als ein gleichförmiges Ganzes …«

Talleyrand, Charles Maurice (1754–1838), Fürst von Benevent, franz. Staatsmann, Bischof, 1790 Präsident der Nationalversammlung, floh während der »Schreckensherrschaft« nach Amerika, später franz. Außenminister.

Tschiang-Kai-schek (1887–1975), chinesischer General und Staatsmann, antikommunistischer Vorkämpfer im Bürgerkrieg gegen Mao Dse Dong, Begründer der Republik China auf der Insel Taiwan und deren erster Präsident (1950). Tschiang-Kai-schek gehörte der »Pagoda Lodge« (Großloge von Massachusetts) an.

Tucholsky, Kurt (1890–1935), dt. Journalist (»Weltbühne«) und Schriftsteller (*Schloss Gripsholm*), wurde 1924 Mitglied der Berliner Loge »Zur Morgenröte«, die dem Freimaurerbund »Zur aufgehenden Sonne« angehörte. Dieser stand der franz. Maurerei nahe. In der Pariser Loge »Les Zélés Philanthropes« des »Grand Orient« wurde Tucholsky 1925 zum Meister erhoben.

Twain, Mark, eigentlich Samuel L. Clemens Twain (1835–1910), amerik. Schriftsteller, ab 1861 Mitglied der Loge »Polar Star« in St. Louis, wo er alle drei Grade erwarb.

Voltaire, eigentlich François Marie Arouet (1694–1778), berühmtester Philosoph und Dichter der franz. »Aufklärung«, wurde kurz vor seinem Tod Freimaurer als Mitglied der Enzyklopädistenloge »Les Neuf Sœurs« in Paris.

Washington, George (1732–1799), Vorkämpfer für die amerikanische Unabhängigkeit und erster US-Präsident, ab 1752 Mitglied der Loge »Fredericksburg Lodge No. 1« in Virginia und zeitlebens eifriger Teilnehmer an freimaurerischen Aktivitäten. 1788 Meister vom Stuhl der Loge »Alexandria« in Virginia, die er auch als US-Präsident weiterhin leitete. An seiner Vereidigung als Staatspräsident waren ausschließlich Maurerwürdenträger beteiligt, auch die Grundsteinlegung zum Kapitol in Washington ließ er nach freimaurerischem Ritus vollziehen. Der Plan, eine Großloge aller amerikanischen Bundesstaaten mit Washington als ihrem General-Großmeister zu schaffen, blieb unverwirklicht.

Wieland, Christoph Martin (1733–1813), dt. Dichter und Philosoph, äußerte sich lange Zeit zweifelnd über die Freimaurerei, ehe er 1809, im Alter von 76 Jahren, der Weimarer Loge »Amalia« in Goethes (s. d.)

Gegenwart beitrat und sich leidenschaftlich zum maurerischen Ideal bekannte.

Wilde, Oscar (1854–1900), engl. Schriftsteller, gehörte der Loge »Apollo University No. 357« in Oxford an.

Von Adoption bis Zirkel – kleines Maurerlexikon

Adoption, Adoptionslogen (s. a. *Sechzehnte Maurerreise*): Bereits 1775, zwei Jahre nach Gründung der französischen Freimaurerei des »Grand Orient«, entstanden in Frankreich die ersten Damenlogen, »Adoptionslogen« genannt, da sie jeweils einer Herrenloge zugeordnet waren. Die Aufnahme von »Schwestern« in die Bruderschaft wird von der »blauen« (s. d.) Freimaurerei bis heute mit Ausschließung der unbotmäßigen Logen geahndet.

Ägyptische Maurerei (s. a. *Elfte Maurerreise*): Graf Cagliostro (s. d.) begründete in den 1780er Jahren einen »ägyptischen Ritus«, der jedoch mit dem charismatischen Scharlatan zusammen wieder unterging.

Alchimie (s. a. *Dritte* u. *Zwölfte Maurerreise*): Seit dem Altertum versuchten Eingeweihte, teils mit magisch-okkultistischen Mitteln (Beschwörung, Wort- und Zahlenmagie), teils durch Experimente mit Metallen, Pflanzenextrakten usw., göttliche Schöpfungsformeln zu entschlüsseln. Im Mittelpunkt der Bemühungen stand die Herstellung des sogenannten »Steins der Weisen«, die in hermetischen Büchern der Alchimisten als komplizierter Prozess mit neun oder mehr Stufen beschrieben wird. Mit diesem »Stein«, der wohl eher ein Pulver oder eine wachsartige Paste war, sollte es möglich sein, die ewige Jugend zu gewinnen, Metalle umzuwandeln (v. a. Blei in Gold) und sogar Tote wiederzuerwecken bzw.

aus Staub und Lehm Leben zu erschaffen, wie es der alttestamentarische Gott bei der Erschaffung des Menschen vorgemacht hatte. Wenngleich die Alchimisten mit ihren empirischen Experimenten auch einige Grundsteine für »moderne« Wissenschaften gelegt haben, greift die verbreitete Darstellung der Alchimie als »Vorläufer der Chemie« viel zu kurz.

In der vor-»aufklärerischen« Freimaurerei, noch im 18. und dann abermals im 19. Jahrhundert scheint die Bruderschaft ein Hort alchimistischer Spekulationen und Experimente gewesen zu sein. Manches spricht dafür, dass sie aus solchen magisch-kabbalistischen Strömungen und Bestrebungen hervorgegangen ist, die Neugründung im Geist der »Aufklärung« also einen radikalen Kurswechsel des Ordens bedeutete.

Alte Landmarken (s. a. *Vierte Maurerreise*): Bei den »Alten Landmarken«, die bereits von Pastor Anderson 1723 im Anhang des *Konstitutionenbuchs* veröffentlicht wurden, handelt es sich um eine Art Erläuterung zu Gesetzen und Brauchtum der Freimaurerei. Hier eine in der »blauen« (s. d.) Bruderschaft weithin akzeptierte Zusammenfassung:

»1. Die Landmarken sind jene ausgezeichneten Punkte in den esoterischen Mysterien der Freimaurer, die deutlich im Rituale niedergelegt sind, unter ihnen Zeichen, Worte und Griffe und die Legende des dritten Grades.

2. Jeder, der sich um Zulassung zu den Vorrechten der Freimaurerei bewirbt, muss vor seiner Aufnahme den Glauben an einen ewigen und wahrhaftigen Gott, den Schöpfer und Lenker des Weltalls, und an die Unsterblichkeit der Seele bekunden.

3. Jeder Kandidat für die Ehren der Freimaurerei muss sein ein Mann, frei geboren, von reifem und besonnenem Alter, kein Eunuch, kein Weib, kein unmoralischer oder ärgerniserregender Mann, sondern von gutem Rufe, ohne Fehler an Leib und Seele, die ihn untauglich machen könnten, die Kunst zu lernen und auszuüben.

4. Kein Kandidat darf nach seiner religiösen Überzeugung oder politischen Meinung gefragt werden, noch dürfen Erörterungen über diese Fragen in irgendeiner Versammlung der Bruderschaft erörtert werden.

5. Das Recht der Loge, selbst darüber zu entscheiden, wer aufgenommen oder verbrüdert werden soll, ist ein der Loge inhärentes und unbestreit-

bares und ist keinerlei Dispensrecht oder gesetzgeberischen Maßregel von irgendeiner Seite und welcher Quelle immer unterworfen.
6. Die Kugelung über Kandidaten ist geheim und unverletzlich.
7. Hat der Meister einer Loge eine Frage entschieden, so gibt es keinerlei Berufung dagegen an die Loge.
8. Die Loge kann den Meister nicht verhören (das heißt, sie kann den Meister nicht vor ihr eigenes Gericht stellen, wohl aber vor das Großlogengericht!).
9. Es ist das Vorrecht des Großmeisters, bei jeder Art von Arbeit der Bruderschaft seiner Großloge den Vorsitz zu führen, sei es nun in der Großloge oder einer Loge, und die Exekutive der Großloge in den Pausen zwischen ihren Versammlungen auszuüben.«[182]
Aus den Landmarken Nummer 2 und 3 dieser Liste leitet sich das Schisma zwischen »englischer« und »französischer« Maurerei ab: »Der Grand Orient de France« verpflichtet seine Mitglieder nicht zum theistischen Glaubensbekenntnis und lässt überdies Adoptionslogen (s. d.) zu.

Alte Pflichten (s. a. *Vierte Maurerreise*): Das *Neue Konstitutionenbuch*, erstmals erschienen 1723, das Pastor James Anderson im Auftrag des Großmeisters der neugegründeten Großloge von England verfasste, enthielt auch die sogenannten »Old Charges«. Diese Sammlung von Gesetzen und Statuen, gleichsam das Grundgesetz der Bruderschaft, wird bis heute für die Freimaurerei als verbindlich angesehen, wenn auch unterschiedlich ausgelegt. Die »Alten Pflichten der freien und Angenommenen Maurer« sind in sechs Hauptstücke unterteilt:
I. Von Gott und der Religion
II. Von der bürgerlichen Obrigkeit, der höchsten und der untergeordneten.
III. Von den Logen.
IV. Von den Meistern, Aufsehern, Zunftgenossen und Lehrlingen.
V. Von dem Verhalten der Zunft bei der Arbeit.
IV. Vom Betragen.
Der Text wurde bereits 1723 vollständig publiziert, unterlag also nicht der Geheimhaltungspflicht – was aber die Feinde der Freimaurerei seit je nur in ihrer Überzeugung bestärkt hat, dass das gesamte Maurerbrauchtum bloße Fassade sei.

Altar: seit Ende des 18. Jahrhunderts übliches Requisit in der Loge (s. d.). Der Altartisch steht, meist erhöht, im Osten des »Tempels« (s. d.), gegenüber der Eingangstür. Auf ihm liegen die drei »großen Lichter« (s. d.) der Freimaurerei auf: die Bibel (in der französischen Maurerei oftmals ein leeres Buch als Statthalter für beliebige metaphysische Überzeugungen), Winkelmaß und Zirkel (siehe jeweils dort). In der deutschen Maurerei dient der Altar meist auch als Tisch des Meisters vom Stuhl, also des Vorstehers der Loge.

Andreae, Johann Valentin (s. a. *Dritte Maurerreise*): Der schwäbische Theologe und Schriftsteller (1586–1654) publizierte Anfang des 17. Jahrhunderts das Werk *Fama Fraternitatis oder Entdeckung der Brüderschaft des löblichen Ordens des Rosencreutzes*, worin eine christliche Bruderschaft der »Rosenkreuzer« sowie Leben und Wirken ihres Begründers Christian Rosenkreuz, eines wunderkräftigen Mystikers und Alchimisten, beschrieben werden. Das ungemein erfolgreiche Werk traf offenbar bei den Zeitgenossen einen Nerv, die fiktive Bruderschaft wurde vielfach als reale missdeutet. Zahllose Männer versuchten dem Orden beizutreten, einige örtliche Gliederungen der Rosenkreuzer wurden auch tatsächlich ins Leben gerufen, die Mehrheit der rosenkreuzerisch Denkenden aber trat der Freimaurerei bei, da diese bereits bestehende Bruderschaft der von Andreae beschriebenen am nächsten zu kommen schien.

Arkanum s. Geheimnis

Arbeit: Die Zusammenkünfte der Freimaurer zu rituellen oder Lehrzwecken werden »Arbeit« genannt, abgeleitet von der (umstrittenen – siehe *Erste Maurerreise*) Herkunft des Bundes aus der Steinmetzzunft. Die »Arbeit« des Freimaurers an der eigenen Individualität, dem »rauhen Stein« (s. d.), bzw. am »Tempel« der Humanität, wird mit symbolischen Werkzeugen wie Hammer und Kelle (siehe jeweils dort) durchgeführt.

Ashmole, Elias (1617–1692): bedeutender englischer Gelehrter, Mystiker und Alchimist; einer der ersten nachweisbaren »spekulativen« Freimaurer. Siehe *Dritte Maurerreise*

Auge Gottes, auch »allsehendes Auge« oder »Auge der Vorsehung« (s. a. *Fünfte Maurerreise*): Im Dreieck (s. d.), dem Symbol des Lehrlings, prangt es über dem Altar (s. d.) der Loge. Für die Freimaurer bedeutet es die Omnipräsenz Gottes, des »Allmächtigen Baumeisters aller Welten«, für die Feinde der Bruderschaft symbolisiert es die Allgegenwart der Freimaurer als Verschwörer, denen nichts verborgen bleibt.

Baphomet: legendärer Götze oder Dämon des Templerordens (s. d.), der bis heute in templerisch orientierten Zweigen der Hochgradmaurerei (s. d.) eine wichtige Rolle spielt. Siehe *Zweite Maurerreise.*

Barruel, Augustin, Abbé (1741–1820): einer der wirkungsgeschichtlich bedeutendsten unter den katholischen Hassern und Verleumdern der Freimaurerei, Verfasser des Pamphlets *Mémoires pour servir à l'histoire du Jacobinisme*. Siehe *Achte Maurerreise.*

Baumeister, Allmächtiger aller Welten, abgekürzt A.B.a.W.: freimaurerische Bezeichnung für Gott als Weltenschöpfer, an den zu glauben für die »blaue« (s. d.) Maurerei verbindlich, den Brüdern der französischen Freimaurerei aber freigestellt ist.

Beamte: Jede Loge wählt eine Reihe von Beamten zur Verwaltung ihrer freimaurerischen Angelegenheiten. Die Wahlperiode beträgt ein Jahr, beginnend meist am Johannistag (24. Juni), dem Namenstag des Patrons der Bruderschaft. Die wichtigsten Beamten sind: der Meister von Stuhl und sein Stellvertreter, der Erste und der Zweite Aufseher, der Schriftführer, der Redner und der Schatzmeister.

Bekleidung: Zum dunklen Anzug tragen die Freimaurer während der Logen Schurz (s. d.) und Bijoux, die je nach Grad und System unterschiedlich ausgestaltet sein können. Beim Schurz der Johannismaurerei ist heute die Farbe Blau vorherrschend; daher auch »blaue« (s. d.) Maurerei. Verschiedene Abzeichen für Logenzugehörigkeit, Ämter und Würden werden am Revers getragen. In Deutschland sind auch weiße Handschuhe und Zylinder (der »hohe Hut«) verbreitet. In Kontinentaleuropa wird maurerische Kleidung nur innerhalb der Logen getragen, in Großbritannien und den USA auch öffentlich zu feierlichen Umzügen, Begräbnisritualen usw.

Blaue Maurerei (s. a. *Vierte Maurerreise*): Die von der englischen Großloge als »Gralshüter« der Bruderschaft anerkannte Maurerei unterteilt sich in die drei Grade Lehrling, Geselle, Meister (siehe jeweils dort) und folgt den in »Alten Pflichten« und »Alten Landmarken« (siehe jeweils dort) niedergelegten Gesetzen. Nach der vorherrschenden Farbe der freimaurerischen Bekleidung (s. d.) »blaue Maurerei« genannt, im Unterschied zur »roten« (s. d.) Hochgradmaurerei.

B'nai B'rith, Unabhängiger Orden, »Söhne des Bundes«: Jüdischer Orden nach maurerischem Muster, 1843 in New York gegründet. Ordensprogramm ist die ethische Vervollkommnung der Mitglieder, aber auch die Vertretung von Interessen der jüdischen Minderheit in den USA. Entgegen ihrem eigenen Toleranzanspruch ebenso wie im Widerspruch zu Parolen von einer angeblich »jüdisch-freimaurerischen« Verschwörung war die Freimaurerei insbesondere im 19. Jahrhundert teilweise auch durch antisemitische Tendenzen geprägt. Nicht zuletzt aus diesem Grund bildete B'nai B'rith ab 1882 auch in Deutschland und anderen europäischen Ländern Filialgliederungen (Distrikts-Großlogen). Der Orden hat eigene Rituale und untergliedert (in den USA) seine Mitglieder in Grade; auch seine Programme zur moralischen Besserung und Wohltätigkeit ähneln denen der masonischen Bruderschaft.

Boas: Name einer Säule im Tempel Salomons u. in der Loge; Erkennungswort des maurerischen Gesellen. Siehe Säulen. S. a. *Zehnte Maurerreise*

Cagliostro, Alexander Graf von (1743–1795): eigentlich Giuseppe Balsamo. Der berühmte Charismatiker und »Erzzauberer« begründete den »ägyptischen Ritus« (s. d.) der Freimaurerei. Siehe *Elfte Maurerreise*

Comenius, Jan Amos (1592–1670): Priester und Philosoph, Begründer der »pansophischen« Schule, aus der die Freimaurerei möglicherweise hervorgegangen oder durch die die Bruderschaft zumindest maßgeblich geprägt worden ist. Siehe *Dritte Maurerreise*

Dreieck: altehrwürdiges Symbol, in der Alchimie und Kabbala ebenso wie in altägyptischen Mysterien oder in der christlichen Symbolik gebräuchlich. Seine Verdoppelung ergibt das Hexagramm (s. d.). In der Freimaurerei ist das Dreieck das Symbol des Lehrlings (s. d., s. a. *Fünfte Maurerreise*) und umschließt das allsehende Auge (s. d.). Dreieck (Winkelmaß) und Zirkel bilden zusammen das Bauhüttensymbol, wie auf dem Cover dieses Buches dargestellt.

Französische Maurerei: Von England aus dehnte sich die Johannismaurerei als Erstes nach Frankreich aus, wo bereits 1725 die ersten Logen nach Londoner Muster entstanden. Aber in der Folge entwickelte sich die Maurerei in Frankreich deutlich anders als im englischen Mutterland. Bedingt v. a. durch die politisch-gesellschaftlichen Unterschiede zwischen dem protestantischen England mit seiner konstitutionellen Monarchie und dem französischen katholischen Absolutismus, nahm die französische Maurerei mehr und mehr radikal-»aufklärerische« und antiklerikale Positionen ein, während die Londoner Großloge auf dem Theismus, der Toleranz und politischen Abstinenz der »Alten Pflichten« (s. d.) beharrte. In der Folge spaltete sich der »Grand Orient de France« 1773 als eigener maurerischer Orden von der englischen »Mutterloge« ab. Den französischen Brüdern wurde kein Bekenntnis zum »Allmächtigen Baumeister aller Welten« (s. d.) mehr abverlangt, und man ließ die Aufnahme von Frauen in Adoptionslogen (s. d.) zu.
Neben diesen republikanischen Tendenzen, die sich in einer vorbildlich demokratischen Verfassung des französischen Großorients niederschlugen, war die französische Freimaurerei von Anfang an auch durch eine verwirrende Überwölbung mit Hochgraden (s. d.) geprägt. Auf die drei Grade der Johannismaurerei wurden mehr und mehr Hochgrade mit phantastischen Bezeichnungen, bizarrem Brauchtum und alchimistisch-okkultistischen Inhalten aufgepfropft, die insgesamt als »Schottischer Ritus« (s. d.) bezeichnet werden – abgeleitet von der Hypothese, dass die Freimaurerei von in Schottland gestrandeten Überlebenden des alten Templerordens (s. d.) begründet worden sei (siehe auch *Zweite Maurerreise*).

Frauen in der Freimaurerei: Nach den Konstitutionen der »blauen« (s. d.) Maurerei dürfen der Bruderschaft Frauen so wenig wie »Krüppel oder Sklaven« beitreten. Ausgehend von der französischen (s. d.) Maurerei des »Grand Orient« haben sich jedoch verschiedene Systeme entwickelt, die Frauen in »Adoptionslogen« (s. d.) oder »androgynen Logen« zulassen. Siehe *Sechzehnte Maurerreise*

Geheimnis: Für die Feinde der Bruderschaft bestand das freimaurerische »Geheimnis« in Verschwörung gegen Staat und Kirche oder verbotenen »satanistischen« Praktiken. Die Freimaurer selbst aber beharren seit jeher darauf, dass es in ihrem Bund kein substanzielles Geheimnis gebe, sondern nur die überkommene Verpflichtung aller Brüder, einen Kernbereich des Brauchtums (v. a. Erkennungszeichen wie Griff und Wort) nicht an »Profane« weiterzugeben. Diese Zeichen, die Rituale und sonstigen Traditionen der Bruderschaft sind in den letzten dreihundert Jahren tausendfach »verraten« worden. Wie jedoch Verschwörungsphantasten und antifreimaurerische Propagandisten unbeeindruckt verkünden, handle es sich hierbei bloß um Geheimnisse der Oberfläche oder der niederen Grade, die das eigentliche Arkanum umhüllten.
Im 18. Jahrhundert schuf die Verschwiegenheitspflicht der Freimaurer in den Logen einen abgegrenzten Raum, der freimütigen Gedankentausch und die Begegnung von »freien Männern« ungeachtet der Standesunterschiede erlaubte. Das Schweigegebot der Bruderschaft diente hier also weniger dazu, ein Geheimnis zu behüten, als zur Herstellung einer diskreten Sphäre, auf die der absolutistische Staat und die kirchlichen Zensoren keinen Zugriff besaßen. (s. a. *Sechste Maurerreise*)
Auch ein Vergleich mit Mysterien des Altertums oder den Geheimbünden »primitiver« Kulturen ist im Hinblick auf das maurerische »Geheimnis« aufschlussreich. Durch die Gemeinschaft von Verschworenen, die einander unverbrüchliches Schweigen geloben, wird ein »Geheimnis« oftmals weniger gehütet als überhaupt erst ermöglicht – die mystische Offenbarung oder ekstatische Erfahrung einer übernatürlichen Präsenz (s. a. *Neunte Maurerreise*).

Geselle: Zweiter Grad der dreigradigen Johannismaurerei. Siehe *Zehnte Maurerreise*

Gold- und Rosenkreuzer: Mystisch-alchimistischer Orden, der Mitte des 18. Jahrhunderts vor allem in Deutschland auftrat, sich (mit zweifelhaftem Recht) auf die von Johann Valentin Andreae (s. d.) im 17. Jahrhundert erfundene Bruderschaft der Rosenkreuzer berief und im Streit zwischen protestantischer »Aufklärung« und katholischer »Reaktion« zur politischen Waffe gegen die Illuminaten (s. d.) instrumentalisiert wurde. Siehe *Zwölfte Maurerreise*

Hammer: Der Meister vom Stuhl übt in der Loge die »Hammergewalt« aus; seinen Weisungen müssen die Brüder unbedingt Folge leisten. Mit dem Meisterhammer, der Form nach meist ein Steinmetzschlegel oder ein doppelköpfiger Hammer, eröffnet und schließt er die Loge, weiht und befördert Brüder. – Dagegen ist der Spitzhammer das symbolische Werkzeug des Lehrlings, der den »rauhen Stein« (s. d.) bearbeitet (s. a. *Fünfte* und *Fünfzehnte Maurerreise*).

Hexagramm: bedeutungsvolles Symbol im Altertum (Davidswappen, Siegel Salomons), in der Kabbala und Alchimie. In der Freimaurerei ist es die Verdoppelung des Dreiecks des Lehrlings, das Symbol des Meistergrades (s. a. *Fünfzehnte Maurerreise*).

Hiramslegende: Erzählung von Ermordung und Wiederauferstehung des mythischen Baumeisters Hiram, in der Johannismaurerei bis heute wichtiges Element des Meisterrituals. Siehe *Dritte* und *Fünfzehnte Maurerreise*

Hochgradmaurerei: Ab dem 18. Jahrhundert wurden die drei Grade der Johannismaurerei – Lehrling, Geselle und Meister (siehe jeweils dort) – vielfach um weitere Grade aufgestockt, die im Allgemeinen als »Schottischer Ritus« (s. d.) zusammengefasst werden. Der Name leitet sich von der Templerthese her, die im Wesentlichen besagt, dass die Freimaurerei von nach Schottland versprengten Überlebenden des Templerordens (s. d.) begründet worden sei. Die Hochgradrituale beziehen sich daher auch größtenteils auf Tradition und Bräuche der Tempelritter und ihres letzten Großmeisters Jacques de Molay, der im 14. Jahrhundert auf dem Scheiterhaufen starb. Auch kabbalistische und alchimistische Inhalte spielen in diesen Graden eine bedeutsame Rolle.

Die Templerthese wird von der »blauen« (s. d.) Freimaurerei zwar zurückgewiesen, und im Grunde lassen sich auch weder die »elitäre« Hochgradstruktur noch ihre »irrationalen« Inhalte mit dem Rationalismus der Johannismaurerei vereinbaren. Dennoch wird die »schottische« Maurerei, die hauptsächlich im Frankreich des 18. Jahrhunderts entstanden ist, von der englischen Großloge nicht grundsätzlich als häretisch angesehen. Ein gültiger Formelkompromiss besagt, dass es sich bei den Hochgraden lediglich um eine »Vertiefung« der drei Johannisgrade handele, der XXX. Grad der »schottischen« Maurerei also nur eine »vertiefte« Form des »blauen« Meistergrades sei. Im Mittelpunkt des XXX. Grades, des berühmten Ritter-Kadosch-Grades (s. d.), steht allerdings nicht Meister Hiram (s. d.), sondern der durch Papst und König getötete Templer großmeister de Molay. Siehe auch *Zweite* und *Siebte Maurerreise*

Hund, Karl Gotthelf, Reichsfreiherr von (1722–1776): begründete das freimaurerische System der »Strikten Observanz« (s. d.), das die Bruderschaft auf den mittelalterlichen Templerorden (s. d.) zurückführt und bald nach dem Tod von Hunds wieder zerfiel. Siehe *Zweite Maurerreise*

Illuminaten: Der »aufklärerische« Geheimbund wurde 1776 von dem Philosophieprofessor Adam Weishaupt (1748–1830) in Ingolstadt begründet und avancierte nach dem Niedergang der »Strikten Observanz« (s. d.) und dem Beitritt des Freiherrn Adolf von Knigge (1751–1796) zu einem – neben ihren Antagonisten, den Gold- und Rosenkreuzern (s. d.) – maßgeblichen Faktor innerhalb der Freimaurerei. Obwohl die Illuminaten nur wenige Jahre bestanden, beeinflussten sie durch gezielte »Unterwanderung« und erfolgreiche Rekrutierung nachhaltig die politische Ausrichtung eines großen Teils der deutschen Freimaurerei im späten 18. Jahrhundert und prägen das populäre Bild der masonischen Bruderschaft bis heute. Siehe *Zwölfte Maurerreise*

Jachin: Name einer Säule im Tempel Salomons und in der Loge; Erkennungswort des Lehrlings in der Johannismaurerei (s. d.). Siehe Säulen. S. a. *Dritte* und *Fünfte Maurerreise*

Johannismaurerei: Von ihren (vermeintlichen) Vorläufern, der mittelalterlichen Steinmetzbruderschaft, übernahmen die »aufgeklärten« Freimaurer neben mancherlei Brauchtum auch den Schutzpatron, Johannes den Täufer. Die Berufung auf einen katholischen Heiligen steht in merkwürdigem Widerspruch zur religiösen Überparteilichkeit der neubegründeten Bruderschaft, die ihre Angehörigen nur zum Glauben an einen »Allmächtigen Baumeister aller Welten« (s. d.) verpflichtet, ob darunter nun Jahwe, Allah oder der Gott der Christen verstanden wird.
Jedenfalls beginnt das freimaurerische Jahr noch immer am 24. Juni, dem Namenstag des Schutzpatrons. Die drei Grade der »blauen« (s. d.) oder Johannismaurerei – Lehrling, Geselle und Meister (siehe jeweils dort) – werden daher auch Johannisgrade genannt, die nach diesem System arbeitenden Logen heißen auch Johannislogen.

Kammer des stillen Nachdenkens, Kammer der verlorenen Schritte (siehe auch *Fünfte*, *Zehnte*, *Fünfzehnte Maurerreise*): abgeschirmter Raum innerhalb der Loge (s. d.), in dem die Kandidaten bei ihrer Aufnahme in die Bruderschaft, bei der Beförderung zum Gesellen (s. d.) oder der Erhebung zum Meister (s. d.) meditieren und die rituellen Prüfungsfragen beantworten.

Kelle (s. a. *Zehnte Maurerreise*): das symbolische Werkzeug des Gesellen (s. d.), mit dem er den kubischen Stein (s. d.) in die Mauer der Gemeinschaft einfügt.

Kubischer Stein, auch **behauener Stein** (s. a. *Zehnte Maurerreise*): Im Unterschied zum »rauhen Stein« des Lehrlings (siehe jeweils dort), der erst noch mit dem Spitzhammer geglättet werden muss, ist der kubische Stein des Gesellen bereits so weit bearbeitet, dass er in das Mauerwerk der maurerischen Gemeinschaft eingefügt werden kann.

Kugelung, auch **Ballotage:** Bei diesem geheimen Abstimmungsverfahren, das v. a. bei der Aufnahme von »Suchenden« in eine Loge angewendet wird, signalisieren weiße Kugeln Zustimmung, schwarze dagegen Ablehnung. Einhellige Zustimmung wird als »hellleuchtende« Kugelung bezeichnet; ab drei schwarzen Kugeln spricht man von einer »dunklen«

Ballotage. Zwei schwarze Kugeln ergeben eine »trübe« Kugelung. Wie viele weiße Kugeln für eine Zustimmung erforderlich sind, ist von Loge zu Loge verschieden. Häufig müssen schwarze Kugeln, also Ablehnung, vor dem Stuhlmeister vertraulich begründet werden, anderenfalls die schwarze als weiße Kugel gewertet wird.

Lehrling: erster von drei Graden der »blauen« oder Johannismaurerei (siehe jeweils dort). Siehe *Fünfte Maurerreise*

Lichter, große und kleine: Die drei »großen Lichter« der Freimaurerei, Bibel, Winkelmaß (s. d.) und Zirkel (s. d.), liegen während der Loge (s. d.) in rituell vorgeschriebenen Anordnungen auf dem Altar (s. d.) auf. Die drei »kleinen Lichter«, symbolisch für »Weisheit, Schönheit und Stärke«, sind Kerzen oder Lampen, die auf Säulen um den Teppich (s. d.) angeordnet sind und während der Loge brennen müssen. Als »Lichter« werden auch die Beamten (s. d.) einer Loge bezeichnet. Das Ritual der Aufnahme eines »Suchenden« in die Loge heißt Lichterteilung oder Lichtgebung.

Lichtgebung s. Lichter

Loge: Das Wort leitet sich her von engl. Lodge, Bauhütte, entstammt also der Steinmetztradition, auf die sich die »aufgeklärte« Freimaurerei zurückführt. Das Wort Loge bezeichnet zunächst den Raum, wo sich die Brüder zur rituellen »Arbeit« (s. d.) versammeln, dann aber auch die Versammlung selbst und schließlich die Organisation der Bruderschaft in Einzel- und Großlogen.

Ludendorff, Erich (1865–1937): dt. General und populärer »Kriegsheld« während der Weimarer Republik, dort maßgeblich an »völkischen« Umsturzversuchen beteiligt. Zusammen mit seiner zweiten Frau Mathilde wurde er zum fanatischen Propagandisten einer angeblichen »jüdisch-jesuitisch-freimaurerisch-kommunistischen Weltverschwörung« (s. *Vierzehnte Maurerreise*).
Seine »sieben Thesen gegen die Freimaurerei« wurden niemals auch nur ansatzweise belegt, nähren aber bis heute antifreimaurerische Verschwörungsphantasmen:

»1. Das Geheimnis der Freimaurerei ist überall der Jude.
2. Es gibt nur eine Weltloge.
3. Beziehungen zum Christentum sind in der Freimaurerei nur rein äußerlich vorhanden, und zwar auch nur so weit sie im Grunde im Alten Testament wurzeln.
4. Das Ziel der Freimaurerei ist die Verjudung der Völker und die Errichtung der Juden- und Jehova-Herrschaft mit Hilfe aller Völker.
5. Die Organisation der Weltloge geschieht nach Ordensprovinzen, an deren Spitze die Vicarii Salomons stehen; Der Name des über den Vicarien stehenden Oberen bleibt Geheimnis, bis er die Regierung persönlich übernimmt.
6. Freie, aufrechte, stolze Männer kann die Freimaurerei nicht schaffen, sondern nur eingeschüchterte Menschen.
7. Die Verbindungen der Freimaurer sind staatsgefährlich, vielleicht geradezu landes- und hochverräterisch.«[183]

Maurer, operative: Der Steinmetz-Ursprungslegende nach, die von der »blauen« (s. d.) Maurerei weithin akzeptiert wird, sind die Freimaurer aus mittelalterlichen Organisationen der Maurer, Steinmetzen und Baumeister hervorgegangen. Siehe *Erste Maurerreise*

Meister: dritter Grad der dreigradigen Johannismaurerei (s. d.). Siehe *Fünfzehnte Maurerreise*

Mithrasmysterien: Altrömische Religion möglicherweise persischer Herkunft, nach Art eines Männergeheimbundes organisiert, v. a. unter Soldaten verbreitet, daher mit dem Zerfall des römischen Imperiums untergegangen. Über strukturelle Gemeinsamkeiten zwischen den Mysterien des Altertums und der Freimaurerei wird in der Bruderschaft seit jeher mit Eifer spekuliert. Siehe *Neunte Maurerreise*

Osirismysterien: altägyptischer Kult um den Gott Osiris und seine Schwester und Gemahlin Isis, die ihren brüderlichen Geliebten nach seiner Ermordung wiederauferstehen ließ. Auch aufgrund von Ähnlichkeiten zwischen diesem Kultmythos und der Hiramslegende (s. d.) der Freimaurerei wird in der Bruderschaft seit dem 18. Jahrhundert über die geistige Verwandtschaft mit Mysterien des Altertums spekuliert. Siehe *Neunte Maurerreise*

Pentagramm: Drudenfuß, Fünfeck, bedeutendes Symbol in Alchimie und Kabbala, Bannzeichen des Bösen in Goethes *Faust*. In der Freimaurerei ist es das Symbol des Gesellen. Siehe *Zehnte Maurerreise*

Rauher Stein: Der unbehauene Stein steht in der »aufgeklärten« Freimaurerei für das Selbst des Lehrlings (s. d.), das dieser mit dem Spitzhammer symbolisch bearbeiten muss, um sich ethisch zu bessern, in die Gemeinschaft einzufügen und maurerische Weisheit zu erlangen. Der behauene »kubische Stein« (s. d.) steht dagegen für den Gesellen (s. d.).

Ritter Kadosch, auch **Ritter vom Weißen und Schwarzen Adler:** XXX. Grad des »Schottischen Ritus« (s. d.). Im Mittelpunkt des Rituals steht nicht der mythische Baumeister Hiram (s. d.), sondern Jacques de Molay, der letzte Großmeister des zerschlagenen Templerordens (s. d.), der durch ein Komplott von Vatikan und französischer Krone auf dem Scheiterhaufen starb. Sein Tod wird im Ritter-Kadosch-Ritual eindringlich als Märtyrertod dargestellt, für den Vergeltung zu üben sei. »Aufklärerische« Auslegungen des Rituals, bei dem auch der Templergötze Baphomet (s. d.) eine Rolle spielt, als »Sieg der Gewissensfreiheit« wirken bemüht und wenig plausibel. Nach dem Formelkompromiss zwischen »blauer« und Hochgradmaurerei (siehe jeweils dort) soll aber der Ritter-Kadosch-Grad bloß eine »Vertiefung« des dritten oder Meistergrades der Johannismaurerei darstellen. Siehe *Zweite Maurerreise*

Rosenkreuzer: Fiktive mystisch-alchimistische Bruderschaft, ersonnen von Johann Valentin Andreae (s. d.), im 17. Jahrhundert von erheblichem Einfluss auf die Freimaurerei. Siehe *Dritte Maurerreise*

Rote Maurerei: Bezeichnung für die Hochgrade (s. d.) des »Schottischen Ritus« (s. d.), im Unterschied zu den drei Graden der »blauen« Maurerei (s. d.). Rot ist heute allerdings eine bevorzugte Farbe des gesamten »Alten und Angenommenen Schottischen Ritus«, also auch der drei »symbolischen« Grade Lehrling, Geselle und Meister (siehe jeweils dort). Die rote Tinte, mit der viele Schriftstücke des »Schottischen Ritus« geschrieben werden, lässt sich auch als Anspielung auf das von Vatikan und französischer Krone vergossene Blut der Templer (s. d.) deuten, als deren Nachfahren sich die »schottischen« Hochgradmaurer verstehen.

Sarg: Requisit beim maurerischen Meisterritual. Nach der Hiramslegende (s. d.) gelingt dem mythischen Baumeister Hiram eine wundersame Wiederauferstehung aus dem Grab, in dem seine Mörder den Leichnam bereits verscharrt hatten. Die »aufgeklärte« Maurerei lehnt indessen jegliche magisch-kabbalistische Auslegung dieser maurerischen »Urszene« ab: Der Sarg soll den werdenden Meister bloß noch an seine Sterblichkeit gemahnen, wie auch Meister Hiram nur noch symbolisch in jedem neuen Ordensmeister weiterlebt. Siehe *Dritte* und *Fünfzehnte Maurerreise*

Säulen: Nach der Hiramslegende (s. d.) hat Hiram, der mythische Baumeister des Tempels Salomons, auch die beiden Säulen des Tempelportals aus Bronze geschaffen. Ihre Namen sind »Jachin« und »Boas«. In der maurerischen Symbolik flankieren die Säulen den Eingang zum Logentempel. Jachin ist die Säule, an der die Lehrlinge (s. d.) ihren Lohn empfangen, Boas die der Gesellen (s. d.). Die Namen dienen entsprechend zugleich als »geheime« Erkennungswörter der beiden Grade.
Drei weitere Säulen gehören zum Freimaurertempel. Sie tragen die »Lichter« (s. d.) namens »Weisheit, Schönheit und Stärke« und sind um den Teppich (s. d.) angeordnet.

»Schottischer Ritus«: Vielfach als Sammelbezeichnung für jegliche »rote« oder Hochgradmaurerei (siehe jeweils dort) verwendet. Der »Schottische Ritus der Alten und Angenommenen Maurer« ist dagegen ein in sich geschlossenes Hochgradsystem, das auf der dreigradigen »blauen« Maurerei aufsetzt, also nicht als Gegensatz, sondern als deren »Vertiefung« verstanden werden soll.
Wesentliche Widersprüche zwischen der »aufklärerischen«, republikanisch orientierten »blauen« Maurerei und dem »Schottischen Ritus«, der die Bruderschaft aus Kreuzfahrertraditionen (Templer, Johanniter) herleitet, sind gleichwohl unübersehbar. In den Hochgraden werden bis heute vielerlei esoterische Inhalte »bearbeitet«, die mit dem Rationalismus der

englischen Maurerei eigentlich unvereinbar sind. Auch der Gedanke der Vergeltung (für den Tod Hirams, s.d., und de Molays, des letzten Großmeisters der Templer, s.d.) spielt in den Hochgraden eine wesentliche Rolle, und die »englische« Auslegung, dass der Tod der verehrten Meister nicht zu rächen, sondern als Selbstaufopferung für die Gewissens- und Geistesfreiheit zu verstehen sei, wurde und wird gewiss nicht überall in der Bruderschaft geteilt.

Schurz: Auch wenn er an das traditionelle Schurzfell der mittelalterlichen operativen Maurer (s. d.) kaum mehr erinnert, wird er von Freimaurern bis heute als Zeichen ihrer (umstrittenen) Abkunft aus den Steinmetzgilden weltweit getragen. Der Werkschurz des Maurers war aus Leder oder Sackleinen und reichte bis zu den Fußknöcheln; der symbolische Schurz des Freimaurers ist erheblich kleiner, mit Abzeichen (je nach Loge und Grad) geschmückt und bspw. mit Seide gefüttert.
Auf Außenstehende wirkt der Anblick von Männern gesetzten Alters, die zu dunklem Anzug und feierlicher Miene einen so winzigen wie überreich gemusterten Schurz tragen, befremdlich bis erheiternd. Die Brüder selbst aber halten es unbeirrt mit dem Lobpreis aus einem alten englischen Ritual, das den Schurz als »Zeichen der Unschuld« besingt, »älter als das Goldene Vlies und der römische Adler« und »wertvoller als irgendeine Auszeichnung unter der Sonne«.[184]

Schweigepflicht: Bei seinem Eintritt in die Bruderschaft verpflichtet sich der Freimaurer, gegenüber Außenstehenden über die »Geheimnisse« (s. d.) des Ordens zu schweigen und die Mitgliedschaft von Mitbrüdern gegenüber »Profanen« nicht zu offenbaren. Im 18. Jahrhundert wurde diese Verschwiegenheit mit einem Eid gelobt, der bei Zuwiderhandlung drastische Strafen androhte. Verschwörungsphantasmen aller Art entzündeten sich seit jeher an dieser Bestimmung in den Statuten der Bruderschaft: Wenn die Freimaurer sich einzig zu dem Zweck organisierten, philanthropisch zu wirken und sich ethisch zu vervollkommnen, wozu dann ein Schweigegebot, wie es von archaischen Geheim- und späteren politischen Kampfbünden bekannt war? Beim heutigen »modernen« Gelöbnis wird auf Strafandrohungen verzichtet, jedoch besteht die Pflicht, gradspezifische »Geheimnisse« zu wahren, nach wie vor.

Spitzhammer: das symbolische Werkzeug des Lehrlings (s. d.), mit dem er den »rauhen Stein« (s. d.) bearbeiten soll. Siehe *Fünfte Maurerreise*

Steinmetzbruderschaften s. Maurer, operative. Siehe auch *Erste Maurerreise*

Strikte Observanz: Vom deutschen Reichsfreiherrn von Hund (s. d.) begründetes Hochgradsystem mit malerischen Ritualen, Rängen und Kostümen, das die Freimaurerei auf den Templerorden (s. d.) zurückführte und mit seinem Begründer wieder unterging. Siehe *Zweite Maurerreise*

Taxil-Schwindel: Ende des 19. Jahrhunderts narrte der Jesuitenzögling, Journalist und Schriftsteller Leo Taxil (eigentlich Gabriel Jogand-Pagès) den Vatikan und die europäische Öffentlichkeit mit sensationellen Berichten über angeblich satanistische Praktiken in der Freimaurerei. Der dreiste Betrug flog erst auf, als Taxil selbst auf einem vatikanischen »Antifreimaurerkongress« erklärte, dass er – von den »Freimaurerorgien« bis zur Satanspriesterin, die von einem Teufel gezeugt worden war – alle vermeintlichen Enthüllungen frei erfunden habe. Siehe *Dreizehnte Maurerreise*

Tempel: Die Einrichtung des Versammlungsraums der Loge (s. d.) ist durch Tradition und Rituale vorgegeben. Im Westen befindet sich die Eingangstür mit den Säulen (s. d.) Jachin und Boas; gegenüber im Osten der Altar (s d.), der in deutschen Logen auch als Meistertisch dient. Über dem Altar ist das gleichseitige Dreieck mit dem Auge darin angebracht, das Zeichen des göttlichen »Baumeisters aller Welten« (s. d.). An der Süd- und Nordseite sitzen die Brüder in »Kolonnen«, im Norden die Lehrlinge, im Süden die Gesellen (siehe jeweils dort). Zwischen ihnen auf dem Boden, in der Mitte des Tempels, liegt die »Arbeitstafel«, der Teppich (s. d.) mit freimaurerischen Symbolen.

Templerorden: Der mittelalterliche Ritterorden, um 1120 bei den Ruinen des salomonischen Tempels von Kreuzfahrern gegründet, wurde 1314 durch eine Geheimaktion von Papst und französischer Krone zerschlagen. Seit dem 18. Jahrhundert hat es immer wieder Versuche gegeben, die Freimaurerei auf diesen Mönchsorden zurückzuführen, der im Mittelalter ungeheure Reichtümer aufhäufte und überdies als Hort magischer und alchimistischer Weisheit galt. Der Legende nach haben Überlebende des Templerordens in Schottland Zuflucht gefunden, wo sie sich in den Steinmetzbruderschaften vor ihren Verfolgern verbargen. Die gesamte »rote« oder »Hochgradmaurerei« des »Schottischen Ritus« (siehe jeweils dort) kreist um diese Templerursprungsthese, die von der »blauen« Maurerei (s. d.) strikt abgelehnt wird. Siehe *Zweite Maurerreise*

Teppich, Tapis, Arbeitstafel: Die ersten Logen fanden in Hinterräumen von Gasthäusern statt; dort wurden die Logensymbole mit Kreide auf den Boden gezeichnet. Bis heute soll der Teppich in der Loge nicht als Schmuck, sondern als kultisches Arbeitsgerät dienen. Entsprechend stellen die Teppiche die symbolischen Inhalte der jeweiligen Grade vielfach eher schmucklos dar, teilweise bewusst unter Verzicht auf Farben.
Spekulativ wird der Brauch in der Freimaurerei auf mittelalterliche Bauhütten zurückgeführt, wo der Meister Bauzeichnungen auf dem Tisch oder direkt auf dem Boden ausführte und nach der Zusammenkunft wieder löschen ließ, um das »Geheimnis« zu wahren. Auch Assoziationen zu kultischen Zeichnungen, etwa bei kabbalistischem Zauber oder magischer Geisterbeschwörung, liegen nahe und begegnen einem häufig in der freimaurerischen Literatur.

Tubalkain: Biblischer Ahnherr aller Erzgießer; rettet in der Hiramslegende (s. d.) den mythischen Baumeister vor dem ersten Anschlag der ungetreuen Gesellen. »Tubalkain« lautet das Notzeichen des Lehrlings und das Passwort des Meisters in der »blauen« Maurerei. Siehe *Fünfte* und *Fünfzehnte Maurerreise*

Weishaupt, Adam (1748–1830): Universitätsprofessor in Ingolstadt, begründete den Illuminatenorden (s. d.), der im späten 18. Jahrhundert die Freimaurerei »unterwanderte« und stark beeinflusste. Siehe *Zwölfte Maurerreise*

Winkelmaß: neben Zirkel und Bibel eines der drei »großen Lichter« (s. d.) der Freimaurerei; steht für Vernunft und Gewissen. Würdenzeichen des amtierenden Stuhlmeisters.

Zirkel: neben Winkelmaß und Bibel eines der drei »großen Lichter« (s. d.) der Freimaurerei; steht für Gefühl und Menschenliebe.

Literaturhinweise

Die Alten Pflichten von 1723. In neuer Übersetzung hrsg. v. von der Großloge Alte Freie und Angenommene Maurer von Deutschland. Hamburg 1982

Appel, Rolf: Die großen Leitideen der Freimaurerei. Münster 1986

Appel, Rolf: Was jeder Freimaurer wissen muss. Münster 1984

Die Bibel. Einheitsübersetzung der Heiligen Schrift. Stuttgart² 1982

Biedermann, Hans: Das verlorene Meisterwort. Wien/Köln/Weimar 1999

Binder, Dieter A.: Die diskrete Gesellschaft. Geschichte und Symbolik der Freimaurer. Innsbruck 2004

Bokor, Charles de: Winkelmaß und Zirkel. Die Geschichte der Freimaurer. Rastatt 1988

Borst, Arno: Lebensformen im Mittelalter. Frankfurt/Berlin/Wien 1979

Endres, Franz Carl: Die Symbole des Freimaurers. Hamburg 1977

Gößling, Andreas: Drachenwelten. Geister der Schöpfung und Zerstörung. München 2003

Hubert, Rainer: Freimaurerei – Versuch einer Beschreibung. In: Katalog des österreichischen Freimaurer-Museums (siehe dort)

Hutin, Serge: Die Freimaurer. In: Geheimgesellschaften und Geheimbünde. Düsseldorf/Wien 1979

Imhof, Gottlieb: Kleine Werklehre der Freimaurerei. Drei Bände. Zürich 1960

Jedin, Hubert (Hrsg.): Handbuch der Kirchengeschichte, Band VI/2. Freiburg/Basel/Wien 1973

Katalog des österreichischen Freimaurer-Museums. Hrsg. v. Museumsverein Schloss Rosenau. Wien 2005

Kraus, Michael: Freimaurerei heute und Perspektiven für die Zukunft. In: Katalog des österreichischen Freimaurer-Museums (siehe dort)

Lessing, Gottfried Ephraim: Ernst und Falk – Gespräche für Freimaurer. Hamburg 1981

Lennhof, Eugen/Posner, Oskar: Internationales Freimaurer-Lexikon (Nachdruck der Ausgabe von 1932). Wien 1980
Lennhof, Eugen/Posner, Oskar/Binder, Dieter A.: Internationales Freimaurer-Lexikon. München[5] 2006
Mariel, Pierre: Die wahren Söhne des Lichtes. Zeugnisse eines Hochgrad-Freimaurers. Zürich 1963
McCalman, Iain: Der letzte Alchemist. Die Geschichte des Grafen Cagliostro. Frankfurt a. Main/Leipzig 2004
Mellor, Alec: Logen, Rituale, Hochgrade. Handbuch der Freimaurerei. Graz 1937
Naudon, Paul: Geschichte der Freimaurerei. Frankfurt a. Main/Berlin/Wien 1982
Neumann, Erich: Zur Psychologie des Weiblichen. Frankfurt a. Main 1983
Oberheide, Jens: Logengläser. Graz 1983
Pastor, Ludwig Freiherr v.: Geschichte der Päpste. Freiburg 1930
Peuckert, Will-Erich: Geheimkulte. München 1996
Rachold, Jan (Hrsg.): Die Illuminaten. Quellen und Texte zur Aufklärungsideologie des Illuminatenordens (1776–1785). Berlin 1984
Reinalter, Helmut: Freimaurerei und Nationalsozialismus. In: Katalog des österreichischen Freimaurer-Museums (siehe dort)
Ritualkunde. 3 Bde. Hamburg 1971f.
Rogalla von Bieberstein, Johannes: Geheime Gesellschaften als Vorläufer politischer Parteien. In: Geheime Gesellschaften, hrsg. v. Peter Christian Ludz. Heidelberg 1979
Scherpe, Wolfgang: Das Unbekannte im Ritual. Versuch einer Darstellung von Instruktionen für Ritual, Symbolik und Logenordnungen in der Großloge Alte Freie und Angenommene Maurer von Deutschland. Braunschweig 1981
Zacharias, Gerhard: Satanskult und Schwarze Messe. Ein Beitrag zur Phänomenologie der Religion. Wiesbaden[2] 1970

Anmerkungen

1 Lennhof/Posner/Binder, S. 310
2 Appel, Freimaurer, S. 7
3 vgl. Binder, S. 189
4 Appel, Freimaurer, S. 9
5 Ritualkunde, Bd. 1, S. 33f.
6 nach Appel, Leitideen, S. 9
7 nach Binder, S. 173f.
8 nach Binder, S. 176
9 Imhof, Werklehre, Bd. 2, S. 28
10 Binder, Gesellschaft, S. 235
11 Bokor, S. 425
12 nach Binder, S. 41
13 nach Bokor, S. 25f.
14 Oberheide, S. 12
15 vgl. Peuckert, S. 580
16 Peuckert, S. 559
17 Peuckert, S. 561
18 Peuckert, S. 358
19 Peuckert, S. 557
20 Peuckert, S. 559
21 vgl. Bokor, S. 26
22 nach Bokor, S. 27
23 ebenda
24 nach Peuckert, S. 580f.
25 Borst, S. 219f.
26 Peuckert, S. 582
27 Bokor, S. 20
28 Binder, S. 27
29 Bokor, S. 33
30 Bokor, S. 31
31 nach Bokor, S. 34
32 nach Bokor, S. 34f.
33 vgl. Bokor, S. 49
34 Lennhoff/Posner/Binder, S. 813
35 Lennhoff/Posner/Binder, S. 812
36 Hutin, S. 330f.
37 Hemberger, nach Biedermann, S. 122
38 Binder, S. 31
39 Lennhoff/Posner/Binder, S. 102
40 Zacharias, S. 100ff.
41 Zacharias, S. 104f.
42 Zacharias, S. 103
43 Lennhoff/Posner/Binder, S. 82
44 nach Peuckert, S. 588
45 1 Könige 7, 13-22
46 nach Biedermann, S. 133f.
47 vgl. Peuckert, S. 577
48 vgl. Biedermann, S. 133ff.
49 Peuckert, S. 590
50 nach Peuckert, S. 609. Ausführlicher zum Gesellen- und Meisterritual in der *Zehnten u. Fünfzehnten Maurerreise.*
51 Bokor, S. 75
52 Mariel, S. 19
53 Lennhoff/Posner/Binder, S. 437

54 Alte Pflichten, S. 10ff.
55 Lennhof/Posner/Binder, S. 310
56 Ritualkunde, Bd. 1, S. 45f.
57 vgl. Binder, S. 194ff
58 Ritualkunde, Bd. 1, S. 43
59 Scherpe, S. 146
60 vgl. Scherpe, S. 147
61 Ritualkunde, Bd. 1, S. 53
62 Binder, S. 196
63 Ritualkunde, Bd. 1, S. 57ff.
64 Ritualkunde, Bd. 1, S. 53
65 Endres, Symbole, S. 81
66 Ritualkunde, Bd. 1, S. 45
67 Ritualkunde, Bd. 1, S. 72
68 Ritualkunde, Bd. 1, S. 73
69 Scherpe, S. 62
70 Ritualkunde, Bd. 1, S. 79
71 Ritualkunde, Bd. 1, S. 80
72 Binder, S. 15
73 Ritualkunde, Bd. 1, S. 81
74 Bokor, S. 89
75 vgl. Lennhoff/Posner/Binder, S. 294
76 nach Bokor, S. 94
77 vgl. Lennhoff/Posner/Binder, S. 689f.
78 vgl. Lennhoff/Posner/Binder, S. 296
79 nach Bokor, S. 184
80 nach Peuckert, S. 611
81 vgl. Rogalla, S. 433f.
82 Ritualkunde, Bd. 1, S. 33
83 nach Naudon, S. 43
84 Naudon, S. 45
85 Mellor, S. 77
86 nach Binder, S. 51f.
87 nach Binder, S. 78f.
88 nach Binder, S. 71
89 nach Bokor, S. 120ff.
90 nach Binder, S. 48f.
91 vgl. Bokor, S. 148ff.
92 nach Lennhof/Posner/Binder, S. 845
93 Lessing, S. 68
94 Lennhoff/Posner/Binder, S. 611
95 nach Binder, S. 71
96 nach Bokor, S. 378f.
97 nach Bokor, S. 88
98 McCalman, S. 297
99 vgl. Lennhoff/Posner/Binder, S. 434
100 Pastor, Bd. 16/1, S. 850ff.
101 vgl. Peuckert, S. 312
102 vgl. Peuckert, S. 154ff.
103 Peuckert, S. 206
104 Peuckert, S. 204f.
105 Biedermann, S. 50
106 nach Biedermann, S. 46
107 vgl. Gößling, Drachenwelten, S. 47ff.
108 Zacharias, S. 105
109 nach Peuckert, S. 507ff.
110 Peuckert, S. 297ff.
111 Imhof, Bd. 2, S. 29
112 Imhof, Bd. 2, S. 28
113 Binder, S. 235
114 Ritualkunde, Bd. 2, S. 15
115 Ritualkunde, Bd. 2, S. 12
116 Ritualkunde, Bd. 2, S. 39
117 Ritualkunde, Bd. 2, S. 41
118 Ritualkunde, Bd. 2, S. 44
119 Binder, S. 241

120 Binder, S. 241
121 Ritualkunde, Bd. 2, S. 140
122 Endres, S. 62f.
123 Binder, S. 243
124 Imhof, Bd. 2, S. 38
125 nach Binder, S. 244
126 nach Lennhoff/Posner/ Binder, S. 166
127 nach McCalman, S. 169
128 vgl. Rachold, S. 37ff.
129 Binder, S. 62
130 Lennhoff/Posner/Binder, S. 912
131 vgl. Binder, S. 58ff.
132 nach Binder, S. 60
133 Bokor, S. 385f.
134 nach Bokor, S. 320ff.
135 nach Binder, S. 79
136 Handbuch, Bd. VI/2, S. 224f.
137 Bokor, S. 369
138 Bokor, S. 382
139 nach Bokor, S. 382
140 Lennhoff/Posner, Binder, S. 830
141 nach Binder. S. 84
142 nach Binder, S. 85
143 Binder, S. 90
144 Bokor, S. 379
145 Lennhoff/Posner/Binder, S. 139
146 Reinalter, S. 36ff.
147 nach Binder, S. 92
148 nach Reinalter, S. 39
149 ebenda
150 nach Biedermann, S. 47
151 Reinalter, S. 39f.
152 Bokor, S. 393f.
153 Endres, S. 88f.
154 Binder, S. 251
155 Ritualkunde, Bd. 3, S. 13
156 Ritualkunde, Bd. 3, S. 23
157 nach Binder, S. 253
158 Imhof, Bd. 3, S. 17
159 Ritualkunde, Bd. 3, S. 32
160 Ritualkunde, Bd. 3, S. 33
161 nach Binder, S. 255f.
162 Ritualkunde, Band 3, S. 41f.
163 nach Binder, S. 257
164 Ritualkunde, Bd. 3, S. 45f.
165 Binder, S. 258
166 Imhof, Bd. 3, S. 57
167 Binder, S. 265
168 Neumann, S. 106
169 Biedermann, S. 179
170 Hubert, S. 14ff.
171 nach Lennhoff/Posner/ Binder, S. 51
172 Bokor, S. 417
173 Biedermann, S. 178
174 nach Binder, S. 57
175 nach Binder, S. 68
176 Bokor, S. 400
177 nach Binder, S. 111
178 Kraus, S. 10f.
179 nach Binder, S. 117
180 Binder, S. 117
181 Lennhoff/Posner/Binder, S. 507
182 nach Lennhoff/Posner/ Binder, S. 29
183 nach Lennhoff/Posner/ Binder, S. 531
184 Ritualkunde, Bd. 1, S. 81